新时代新理念职业教育教材·机车车辆类
"互联网+"立体化教学资源特色教材

铁道车辆技术专业实训指导书
（客车方向）

主　编　高喜廷　蒋　奎　张静斌

副主编　毕晓峰　王伟宵　齐庆山

主　审　韩晓磊　韩铁剑

北京交通大学出版社
·北京·

内 容 简 介

本书以高等职业教育铁道车辆技术专业实训课程教学大纲为基础，结合铁路工作现场对客车检车员、铁路车辆电工、铁路车辆钳工相关岗位必备核心技能的要求，对学生进行铁路客车运用、检修技能实训。

全书共设 7 个项目 36 个任务，涉及专业认知实习（3 个任务）、客车制动装置检修及试验技能（6 个任务）、客车电气检查及常见故障处理技能训练（13 个任务）、客车空调装置检修及常见故障处理技能训练（5 个任务）、车端连接装置分解与组装技能训练（2 个任务）、转向架检修及常见故障处理技能训练（4 个任务）、客车单车检查综合技能训练（3 个任务）。

本书配有相关任务的操作视频，可用作高职院校学生的教学用书，也可供铁路企业相关岗位的技术人员培训使用。

图书在版编目（CIP）数据

铁道车辆技术专业实训指导书. 客车方向 / 高喜廷，蒋奎，张静斌主编；毕晓峰，王伟宵，齐庆山副主编. —北京：北京交通大学出版社，2023.2

ISBN 978-7-5121-4852-9

Ⅰ. ① 铁… Ⅱ. ① 高… ② 蒋… ③ 张… ④ 毕… ⑤ 王… ⑥ 齐…
Ⅲ. ① 铁路车辆–客车–高等职业教育–教学参考资料 Ⅳ. ① U27

中国版本图书馆 CIP 数据核字（2022）第 246486 号

铁道车辆技术专业实训指导书（客车方向）
TIEDAO CHELIANG JISHU ZHUANYE SHIXUN ZHIDAOSHU (KECHE FANGXIANG)

责任编辑：陈跃琴	
出版发行：北京交通大学出版社 电话：010-51686414 http://www.bjtup.com.cn	
地　　址：北京市海淀区高梁桥斜街 44 号　　邮编：100044	
印　刷　者：北京时代华都印刷有限公司	
经　　销：全国新华书店	
开　　本：185 mm×260 mm　　印张：17.5　　字数：438 千字	
版 印 次：2023 年 2 月第 1 版　　2023 年 2 月第 1 次印刷	
定　　价：49.80 元	

本书如有质量问题，请向北京交通大学出版社质监组反映。对您的意见和批评，我们表示欢迎和感谢。
投诉电话：010-51686043，51686008；传真：010-62225406；E-mail：press@bjtu.edu.cn。

前　　言

　　《铁道车辆技术专业实训指导书（客车方向）》是为适应当前高职教育人才培养模式和课程改革相关要求，根据铁道车辆技术专业教学指导委员会制定的最新专业教学标准编写的实训教材。对高职院校教学而言，教材编写需要以职业教育教学理论为基础，以本专业所对应的典型职业活动的工作能力为向导，因此在铁路客车检修实训教学中，对相关技能进行训练的应知应会、方式方法的掌握尤为重要。

　　本书采用"项目—任务—活动"的编排结构，通过互联网和移动终端平台，对传统纸质教材内容与新媒体视频资源进行有机融合，既可以作为高职院校铁道车辆技术专业的教学用书，也可以作为铁路企业技术人员的培训用书。

　　为深化产教融合、校企合作、育训结合，推动企业深度参与协同育人，河北轨道运输职业技术学院与中国铁路北京局集团有限公司校企合作共同开发了这本实训指导书。本书由河北轨道运输职业技术学院高喜廷、蒋奎、张静斌担任主编，河北轨道运输职业技术学院毕晓峰、王伟宵和中国铁路北京局集团有限公司北京动车段齐庆山担任副主编，具体编写分工如下：项目 1 由河北轨道运输职业技术学院高喜廷、张静斌、武欣、彭鹏、孔媛、郭顺美、李娟、李沛编写，项目 2 由河北轨道运输职业技术学院彭鹏、田杰宇、杨献杰及北京动车段齐庆山编写，项目 3 由河北轨道运输职业技术学院张静斌、吴海京、高喜廷、王伟宵、刘平编写，项目 4 由河北轨道运输职业技术学院朱凤、毕晓峰、胡鹏编写，项目 5 由河北轨道运输职业技术学院王亚平、吴海京、蒋奎、王运涛编写，项目 6 由河北轨道运输职业技术学院武欣、蒋奎、郭顺美及北京车辆段安洪涛编写，项目 7 由河北轨道运输职业技术学院高喜廷及北京车辆段高印强、刘晓军、袁云龙、李明编写。本书由中国铁路北京局集团有限公司北京动车段韩晓磊、北京车辆段韩铁剑担任主审。

　　在本书的编写过程中，得到中国铁路北京局集团有限公司北京车辆段、北京动车段等单位的大力支持和帮助，在此一并表示衷心的感谢！由于编者水平有限，书中难免有缺陷和不足，恳请广大读者批评指正。

编　者

2023 年 1 月

目　录

专业认知实习

【项目构架】

```
                              ┌──────────────────┐
                          ┌───┤  实习组织和安全教育  │
                          │   └──────────────────┘
                          │   ┌──────────────────┐
┌──────────┐             ├───┤   客车车辆段认知    │
│ 专业认知实习 ├─────────────┤   └──────────────────┘
└──────────┘             │   ┌──────────────────┐
                          └───┤   客车车辆总体认知   │
                              └──────────────────┘
```

【项目引导】

◆ 目的与要求

1. 通过对客车车辆段的学习，了解客车车辆段的管理组织机构、职责任务以及运用管理的基本任务和制度。

2. 掌握客车车辆运用相关安全生产规章制度。

3. 认知客车主要车型种类、制动系统、电气装置、车钩缓冲装置的结构、作用及基本原理。

◆ 重点与难点

重点：

1. 客车车辆段的任务、一般安全要求、库列检安全作业要求。

2. 客车主要车型种类、制动系统、电气装置、车钩缓冲装置的结构、作用及基本原理。

难点：

1. 客车车辆检修一般安全要求、库列检安全作业要求。

2. 认知主型客车的制动系统、电气装置、车钩缓冲装置的结构和作用。

【项目内容】

任务 1.1 实习组织和安全教育

【任务描述】

"安全第一，预防为主"是铁路工作永恒的主题，通过本任务的学习，学生需掌握以下内容：

① 安全教育的原则要求。
② 一般作业的安全要求。
③ 库列检作业的安全要求。

【学习目标】

知识目标	熟悉铁路运输安全管理的原则及生产作业安全规定
能力目标	使学生进一步深化已学到的专业基础理论知识，通过实践检查学生对所学理论知识的理解程度、掌握程度和应用能力
素质目标	理解"安全第一"的重大意义，提高安全意识，增强安全责任心，培养严谨的工作态度

【导 入】

本任务主要涉及以下内容：
① 实习组织。
② 安全教育（管理）方针、原则、要求。
③ 铁路车辆部门生产作业安全要求。

【活 动】

活动 1.1.1 实习组织和安全教育

1. 实习组织

客车车辆检修是客车车辆在运用中，通过运用检修、定期检修和遇到突发问题需要对车辆进行检查修理，使得客车车辆恢复到良好的运用状态而设置的。其可靠性直接影响铁路客车的运行安全和旅客的舒适度。提高检修质量是确保客车车辆可靠性的重要保障。

客车检修实训是客车检车员、车辆电工必备的基本技能。客车检车员须按规定的检查范围和质量标准，对客车进行技术检查、修理作业，保证铁路客车相应部位的质量符合标准规定，并在正常使用条件下安全运行到目的地，相应的安全与质量责任由检车员负责。

2. 安全教育（管理）

"安全第一，预防为主"是我国的铁路运输安全管理方针，在实习中应贯彻"安全第一，预防为主"的原则要求，具体如下：

① 牢固树立安全第一的思想，强化安全第一的责任意识。

② 遵守规章制度，严格组织纪律，这是运输安全的重要保证。

③ 加强职工教育培训工作，提高职工队伍安全素质，这是运输安全的重要基础。

④ 不断改善和更新运输技术设备，这是保障运输安全的物质基础。

3. 铁路车辆部门生产作业安全要求

1）一般作业安全

① 上班前，严禁饮酒，要充分休息好，保证工作时精力充神，思想集中。工作前必须按规定穿戴好个人防护用品，禁止穿拖鞋、凉鞋、高跟鞋作业。检查确认所使用的或交接的工具、设备的技术状态良好。工作中，保持场地整洁，通道畅通，产品、配件、原材料放整齐。下班前，要关闭风、气、水、电等开关，工具、材料要收拾整齐，打扫周围环境，做到工完、料净、场地清。

② 两人以上从事同一作业时，必须指定专人指挥，统一行动，互相配合，呼唤应答。

③ 顺线路行走时，不走轨道中心和枕木头。横越线路或道口时，注意瞭望机车、车辆，执行一站、二看、三确认、四通过制度。严禁抢道、抓车、跳车、钻车。

④ 横越停留车辆的线路时，应先确认无调车作业及车辆无移动的可能时，再由车钩上方通过，手抓牢，脚踩稳，严禁脚踩钩锁、钩颈和折角塞门手把。从停留车辆的端部横过线路时，要留有安全距离：徒手通过时，不少于 3 m；搬运材料、工具时，不少于 5 m。要迅速通过，不得在轨道上停留。

⑤ 搬运材料、配件时，应在两线间行走，不得紧靠线路。两人以上抬物品时，应同肩同步，同起同落，做好呼唤应答。

⑥ 在站场上作业和行走时，要随时注意两邻线来往的机车车辆，防止被车上坠落物品、篷布绳索等击伤。严禁在枕木头、轨道心、车底下、车端部和站台边坐、立、闲谈、休息、避雨或乘凉。

⑦ 锅炉房、空气压缩机室、乙炔发生器室、配电室、危险及易燃易爆物品存放处，严禁闲杂人员进入。易燃易爆物品存放室，应严禁烟火。

⑧ 登高作业在使用梯子、高脚凳、升降台之前，应检查确认其完整良好。作业时，要思想集中，不得用力过猛、探身过远或高空跨越。升降台在上下升降或左右移动时，必须瞭望，确认安全后才能开动。不得两人同时站立在同一梯子上，梯子与地面的倾斜角度为 60° 左右，使用人字梯时应挂好安全链钩。高空作业时，应佩戴安全带或采取有效防护措施。露天工作场遇有 6 级以上大风时，禁止高空作业（登高 2 m 及以上者均为高空作业）。

⑨ 禁止私接电源线。机械设备的电器部分发生故障时，要立即关闭电源开关，通知电工进行修理，禁止非电工人员检修电器。导线不允许缠在铁丝、金属管及机械设备等导体上，以防漏电伤人。

⑩ 进入电气化铁路区段的人员（乘务、通勤），严禁上车顶及靠近接触网支柱。汽车运输通过接触网时，其装载高度不得超过 4.2 m，随车人员严禁挺身站立（4 m 以上不得有人）。

⑪ 一切电动机械、工具，其电压在 50 V 以上的，都要采取保护性接地或接零措施。移动照明灯的电压不得超过 36 V，灯泡应装有防护罩。易燃易爆的作业场所、危险品仓库等处的照明灯，需装防爆装置。

⑫ 各种机械设备转动的外露部分，都要设置安全防护装置，凡超过 2 m 高的各种脚手架、走台、扶梯等，都应设有牢固的防护栏杆，其高度不低于 1 m。

⑬ 机床及各种转动机械设备的操作人员，在开机前，要检查机械转动部位的防护装置是否齐全、良好，给油状态是否良好；在操作机械时，衣袖要扎紧，女员工的头发应放在工作帽内，严禁戴手套操作；进行金属切削工作时，要戴好防护眼镜。

⑭ 各种锤、铲、锉、冲、斧等手动工具的材质硬度要适中，表面需平整，无卷边、缺损、裂纹。把柄需用硬木制作，要平滑光洁，无裂纹，不松动。锤柄应装有金属防脱楔子（不得用铁钉代替）。活扳手、管钳子不准加装套管，不准用 2 个扳手咬合使用或用扳手代替手锤使用。挥抡大锤不准戴手套，在打击第一锤之前，应注意周围环境，确认安全状态。

⑮ 一切工具、材料，不得投掷传递，不得放在车顶、机械转动部位和边缘处所。

⑯ 根据产生防火要求配足消防器具，建立消防组织。消防器具非遇火警，禁止乱拿乱用。冬季安装取暖火炉，要符合公安部门防火要求。要对职工进行消防知识教育，防止火灾和煤气中毒。

⑰ 对容易发生伤亡事故、中毒、爆炸、触电、火灾等场所，应悬挂明显的国家统一规定的警告、提示牌。

⑱ 使用手提式风钻、电钻前，应首先检查确认钻机的技术状态和绝缘良好。操作时站立位置要适当，不得用力过猛。在钻机尚未停止转动时，严禁接触钻头、钻夹头或钻套。严禁用手清除钻头上的碎屑。中断作业时，应立即切断电源、风源。

⑲ 使用各种镐类、千斤顶起重时，重心要找准，底座安放平稳牢固，镐体垂直，铁与铁接触部分要加防滑木垫，其行程不得超过全长的 3/4（或安全线）。在一个起重物上同时使用多台镐时，要有专人指挥，平稳起落，防止倾倒。

⑳ 在起重过程中，起重物尚未垫妥架稳前，操纵人员不得离开岗位，身体任何部分不得伸入起重物下方。

㉑ 生产、生活区域均需建立环境卫生分工负责制，道路要平坦畅通，门窗、地面要整洁，距离线路较近的房屋，门前道路与轨道交叉处，要设安全栏杆或装设警铃、警告牌。为生产、生活需要所设的坑、壕、池和阴井，应有围栏或盖板。

2）库列检作业安全

① 在站内线路上检查、修理、整备车辆时，应在列车（车列）两端来车方向的左侧钢轨上，设置带有脱轨器的固定或移动信号进行防护，前后两端防护距离应不少于 20 m。旅客列车在到发线上进行技术检查时，用停车信号防护，可不设脱轨器。列检作业线路应平整，不得铺设凹型水泥轨枕，不得铺用大块石砟。

② 列检所应按最大作业量备足防护装置（防护红旗、红色信号灯、脱轨器）并指定专人保管交接，防护装置应经常保持良好状态。

③列检人员要熟悉本站内线路、设备、建筑物以及列车运行、调车作业、车辆取送等情况。到达、始发列车检修，要按作业过程进行。严格执行整队出发、列队归所制度，严禁单独行动。

④列检作业在开始和结束前，要严格执行插、撤防护信号联锁传递办法，严禁在无防护信号的情况下进行检修作业，严禁在列车运行中处理故障。

⑤接车时要提前到达接车地点，蹲在两线中间安全地点接车。狭窄路线，邻线上、下行同时到发列车时，要在两线外侧接发列车。

⑥接发列车要目迎目送，并注意车辆运行、货物装载、篷布绳索状态，防止意外伤人。

⑦装载危险、易燃易爆物品的重货车，未经洗刷、消毒的毒品车，未经洗罐的罐车，严禁明火接近、敲打罐体或进入车内、罐内。

⑧列车试风，应按规定的防护距离安插防护信号。严禁在未设防护信号的列车（车列）中接摘地道长风管或车辆软管。

⑨在线路上作业时，禁止戴妨碍视觉、听觉的色镜、帽子。有冰冻时可在脚上绑扎草绳或草鞋，以防滑倒、摔伤。

⑩更换大型配件时，工组长要亲自组织指挥和负责安全工作。

⑪处理制动故障时，要先关闭截断塞门，排尽副风缸余风后方可进行。作业结束后将截断塞门恢复开通位置。调整活塞行程时，严禁用手指探摸圆销孔。清洗制动缸前，要先装设安全套，插上安全销。卸除制动缸盖螺母时，头部要闪开。更换折角塞门时，要关闭本车与另一端及邻车的折角塞门。更换闸瓦时，严禁将手伸入闸瓦与车轮踏面间。

⑫检修客车发电机时，严禁将手伸入轮槽和皮带之间

⑬非列检人员在列车队中执行轴检、扣车或其他检查作业时，应事先与有关人员联系，采取有效安全防护措施，方可进行。

⑭对线路旁的红外线探测装置及固定脱轨器进行检修、清扫时，要设专人防护来往车辆；遇有列车通过时必须停止作业。

⑮电气操作人员应做到：

a）电气专用工具、仪表、电线在使用前应仔细检查，确认其绝缘作用良好。列车发电前，应对全列干线进行绝缘电阻测量，符合本列车技术要求。

b）发电车送电制度：列车送电时应由空调冷冻人员负责联系，建立"通电牌"交接制度，确认供电安全后方能送电。

c）在插接、断开电气连接设备时，必须切断电源，在发电车配电盘上挂"不许合闸"的红牌，完工后须由挂牌者亲自撤除。

d）处理电气故障时，一般不许带电作业。必须带电作业时，应由技术熟练者担当，穿戴个人防护用品，并设专人监护。作业时，身体任何部位不得接地。运行中，不得打开配电盘带电处理故障。

e）需要连接地面电源时，应将发电车与列车的电力连接线断开，与供电单位加强联系并接好可靠的地线。

f）配电间内应铺设绝缘橡胶垫，配有干粉灭火器。

活动 1.1.2　思考练习

1. 说出安全教育（管理）原则中的责任意识、重要保证、重要基础、物资基础。
2. 说出一般作业安全要求。
3. 说出库检作业安全要求。

【考核评价】

1. 综合评价表（见表 1-1）

表 1-1　综合评价表

序号	考核项目	总分	评分标准	自评分	互评分	教师评分	综合评分
1	课前知识查阅、调研完成情况	20	（1）调研铁路职工应具备的一般安全常识。 （2）调研客车车辆段对安全管理的规定。				
2	课中参与及协作沟通表现	20	（1）学生积极举手回答问题。 （2）学生普遍具有问题意识，敢于质疑问难，敢于发表不同见解。 （3）学生善于倾听、理解他人发言，并能及时抓住要点。 （4）合作学习适时有效，目标达成度高。				
3	对铁路运输安全作业规定的掌握情况	50	（1）掌握安全教育的基本要求。 （2）掌握一般作业中的安全要求。 （3）掌握库列检作业的安全要求。				
4	思政方面	10	（1）理解"安全第一"的重大意义。 （2）提高安全意识，增强安全责任心。 （3）培养严谨的工作态度。				

2. 教师评价建议

_____

_____

_____

_____

_____

_____

_____

_____

任务 1.2　客车车辆段认知

【任务描述】

客车车辆段是客车车辆检修运用的基地，通过本任务的学习，学生需掌握以下内容：
① 客车车辆段的组织机构及职责任务。
② 客车车辆段的运用维修管理基本任务。
③ 客车运用检修制度及日常维修工作内容。

【学习目标】

知识目标	熟悉客车车辆段的组织机构、职责任务、运用检修制度及日常维修工作
能力目标	使学生进一步深化已学到的专业基础理论知识，通过实践检查学生对所学理论知识的理解程度、掌握程度和应用能力
素质目标	理解安全第一的重要性，树立岗位责任心，培养严谨的工作态度、团队合作意识

【导　入】

本任务主要涉及以下内容：
① 客车车辆段的基本任务。
② 客车车辆段的职责任务。
③ 客车车辆段运用管理系统。

【活　动】

活动 1.2.1　客车车辆段认知

客车车辆段是客车车辆检修运用的基地，主要负责铁路客车车辆的运营、整备、检修等工作，是贯彻执行车辆规章制度的基层单位。客车车辆段如图 1−1 所示，它的基本任务是负责车辆的定期检修和日常维修工作，为铁路运输提供足够的、技术状态良好的客车，在检修保证期内和保证区段内保证行车安全，并负责管辖范围内的检修车间、运用车间、设备车间、动态检测设备车间等的管理。

客车车辆段应设在编组站、国境站和枢纽，以及客车大量集散和始发、终到旅客列车较多的地区。

1. 客车车辆段的组织机构

客车车辆段设党委书记、段长。

副段长由安全副段长、运用副段长、检修副段长、后勤副段长以及总经济师、总工程师担任。

业务科室有劳资科、财务科、安全科、安全生产调度指挥中心、运用管理科、技术科、质量检查科、设备科、职工教育科、材料科及办公室、综合治理办公室、退管办等。

图 1-1　客车车辆段

2. 客车车辆段的职责任务

铁路客车采用的管理模式是固定配属制，客车车辆段的主要生产任务是负责配属客车的段修、辅修、设备检修和本外属列车的运用维修及本属客车的乘务工作。客车车辆的日常维修由所属车辆段的库列检和客列检进行。

3. 客车车辆段运用管理系统

1）客车车辆管理

客车车辆管理包括国铁客车的配属、转属、借用和报废等管理工作，地方客车、邮政车、自备客车的代管和属地管理工作，以及客车运用、检修、备用状态的管理工作。

2）客车运用维修管理

运用客车的维修直接关系到旅客生命财产的安全，提供良好设备，保证行车安全，为旅客服务，是铁路客车运用维修工作的基本任务。

客车实行定期检修和运用维修。

① 定期检修：实行以走行公里为主、时间周期为辅的计划预防修制度，在客车检修工厂和车辆段实施。

② 运用维修：实行以计划预防修和状态预防修并重的检修制度，检修工作由库列检、客列检、车辆乘务组等承担，客车定期检修按照《客车检修周期表》执行。

3）客车日常维修

客车的日常维修工作由客车技术整备所（库检）、客列检（站检）和客车乘务（乘检）负责。

（1）客车技术整备所（库检）。

客车技术整备所（如图 1-2 所示），简称客整所，又称库检，它是客车运用维修保养的重要基地，具有列车的 A1 级检修、辅修、入库检查、客车整修及临修等功能。

图1-2 客车技术整备所

（2）客列检（站检）。

旅客列车检修所，简称客列检，又称站检，其作用是利用旅客列车在车站的停留时间对客车进行技术检查和不摘车修理，并协助车辆乘务组应急处理客车故障，保证由该站发出的列车技术状态良好。客列检如图1-3所示。

图1-3 客列检

（3）客车乘务（乘检）。

客车乘务（如图1-4所示）简称乘检，指车辆乘务组在旅客列车运行途中，按作业要求对客车进行技术检查和维修，保持客车技术状态良好。旅客列车车辆乘务工作原则上实行包乘制，对旅客列车实行固定人员、固定车底的包检、包修、包乘负责制。

图1-4 客车乘务

活动 1.2.2　思考练习

1. 简述客车车辆段的职责任务。
2. 简述客车运用维修工作的基本任务及检修制度。
3. 说出客车日常维修包括哪些工作内容。

【考核评价】

1. 综合评价表（见表 1–2）

表 1–2　综合评价表

序号	考核项目	总分	评分标准	自评分	互评分	教师评分	综合评分
1	课前知识查阅、调研完成情况	20	（1）调研铁路组织机构管理体系相关知识。 （2）调研客车车辆段的分布、工作任务和性质。				
2	课中参与及协作沟通表现	20	（1）学生积极举手回答问题。 （2）学生普遍具有问题意识，敢于质疑问难，敢于发表不同见解。 （3）学生善于倾听、理解他人发言，并能及时抓住要点。 （4）合作学习适时有效，目标达成度高。				
3	对客车车辆段的掌握情况	50	（1）掌握客车车辆段的主要职责任务。 （2）掌握客车运用维修的工作任务及制度。 （3）掌握客车日常维修包括哪些工作内容。				
4	思政方面	10	（1）理解客车车辆段职责任务的重要性。 （2）培养协调合作意识，增强责任心。 （3）培养严谨的工作态度。				

2. 教师评价建议

_____

_____

_____

_____

_____

_____

_____

_____

任务 1.3 客车车辆总体认知

【任务描述】

铁路客车主要由车体、转向架、制动装置、车钩缓冲装置、车内设备组成。掌握客车车体、转向架、制动装置、车钩缓冲装置、车内设备各部结构、作用、基本原理，是专业岗位的基本要求。通过实训教学，学生需完成以下任务：

① 能够正确识别铁路客车车种车型。

② 铁路客车车辆各部分的类型、构造、功能及配件名称。

【学习目标】

知识目标	熟悉铁路客车的车种车型、车体、转向架、制动装置、车钩缓冲装置、车内设备各部的结构、作用、基本原理
能力目标	使学生进一步深化已学到的专业基础理论知识，通过实践检查学生对所学理论知识的理解程度、掌握程度和应用能力
素质目标	1. 树立工作责任心、安全生产意识、团队合作观念； 2. 培养学生严谨的工作态度、精益求精的工匠精神

【导　入】

本任务主要涉及以下内容：

① 铁路客车车种车型。

② 主型铁路客车的车体、转向架、制动装置、车钩缓冲装置、车内设备各部的结构、作用、基本原理。

【活　动】

活动 1.3.1　铁路客车车种车型认知

1. 22 型客车

22 型客车是中国铁路第二代主型铁路客车（如图 1-5 所示），曾经在中国铁路客运中长期占据着主导地位。

根据运送对象和用途不同，铁路客车主要有以下几种类型：硬座车、软座车、硬卧车、软卧车、行李车、餐车、邮政车等。此外，还有特别用途的车辆，如试验车等。

图 1-5 22 型客车

2. 25 型客车

25 型客车是中国铁路第三代主型客车，从 20 世纪 90 年代开始逐渐替代 22 型客车，用作干线长途列车和各大城市之间特快列车，成为中国铁路客车的主型产品。

25 型客车系列除了最初试制性铁路客车以外，主要型号有 25A 型、25B 型、25C 型、25DT 型（含国产第一代 200 km/h 高速客车）、25G 型、25Z 型、25K 型、25T 型。25 型客车有硬座车（YZ）、软座车（RZ）、硬卧车（YW）、软卧车（RW）、餐车（CA）、空调发电车（KD）、行李车（XL）等种类，以及具有特殊用途的试验车、轨道检查车等，除此还设计制造有双层客车。

25 型客车车体采用全钢焊接结构，由底架、侧墙、车顶和端墙 4 部分焊接而成。在侧墙、端墙、车顶钢骨架的外面，在底架钢骨架的上面，分别焊有侧墙板、端墙板、纵向波纹地板及平地板，上部焊接车顶板，形成一个上部带圆弧，下部为矩形的封闭壳体，俗称薄壁筒形车体结构。在壳体的内面或外面，用纵向梁、横向梁和柱加强，形成整体承载的合理结构。由于车辆的用途和生产工艺条件不同，各种 25 型客车的结构不完全相同，但其外形尺寸和结构形式基本一致。下面就其中生产数量较多的 25G 型和 25T 型客车进行介绍。

1）25G 型客车

图 1-6 为 25G 型硬座客车车体钢结构。按其大部件的生产方式，可划分为底架、侧墙、车顶、风挡装置、脚蹬翻板装置及其他零部件。

① 底架由牵引梁、枕梁、缓冲梁、下围梁（或称下侧梁）、枕梁间的纵向金属波纹地板及枕外金属平地板等组成。

② 侧墙外表面为平板，无压筋，在平整的外墙板内侧焊有垂直立柱和水平纵向梁，形成板梁式平面承载侧墙结构。

③ 车顶由上边梁、车顶弯梁、车顶纵向梁、空调机组安装座（平台）、水箱盖等组成钢骨架。在钢骨架的外面焊有车顶板，共同组成车顶钢结构。

④ 车辆两端连接处装有风挡装置，也称折棚装置。目前我国铁路客车使用的风挡装置有三种：铁风挡装置、橡胶风挡装置和折叠风挡装置。

⑤ 脚蹬翻板装置由脚蹬总成、翻板总成、轴总成、牵引板、牵引拉杆弹簧、踏板等组成。

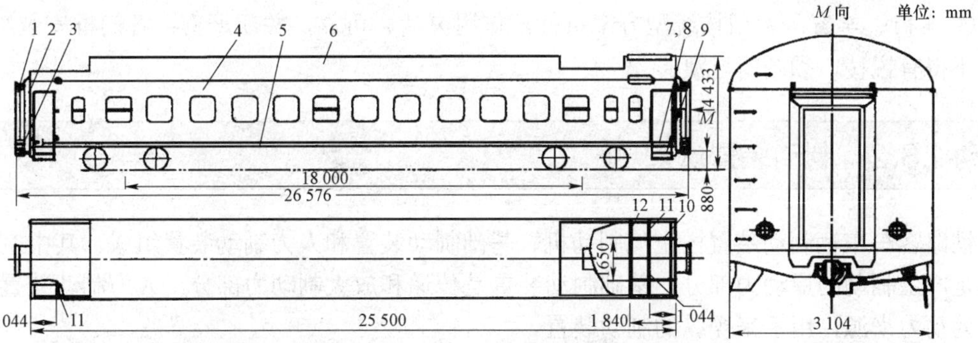

1—风挡；2—端墙钢结构；3—15 号高强度车钩；4—侧墙钢结构；5—底架钢结构；6—车顶钢结构；
7——、四位翻板安装；8—二、三位翻板安装；9—脚蹬总成；10—水箱吊梁；11—横梁；12—水箱横梁。

图 1-6　25G 型硬座客车车体钢结构

客车车体钢结构为全钢焊接结构，采用无中梁薄壁筒形整体承载车体结构。在车顶设置集中单元式空调装置。

25G 型客车改进主要分为三个阶段：

① 第一代（1992—2001 年）：这批 25G 型客车大多使用 209T、206G 或 206P 型转向架。209 型是浦镇车辆厂研制的 H 型构架转向架，带摇动台式摇枕弹簧悬挂装置，摇枕弹簧带油压减振器和吊挂式闸瓦基础制动装置等。

② 第二代（2002—2003 年）：这批 25G 型客车采用带有盘式制动装置和电子防滑器的 209P 型转向架、104 型制动机，其中 209P 型转向架是在 209T 型转向架的基础上改用盘型制动装置。

③ 第三代（2004 年至今）：这批 25G 型客车使用 209P/206P 型转向架、104 型空气制动机，采用盘形制动装置，取消踏面清扫器，采用双管制供风。第三代车与早期车的主要区别在于使用了机车直供电技术。

2）25T 型客车

25T 型客车如图 1-7 所示，其硬座车结构如下：

① 车体钢结构：车体钢结构采用整体承载全钢焊接无中梁筒形结构，底架牵引梁、侧梁由槽钢制作。枕梁为箱形结构，洗脸室和厕所部位的铁地板为不锈钢材质。

② 车体内部结构：车体内装骨架采用无木结构、模块化设计。

③ 车体隔热保温结构：侧墙、车顶、地板采用厚度为 90 mm 的玻璃棉板，并在内侧加装铝箔（铝箔设在玻璃棉包装薄膜外侧）。端墙、隔墙受结构限制，玻璃棉板厚度可适当减少。客室的静置平均传热系数 K 不大于 1.16 W/（m^2·K）。

图 1-7　25T 型客车

④ 车门、车窗：各门按统型方案执行，作用灵活、可靠，关闭严密；各门框安装牢固，周边不得有锐棱，须圆滑过渡。

活动 1.3.2　制动装置认知

铁路客车车辆制动装置由空气制动机、基础制动装置和人力制动装置组成。其中空气制动机是产生制动的原动力部分，基础制动装置是传递和放大制动力部分，人力制动装置是以人力为动力来源，用手来操纵的制动装置。

1. 空气制动机

目前铁路客车车辆的空气制动机有以下几种：104 型空气制动机、104 型集成化电空制动机、F8 型空气制动机、F8 型电空制动机等。下面以 104 型集成化电空制动机为例对铁路客车车辆的空气制动机进行介绍。

104 型集成化电空制动机是在原 104 型电空制动机的基础上进行集成化优化设计而成的。它的组成如图 1-8 所示。

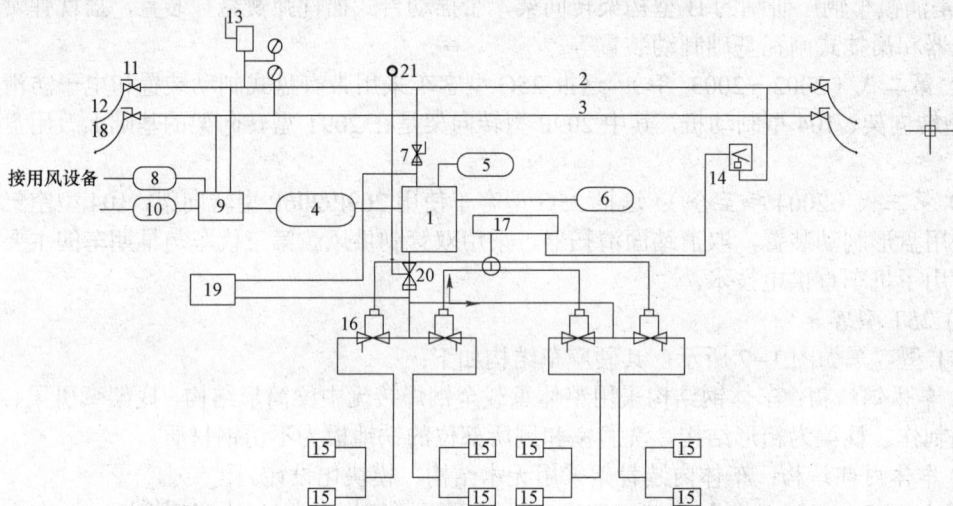

1—104 型电空阀；2—制动主管；3—总风管；4—副风缸；5—压力风缸；6—缓解风缸；7—组合式集尘器；8—生活风缸；
9—气路控制箱；10—空气弹簧风缸；11—球芯折角塞门；12—制动软管连接器；13—紧急制动阀；14—压力开关；
15—单元制动缸；16—防滑排风阀；17—电子防滑器主机；18—总风软管连接器；
19—制动缸压力监测盒；20—截断排风塞门；21—缓解阀拉杆。

图 1-8　104 型集成化电空制动机的组成

104 型集成化电空制动机的关键部件是 104 型电空制动集成安装板组成，该装置将电空制动所有部件集中安装连接在一块集成安装板（简称集成板）上，并有外罩把这些部件罩住，取消了原 104 型电空制动机中 104 型分配阀的中间体。集成板的正面装有主阀、紧急阀、充气阀、电磁阀、电磁阀安装座等，背面有容积组合，包括容积室（3.85 L）、紧急室（1.5 L）、局减室（0.6 L），以及制动管、副风缸、工作风缸、制动缸、缓解风缸的法兰接口、电空制动用电缆线连接器。这样，所有阀类零部件在安装板的正面，容积风缸和管路连接在集装板后面，如图 1-9 所示。

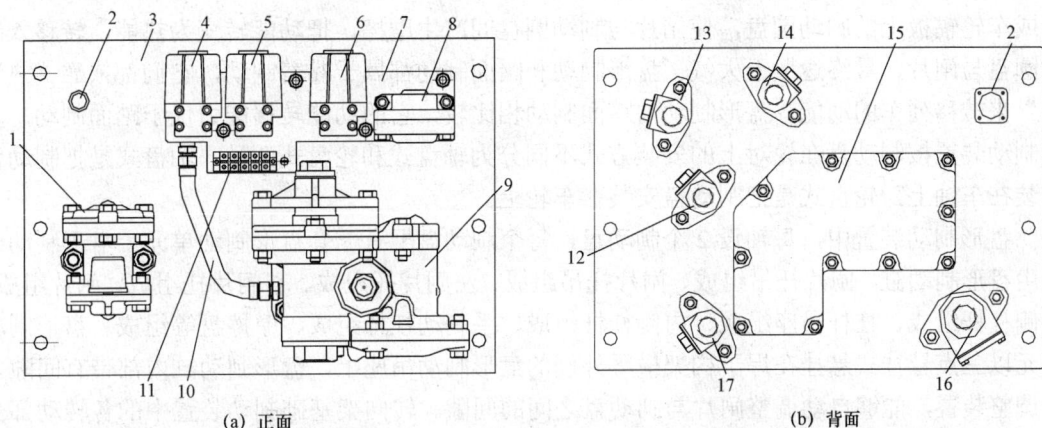

(a) 正面   (b) 背面

1—紧急阀；2—连接器；3—集成安装板；4—保压电磁阀；5—制动电磁阀；6—缓解电磁阀；7—电磁阀安装座；
8—充气阀；9—主阀；10—保压管；11—连线端子；12—副风缸法兰接头；13—缓解风缸法兰接头；
14—压力风缸法兰接头；15—容积组合；16—制动管法兰接头；17—制动缸法兰接头。

图1-9 104型电空制动集成安装板组成

2. 基础制动装置

1）双侧闸瓦式基础制动装置

双侧闸瓦式基础制动装置简称双闸瓦式，也称双侧制动，即在车轮两侧均有闸瓦的制动方式。

如图1-10所示，双闸瓦式基础制动装置由制动缸、闸瓦间隙自动调整器、制动缸后杠杆、调整丝套、均衡杠杆拉杆、均衡拉杆、连接拉杆、制动缸前杠杆、闸瓦托吊、移动杠杆、移动杠杆拉杆、移动杠杆上拉杆、固定杠杆拉杆、固定杠杆、拉环、制动梁、闸瓦托、手制动拉杆、闸瓦等组成。

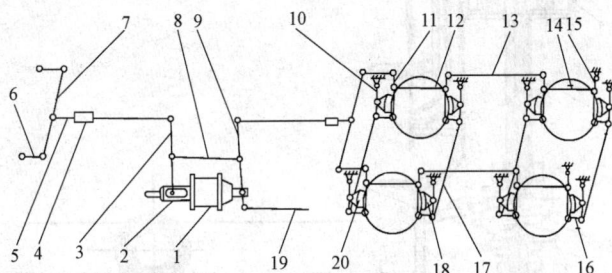

1—制动缸；2—闸瓦间隙自动调整器；3—制动缸后杠杆；4—调整丝套；5—均衡杠杆拉杆；6—均衡拉杆；7—均衡拉杆
8—连接拉杆；9—制动缸前杠杆；10—闸瓦托吊；11—移动杠杆；12—移动杠杆拉杆；13—移动杠杆上拉杆；
14—固定杠杆拉杆；15—固定杠杆；16—拉环；17—制动梁；18—闸瓦托；19—手制动拉杆；20—闸瓦。

图1-10 双闸瓦式基础制动装置的组成

这种基础制动装置是我国客车上传统的摩擦制动方式，但随着客车构造速度的不断提高，这种方式已不能满足发展的需要。因为闸瓦的摩擦系数会随车辆运行速度的提高而降低，同时其耐磨性能较差、结构复杂，制动时阻力大，因此它只能用于构造速度在140 km/h以下的普通客车上。

2）盘形制动装置

盘形制动用于构造速度在140 km/h以上的客车上。它利用制动夹钳使闸片夹紧装固在车轴或车轮辐板上的制动圆盘，使闸片与制动圆盘间产生摩擦，把动能转变为热能，转移入制动圆盘与闸片，最终逸散于大气。盘形制动和踏面制动都属于黏着制动，它们都依靠"热逸散"来转移列车的动能。盘形制动与踏面制动相比较，它的动能转移能力优于踏面制动。盘形制动装置按制动盘在轮对上的安装方式不同分为轴盘式和轮盘式两种。轴盘式是把制动盘安装在车轴上，轮盘式是把制动盘安装在车轮上。

盘形制动装置中，每轴设 2 个制动盘，每个制动盘配有一套盘形制动单元。盘形制动装置由盘形制动缸、闸片托吊组成、闸片托吊组成、左闸片托组成、右闸片托组成、闸片组成、外侧杠杆组成、杠杆吊座组成、内侧杠杆组成、手制动杠杆组成、摩擦盘等组成。盘形制动单元以三点悬挂式悬挂在焊于构架横梁外侧的盘形制动吊座上，盘形制动缸内部带有间隙自动调整装置，能够自动调整闸片与制动盘之间的间隙。转向架基础制动装置中的各转动部分应涂润滑脂，制动机处于缓解位时闸片与摩擦盘之间的间隙为 1～3 mm，允许单侧闸片不离开盘，但处于缓解状态。与盘形制动缸相连的制动软管采用 DN15 不锈钢橡胶软管，制动管路均为不锈钢件。

3. 人力制动装置

蜗轮蜗杆式手制动机是目前铁路客车车辆人力制动装置的主型设备。它安装在车辆的一位角。如图 1-11 所示，蜗轮蜗杆式手制动机主要由摇把、蜗杆、蜗轮、主轴、锥形链轮、制动链等组成。

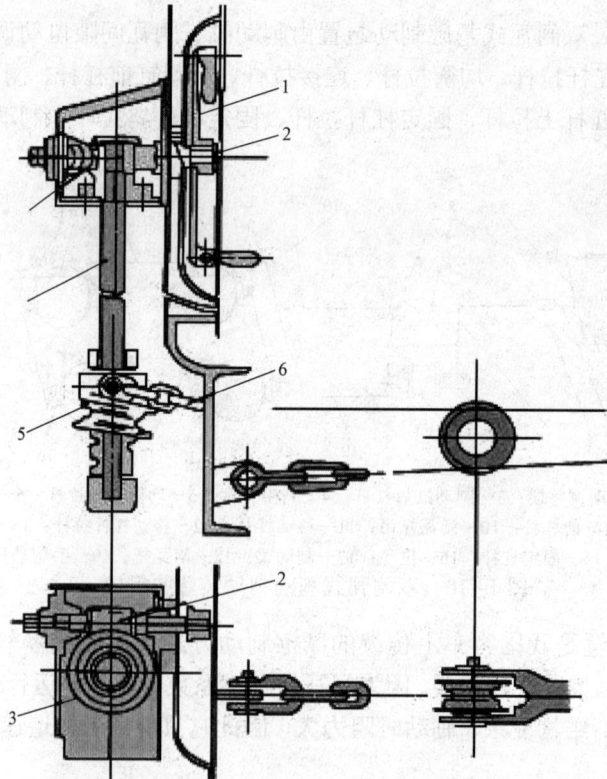

1—摇把；2—蜗杆；3—蜗轮；4—主轴；5—锥形链轮；6—制动链。

图 1-11 蜗轮蜗杆式手制动机的组成

活动 1.3.3 转向架认知

1. 普速客车转向架

我国普速客车转向架主要有 206 系列和 209 系列，各种转向架的型号及结构特点如表 1-3 所示。

表 1-3 普速客车转向架的结构特点

型号项目	206	206G	206P	209T	209P	209PK
轴型	RD_3，RD_4	RD_3，RD_4	RD_{3A}，RD_{4A}	RD_3，RD_4	RD_{3A}，RD_{4A}	RD_{3A}，RD_{4A}
构架型式	铸钢一体 U 型	铸钢一体或钢板压型组焊 U 型	钢板压型组焊 U 型	铸钢一体或钢板压型组焊 H 型	铸钢一体或钢板压型组焊 H 型	铸钢一体或钢板压型组焊 H 型
摇枕弹簧装置形式	圆弹簧外侧悬挂	圆弹簧外侧悬挂	圆弹簧外侧悬挂	圆弹簧超外侧悬挂	圆弹簧超外侧悬挂	空气弹簧有摇动台
减振方式	二系装油压减振器	二系装油压减振器	二系装油压减振器	二系装油压减振器	二系装油压减振器	二系为节流孔
回转阻尼	无	无	无	无	无	无
抗侧滚装置	无	无	无	无	无	有
轴箱弹簧装置形式	圆弹簧	圆弹簧	圆弹簧	圆弹簧	圆弹簧	圆弹簧
轴箱定位装置形式	干摩擦导柱式定位	干摩擦导柱式定位	干摩擦导柱式定位	干摩擦导柱式定位	干摩擦导柱式定位	干摩擦导柱式定位
轴承型号	42726QT 152726QT	42726QT 152726QT	NJ3226X1 NJP3226X1	42726QT 152726QT	NJ3226X1 NJP3226X1	42726QT 152726QT
基础制动装置形式	双片吊挂直接式闸瓦制动	双片吊挂直接式闸瓦制动	单片盘形制动、单侧闸瓦制动	双片吊挂直接式闸瓦制动	单片盘形制动、单侧闸瓦制动	单片盘形制动、单侧闸瓦制动

1）SW-160 型转向架

SW-160 型转向架是我国 25K 型客车主型转向架。

SW-160 型转向架由构架组成、轮对轴箱定位装置、中央悬挂装置、基础制动装置、轴温报警装置五部分组成，如图 1-12 所示。

（1）构架组成。

SW-160 型转向架的构架采用了 U 型焊接结构，有侧梁、横梁、空气弹簧支撑梁、纵向辅助梁。横梁采用了圆管型材，并与空气弹簧支撑梁相连通，作为附加空气室。

（2）轮对轴箱定位装置。

SW-160 型转向架采用标准的 RD_{3A} 型车轴，全加工整体辗钢 KKD 型车轮，车轮踏面采用磨耗型（LM）踏面，有两个制动盘。

单位：mm

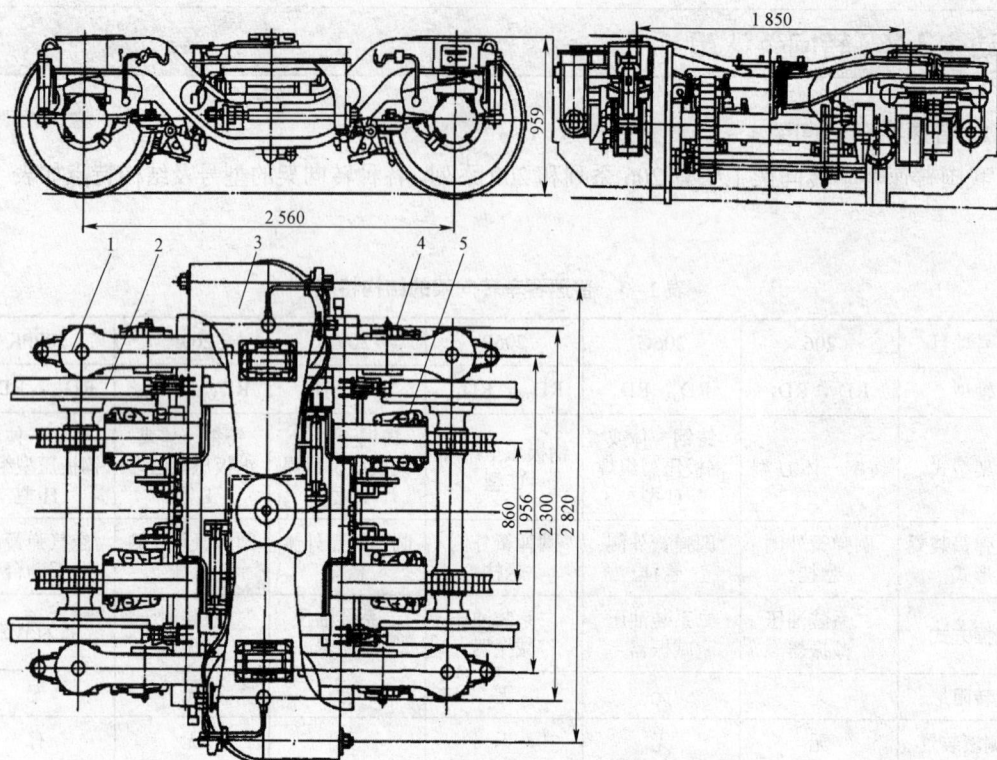

1—构架组成；2—轮对轴箱定位装置；3—中央悬挂装置；4—轴温报警装置；5—基础制动装置。

图 1—12　SW—160 型转向架

SW—160 型转向架采用的是单转臂无磨耗弹性轴箱定位，轴箱顶部支悬双圈螺旋弹簧加橡胶垫，设有垂向油压减振器。

（3）中央悬挂装置。

SW—160 型转向架的中央悬挂装置主要由摇枕、牵引拉杆、横向减振器、空气弹簧、心盘、旁承装置及摇枕等组成。

SW—160 型转向架的下旁承由磨耗板、调整垫、旁承盒组成。

（4）基础制动装置。

基础制动装置采用盘形制动，并加装电子防滑器。每个制动盘配有一个盘形制动单元。该单元由盘形制动缸、内外侧杠杆、闸片、闸片托等组成。

（5）轴温报警装置。

在构架侧梁外侧安装有轴温报警装置的接线盒和连接线。

2）209HS 型转向架

209HS 型转向架如图 1—13 所示，它是在 209T 型和 209PK 型转向架基础上研制成功的。目前主要用在准高速双层客车上。

209HS 型转向架由轮对轴箱弹簧装置、摇枕弹簧装置、转向架构架、基础制动装置 4 个部分组成。

（1）轮对轴箱弹簧装置。

209HS 型转向架采用带有制动盘座的非标准 RD₃ 型滚动轴承轮对和进口 SKF 轴承，轴承规格等同于国产轴承 42726T、152726T 型轴承。

轴箱弹簧装置由轴箱体、油压减振器、轴箱圆弹簧、弹簧导柱、橡胶堆定位器、支持环、缓冲橡胶垫及防松吊座等组成。

轴箱体与 209T 型转向架基本相同。

（2）摇枕弹簧装置。

209HS 型转向架的摇枕弹簧装置由摇枕、空气弹簧装置、弹性摇枕吊杆装置、弹簧托梁装置、抗侧滚扭杆装置、横向油压减振器、横向缓冲器、牵引中心销装置、牵引拉杆装置、旁承支重装置和安全吊等组成。

① 在摇枕上焊有下旁承座、中心销座、横向油压减振器座和牵引拉杆座等。摇枕通过两端的下平面坐落在左、右两个空气弹簧上。

单位：mm

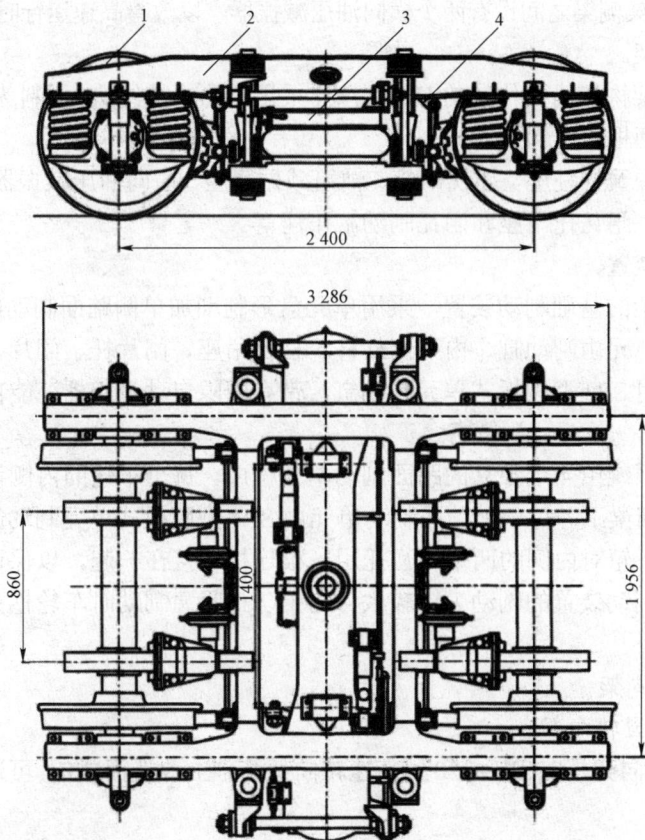

1—轮对轴箱弹簧装置；2—转向架构架；3—摇枕弹簧装置；4—基础制动装置。

图 1-13　209HS 型转向架

② 空气弹簧装置由上盖、胶囊、密封圈、橡胶支承座、底座和高度控制阀等组成。空气弹簧为自由模式，通过底座安装在弹簧托梁上。空气弹簧通过上盖的开孔与摇枕附加空气

室相通。由于空气弹簧与附加空气室之间设有精心设计选择的可变节流孔，可以起到减振的作用，所以空气弹簧转向架在二系悬挂中不再设置垂向油压减振器。此外，左、右两空气弹簧之间通过差压阀相连，以避免左、右空气弹簧之间的压力差超过一定限度而危及行车安全。

③ 弹簧托梁由左、右弹簧座和连接左、右弹簧座的连接轴组成。旁承支重装置由设置在车体枕梁下的上旁承和安装在摇枕上的下旁承、旁承板构成。

④ 牵引装置由牵引中心销装置和牵引拉杆装置两个相互独立的部分组成。

牵引中心销装置由固定于车体枕梁下的中心销和设置在摇枕中部的中心销座组成。中心销与销座之间设有牵引橡胶堆，用以缓和由中心销传递牵引力时所引起的冲击作用。牵引中心销装置既是转向架相对于车体的转动中心，又可以通过它把牵引力由车体传至转向架摇枕。它的作用类似于上、下心盘的作用，但不承受车体的重量。

牵引拉杆装置一端以弹性节点与摇枕相连，另一端与构架侧梁上的牵引拉杆座相连。牵引力经牵引拉杆由摇枕传给构架，最终传给轮对。牵引拉杆一般不妨碍摇枕的上下运动。

⑤ 抗侧滚扭杆装置设置在摇枕与弹簧托梁之间，它由固定杆、扭臂、扭杆等组成。

⑥ 在摇枕与构架侧梁之间设有两个横向油压减振器，以改善高速运行时的横向动力性能。

（3）转向架构架。

209HS 型转向架构架仍为传统的 H 型构架，采用箱形焊接结构，材料为 16Mn 低合金钢。构架由两根侧梁和两根横梁构成。

在构架上设有弹簧导柱座、摇枕吊座、轴箱减振器座、横向油压减振器座、牵引拉杆座、盘形制动单元吊座、闸瓦托吊座和闸瓦制动缸吊座等。

（4）基础制动装置。

209HS 型转向架的基础制动装置，采用单元盘形制动加单侧踏面制动的复合制动系统。

每个盘形制动单元由制动缸、内外侧杠杆、杠杆吊座、闸片托、闸片、闸片托吊、吊销等组成。制动缸采用 SP2 型膜板式单元制动缸，带有间隙自动调整器，能自动调整闸片与制动盘之间的间隙。

单侧踏面制动系统由 4 个独立的踏面制动单元构成。每个车轮的内侧设置一个踏面制动单元，悬挂在构架横梁下。每一个踏面制动单元由 SP4 型膜板式单元制动缸、闸瓦、闸瓦托和闸瓦吊组成。同一轮对内侧的两个闸瓦托用一根连杆连接在一起，以保证动作的同步。

209HS 型基础制动装置的制动力比较大，为了防止紧急制动时车轮抱死，通常在车轴端部装有电子防滑器。

2. 提速客车转向架

1）SW-220K 型转向架

SW-220K 型转向架是在 SW-220 型高速转向架基础上改造而成的，可适应各种 160 km/h 速度等级的客车。

SW-220K 型转向架（如图 1-14 所示）整体采用无摇枕转向架，H 型焊接构架，转臂式轴箱定位，四点支撑空簧装置，配置温度、振动等安全监测系统等，具有结构简洁、技术可靠、检修维护方便的特点。

图 1-14　SW-220K 型转向架

（1）转向架技术参数。

SW-220K 型转向架的主要技术参数如表 1-4 所示。

表 1-4　SW-220K 型转向架的主要技术参数

参数	参数值
连续运行速度/（km/h）	160
最高试验速度/（km/h）	250
轴距/mm	2 500
适用轨距/mm	1 435
车轮直径/mm	915（新轮） 845（旧轮）
最大轴重/t	15.5
通过最小曲线半径/m	联挂 145 单车调车 100
弹簧形式	一系为钢弹簧，二系为空气弹簧
车轮车轴形式	KKD 车轮、RD_{3A1} 车轴
轴箱轴承	SKF BC1B322880（AB）/BC1B322881（AB）或 FAG804468A/804469A
制动形式	盘形制动单元
制动盘形式	轴装铸铁盘$\phi640$
制动缸形式	8 单元制动缸（每车的 1 位制动缸带手制动）
轮对定位方式	单转臂无磨耗弹性轴箱定位
转向架质量/kg	约 6 000
限界	《标准轨距铁路限界　第 1 部分：机车车辆限界》（GB 146.1—2020）
强度	《200 km/h 及以上速度级铁道车辆强度设计及试验鉴定暂行规定》

（2）转向架结构。

① 构架组成：构架采用成熟的 H 型焊接结构。侧梁、纵向辅助梁为箱型焊接结构，横梁采用无缝钢管，两侧设空气弹簧支撑梁。横梁与部分空气弹簧支撑梁作为附加气室，构架所用板材和型材为 Q345E，铸钢材料为 B 级钢（ZG25MnNi）。

② 轮对轴箱定位装置：由轮对轴箱组成、油压减振器、定位转臂、定位节点、轴箱弹簧、KKD 车轮、RD$_{3A1}$ 车轴、进口轴承、轴端接地装置、防滑器测速齿轮等组成。

③ 中央悬挂装置：中央悬挂装置由空气弹簧、横向减振器、横向挡、牵引销、牵引拉杆、高度控制阀组成、差压阀及其管路、抗蛇行减振器等组成。

④ 基础制动装置：基础制动装置采用紧凑型制动夹钳单元，带有间隙调整器，可自动调整闸片间隙。

⑤ 轴温报警装置：在构架上焊接滑槽式座，其材质为不锈钢，组装方便。

2）PW-220K 型转向架

PW-220K 型转向架是 25T 型客车主型转向架之一，如图 1-15 所示。

图 1-15　PW-220K 型转向架

（1）转向架技术参数。

主要技术参数如表 1-5 所示。

表 1-5　PW-220K 型转向架的主要技术参数

参数	参数值
限界	《标准轨距铁路限界　第 1 部分：机车车辆限界》（GB 146.1-2020）
轨距/mm	1 435
持续运行速度/（km/h）	160
最高试验速度/（km/h）	180
通过最小曲线半径/m	
正线运行	145
单车调行	100

续表

参数	参数值
轴重（t）	≤17
车轮形式	KKD
每台转向架质量/t	≤6.2
固定轴距/mm	2 600
轴箱定位方式	无磨耗的弹性节点定位
悬挂装置弹簧形式	一系钢弹簧，二系大挠度空气弹簧
减振方式	一系垂向油压减振器
	二系横向油压减振器
	二系垂向油压减振器
牵引装置	Z 型双牵引拉杆
基础制动装置	盘形制动
空簧上平面距轨面/mm	959
轴箱弹簧横向跨距/mm	2 000
空气弹簧横向跨距/mm	2 000

（2）转向架结构。

① 构架。

PW-220K 型转向架的构架为焊接结构 U 型构架，侧梁为矩形断面，左右两侧侧梁与横梁焊接为一体，形成类 H 型框架结构，横梁由一个矩形断面的中间横梁和两根圆形断面的钢管制动横梁组成。

② 轮对轴箱定位装置。

轮对轴箱定位装置主要由轮对轴箱装置、转臂、夹紧箍、橡胶节点、一系双绕组轴箱螺旋钢弹簧及一系垂向减振器等组成。采用无磨耗橡胶节点转臂式定位结构，轮对轴箱装置的纵、横向定位刚度主要由橡胶节点来提供，一系垂向刚度主要由轴箱钢弹簧提供。

③ 中央悬挂装置。

中央悬挂装置取消了传统的摇枕、摇动台和旁承等零部件，主要由空气弹簧组成、中心牵引销、双牵引拉杆装置、抗侧滚扭杆、减振器、横向缓冲器、高度调整阀和差压阀等组成，采用无摇枕全空气弹簧支重，不仅简化了悬挂结构，减少了重量，还提高了安全性和可靠性，并减少了运用中的检修工作量。

空气弹簧组成中通过空簧模板与车体相连，通过两个定位销和一个进气嘴与车体实现定位，左、右模板相互独立；抗侧滚扭杆、高度阀、二系垂向减振器、横向减振器等件直接安装到车体上。

抗侧滚扭杆装置为新型装置，共连杆装置与扭臂的连接方式为叉接式，

④ 制动装置。

一位转向架一位车轴上分别装有一套带手制动的盘形单元和盘形制动单元，二位车轴上装有两套盘形制动单元。每个盘形制动单元由单元制动缸、制动杠杆、杠杆吊座、闸片托装置、闸片托吊和 HVD-Ⅰ闸片等零部件组成。

⑤ 转向架辅助装置。

转向架辅助装置包括轴端接地装置、防滑器速度传感器、轴温报警仪传感器、车体与转向架接地电缆等。

活动 1.3.4　车钩缓冲装置认知

1. 概述

车钩缓冲装置是车辆重要的部件之一，按照牵引连挂装置的连接方式的不同，可分为自动车钩和非自动车钩。自动车钩不需要人工参与就能实现连接，非自动车钩则要由人工完成车辆之间的连接。我国铁路车辆均采用自动车钩。

自动车钩又可分为两种基本类型：非刚性车钩和刚性车钩。我国铁路一般客、货车均采用非刚性的自动车钩，高速列车和城市的地铁和轻轨车辆则应采用刚性的自动车钩，即密接式车钩。

1）车钩缓冲装置的组成及作用

车钩缓冲装置由车钩、缓冲器、钩尾框、钩尾销从板等零部件组成。图 1-16 为车钩缓冲装置的一般结构形式。在钩尾框内依次装有前从板、缓冲器和后从板（有时不需后从板），借助钩尾销把车钩和钩尾框连成一个整体，从而使车辆具有连挂、牵引和缓冲三种功能。

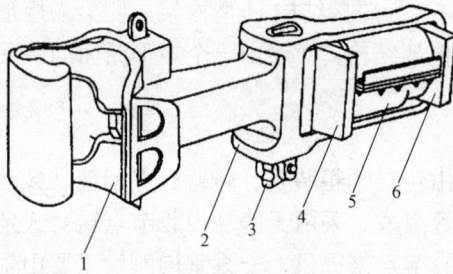

1—车钩；2—钩尾框；3—钩尾销；4—前从板；5—缓冲器；6—后从板。

图 1-16　车钩缓冲装置的一般结构

在车钩缓冲装置中，车钩的作用是用来实现机车和车辆或车辆和车辆之间的连挂，传递牵引力及冲击力，并使车辆之间保持一定的距离。缓冲器是用来缓和列车运行及调车作业时车辆之间的冲撞，吸收冲击动能，减小车辆相互冲击时所产生的动力作用。从板和钩尾框则起着传递纵向力（牵引力或冲击力）的作用。

2）车钩缓冲装置在车辆上的安装及作用力的传递

车钩缓冲装置一般组成一个整体，安装于车底架两端的牵引梁内，其前从板、后从板及缓冲器卡装在牵引梁的前后从板座之间，下部靠钩尾框托板及钩体托梁（货车）或复原装置（客车）托住，各部件的相互位置如图 1-17（a）所示。

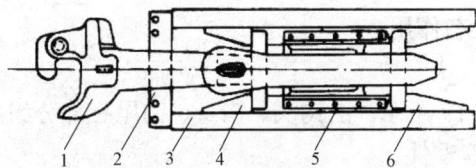

1—车钩缓冲装置；2—冲击座或复原装置；3—中梁（牵引梁）；4—前从板座；5—钩尾框托板；6—后从板座。

(a) 在车上的安装位置

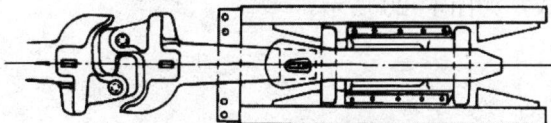

(b) 牵引状态

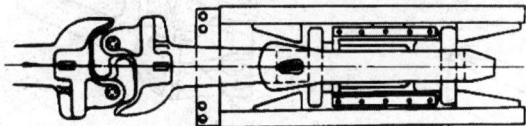

(c) 压缩状态

图 1-17　车钩缓冲装置在车上的安装位置及受力状态

当车辆受牵引时，作用力的传递过程为：车钩—钩尾销—钩尾框—后从板—缓冲器—前从板—前从板座—牵引梁，如图 1-17（b）所示。

当车辆受冲击时，作用力的传递过程为：车钩—前从板—缓冲器—后从板—后从板座—牵引梁，如图 1-17（c）所示。

由此可见，车钩缓冲装置无论是承受牵引力，还是冲击力，都要经过缓冲器将力传递给牵引梁，这样就有可能使车辆间的纵向冲击振动得到缓和和消减，从而改善运行条件，保护车辆及货物不受损坏。

3）车钩的开启方式及复原装置

车钩的开启方式分为上作用式及下作用式两种。

图 1-18 为下作用式车钩装置。车钩钩提杆的安装位置：货车装在一、四位车端；客车装在二、三位车端。当车辆在曲线上运行时，车钩中心线与车体纵向中心线之间将产生一偏角。由于客车车体较长，在曲线上车钩的偏移量较大，如果车钩偏移后不能迅速地恢复到正常位置，势必会增加车辆运行时的摆动量，而且还会造成车辆摘挂困难。因此，在客车上均装有车钩复原装置，分为鞍式和摆式两种。新造客车均采用摆块式复原装置。该复原装置适合高低钩两用。

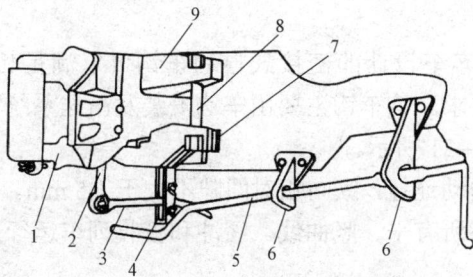

1—钩头；2—下锁销；3—下锁销杆；4—下锁销托吊；5—钩提杆；6—钩提杆座；7—车钩托梁；8—吊杆；9—冲击座。

图 1-18　下作用式车钩装置

25

2. 15 号车钩的结构及三态作用

1）车钩的结构及作用

15 号车钩的结构如图 1-19 所示，由钩头、钩身、钩尾三部分组成。钩头内部装有钩舌、钩锁铁、钩舌推铁、下锁销等零件。

钩头是主要起车辆摘挂作用的部分，由钩腕、钩锁腔、上钩耳、下钩耳、钩肩、钩舌、钩锁、钩舌推铁、下锁销组成，如图 1-20 所示。

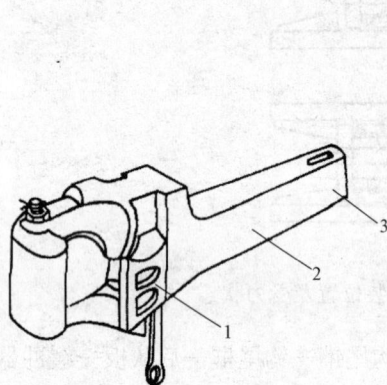

1—钩头；2—钩身；3—钩尾。

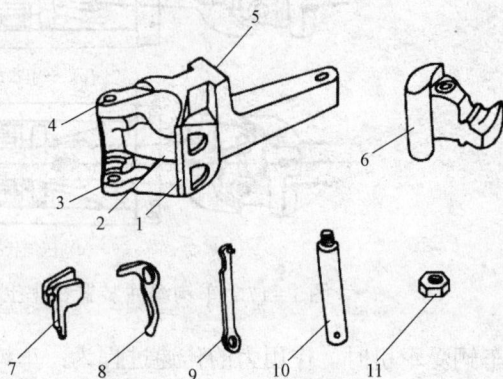

图 1-19　15 号车钩的结构

1—钩腕；2—钩锁腔；3—下钩耳及锁销孔；4—上钩耳及锁销孔；
5—钩肩；6—钩舌；7—钩锁；8—钩舌推铁；9—下锁销；
10—钩舌销；11—钩舌销螺母。

图 1-20　15 号车钩的钩体及配件

2）三态作用

车钩的自动连挂和自动摘解是通过它的"三态"作用完成的，当钩体内钩舌、钩锁铁、钩舌推铁、锁销等零件处于不同位置时，可使车钩具有开锁、闭锁、全开三种作用，俗称"三态"作用。

3. 密接式车钩的类型、结构及作用原理

目前国内外常见的密接式车钩有 4 种类型：第一种为日本新干线高速列车上所采用的柴田式密接式车钩，我国北京地铁车辆的车钩即属此列；第二种为 Schafenberg 型密接式车钩，常见于欧洲国家所制造的地铁、轻轨及高速车辆上，德国制造的上海地铁车辆装用这种车钩；第三种为德国的 BSI-COMPACT 型密接式车钩；第四种为国产 25T 型密接式车钩。

1）25T 型密接式车钩

专为 180 km/h 25T 型客车设计的密接式自动车钩可以满足相当于 15C 车钩静强度的 2 000 kN 整体抗拉破坏的要求。该车钩主要由车钩安装及吊挂系统、缓冲系统和连挂系统三大部分组成，其结构如图 1-21 所示。

车钩缓冲装置可实现自动连挂，纵向相对间隙不大于 1.5 mm。两车可靠连挂的同时，保证列车能顺利通过现有线路所有平、竖曲线。缓冲和吸收列车运行过程中车辆之间的纵向冲击能量。

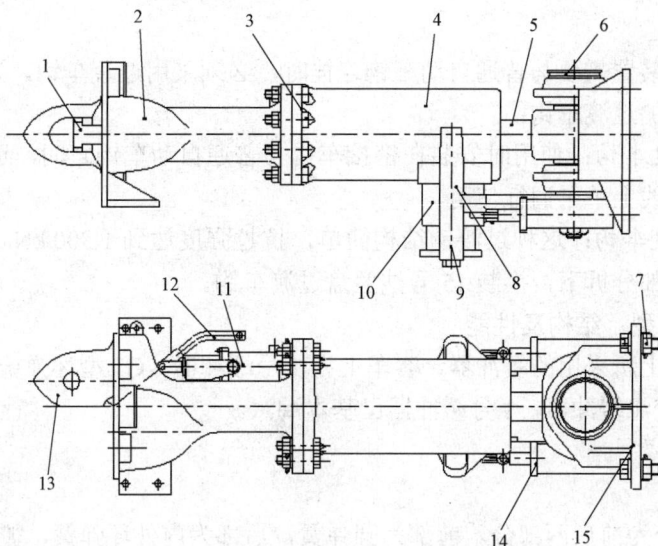

1—钩舌；2—钩头；3—连接螺旋；4—缓冲器；5—车钩拉杆；6—钩尾销；7—安装螺栓螺母；8—支架；9—钩高调整位置；
10—支撑弹簧盒；11—解钩风缸；12—解钩手柄；13—凸锥；14—水平弹簧复原盒；15—安装座。

图 1-21　25T 型密接式车钩的结构

（1）列车连挂。

密接式车钩缓冲装置可以实现列车自动连挂。连挂时，要求连挂速度不大于 7 km/h。

（2）列车解钩。

密接式车钩缓冲装置的解钩由人工完成。具体操作过程规定如下：

确认手柄定位销位于解钩手柄的销孔中（图 1-22 中的位置 1），不能位于钩体的销孔中（图 1-22 中的位置 2）。机车向后微退，使待分解车钩处于受压状态。扳动解钩手柄至解钩位，在钩体的销孔中插上手柄定位销（图 1-22 中的位置 2）。之后操作人员离开操作位置。机车向前运动，将待分解车钩拉开。操作人员进入操作位置，拔出手柄定位销，使车钩处于待挂状态，并将手柄定位销插回解钩手柄的销孔（图 1-22 中的位置 1）中。

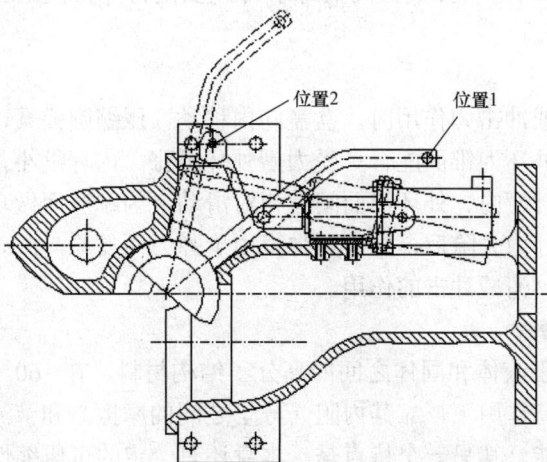

图 1-22　钩体开闭钩位置示意图

2）过渡车钩

当密接式钩缓装置需要与普通自动车钩连挂时，必须采用过渡车钩。为了方便运用，提供了两种不同形式的过渡车钩：

① 中间体过渡车钩：使用时安装在密接车钩与普通自动车钩之间，运用比较方便，但只能用于厂内和站线上单车调行使用。

② 法兰盘过渡车钩：这种过渡钩结构简单，抗拉强度达到 1 800 kN。使用时需将密接式钩缓装置的钩头部分拆下，换装 15 号法兰盘过渡车钩。

4. 缓冲器的类型、结构及性能

我国铁路车辆上所采用的缓冲器，客车上为 1 号缓冲器、G1 型环弹簧缓冲器（简称 G1 型缓冲器）、弹性胶泥缓冲器，1 号缓冲器已基本淘汰。

1）G1 型缓冲器

（1）结构。

G1 型缓冲器分为前后两部分。前部为圆弹簧，后部为内外环弹簧，彼此以锥面相配合，两部分之间用弹簧座分隔。圆弹簧用来缓和冲击作用力，环弹簧两滑动斜面间的摩擦力用来消耗冲击能量，起到吸收能量的作用。

G1 型缓冲器由弹簧盒、弹簧盒盖、弹簧座、圆弹簧、环弹簧及底板等组成。

① 弹簧盒：分为上下两个半盒，借助螺栓将两个半环状盒体连成一体。

② 弹簧盒盖：用 ZG25 铸钢制成。弹簧盒盖位于缓冲器前端，其中部有六角形凸缘，与盒盖的折缘部分卡住，从而保证盒盖受压后沿盒体方向移动。

③ 弹簧座：置于圆弹簧与环弹簧之间，列车的冲击力经弹簧盒盖传递给圆弹簧，弹簧座则在圆弹簧的推动下，把冲击力传到后部的环弹簧上。

④ 圆弹簧：位于缓冲器的前部，装在弹簧盒盖与弹簧座之间。

⑤ 环弹簧：有外环弹簧 7 个、内环弹簧 8 个（其中半环弹簧 2 个），均用 60Si2CrVA 弹簧钢制成。内环弹簧的外面和外环弹簧的内面均制成 V 形锥面。组装时，要求有 29～49 kN 的初压缩力，以保证环弹簧锥面互相密贴。

⑥ 底板：靠其台肩与两个弹簧盒的突缘卡合，以便将弹簧盒组装成为一个整体并传递外力。

（2）作用原理。

当缓冲器受牵引力或冲击力作用时，盒盖向内移动，压缩圆弹簧，并将力通过弹簧座板传递给环簧。由于内、外环为锥面配合，受力后外环扩张，内环缩小，产生轴向弹性变形，起到缓冲作用。与此同时，内、外环锥面间有相对滑动，因摩擦而做功，从而使部分冲击能变为摩擦功而耗散。当外力去除后，内外环弹簧由于弹力而复原，此时同样也要消耗部分冲击能量，从而起到缓和、消减冲击的作用。

2）弹性胶泥缓冲器

弹性胶泥是一种介于液体和固体之间的高分子结构材料，在 $-60～+50$ ℃温度范围内工作性能稳定。它在动载荷作用下，靠其内阻（分子之间的摩擦）和节流孔产生很大的阻力，从而吸收很大的冲击动能。其另一个特点是，本身还有一定的可压缩性，卸载后无须弹簧即可自行复原，因而可使其结构比液压缓冲器简单得多。因此，弹性胶泥是一种比较理想的缓冲减振材料，特别适合用在高效缓冲减振器件上。

弹性胶泥缓冲器是一种充满弹性胶泥材料的密封体。图1-23是弹性胶泥缓冲器结构示意图。

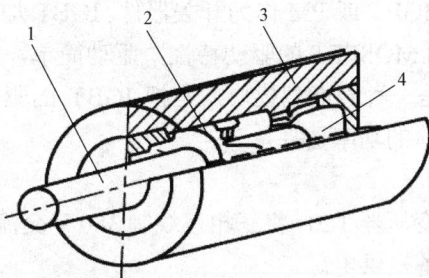

1—活塞杆；2—杆头；3—液压缸；4—弹性胶泥。

图1-23　弹性胶泥缓冲器结构示意图

当弹性胶泥缓冲器受力时，活塞被推往缸内，挤压弹性胶泥，同时，活塞一侧的弹性胶泥通过缸壁与活塞之间的缝隙进入活塞的另一侧；当撤去外力时，被压缩的弹性胶泥膨胀，减振器的活塞便回复到原位。

活动1.3.5　电气装置认知

1. DC 600 V 供电系统

在电气化区段，列车辅助供电装置将受电弓接受的25 kV单向高压交流电降压、整流、滤波成DC 600 V直流电，机车上安装有两套DC 600 V电源装置，两套装置分两路通过动力连接器向空调客车供电，空调客车通过综合控制柜自动（按车厢号分奇偶选择）将其中一路DC 600 V电能送入逆变电源装置及DC 110 V电源装置。

1）DC 600 V/AC 380 V 逆变器

该逆变器主电路包括以下几部分：

（1）输入输出隔离电路。

输入输出隔离电路的主要器件是KM201、KM204电磁接触器，主要功能是在逆变器输入电路或输出负载发生故障时实施隔离，防止故障扩散。

（2）中间支撑电路。

中间支撑电路主要由滤波电容C203、C204、C205、C206、C207、C208组成。主要功能是滤平输入电路的电压纹波，当负载变化时，使直流电压平稳。由于逆变器功率较大，因此滤波电容的容量较大，一般使用电解电容。

（3）缓冲电路。

缓冲电路由R201和KM2组成。电容的特性是电压不能突变，因此在合闸瞬间，电容的电压很低，基本可以认为瞬间短路，因此对电源造成很大的冲击电流，这个电流足以使保护熔断器熔断，因此逆变器电流一般都有输入缓冲电路。

（4）交流滤波电路。

交流滤波电路由电感和电容组成，Z203A 和 Z203B 的主要作用是将逆变器输出的 PWM 波转换成准正弦波。

（5）桥式三相逆变电路。

目前大部分逆变器采用 IGBT 或 PM 作为开关器件。IGBT 是 MOSFET 和 GTR 的复合产物，具有 GTR 的导通特性和 MOSFET 的驱动特性，驱动简单，功率小，开关频率高，通态压降低，损耗功率小。PM 是一种智能型模块，是把 IGBT 的驱动电路、保护电路及部分接口电路和功率电路集成于一体的功率器件。

（6）隔离变压电路。

隔离变压电路通过隔离变压器 T201 将三相三线制 380 V 交流电转换成三相四线制 380 V 交流用电，向 220 V 用电设备提供电源。

2）充电器和单相逆变器

充电器是将 DC 600 V 电能变换成 DC 110 V 电源供给蓄电池和照明等负载。充电器由一个 8 kW 充电器模块和一个 3.5 kV·A 单相逆变器模块组成。

（1）8 kW 充电器模块。

分为单机和机柜两部分。单机部分主要是主电路和控制电路；机柜部分分为对外进线端子、输入输出回路熔断器和控制用的空气开关等。由于输入电源为 DC 600 V，因此必须采用 DC/DC 变换技术。为了减小充电器的体积和防止高压窜入低压系统，采用高频绝缘式 DC/DC 变换器。基于 DC 600 V 的输入电压和大于 8 kW 的功率等级，客车用大功率 DC/DC 变换的主电路一般采用适应高压变换的半桥或全桥结构。

（2）3.5 kW·A 单相逆变器模块。

该模块使用电池供电方式，为负载提供 AC 220 V 交流电。在控制上采用 SPWM 调制，载频高，输出波形近似正弦波。同时还采用了多种抗干扰技术，电磁兼容性好，可靠性高。

充电器和单相逆变器具有以下优点：

① 采用电压、电流双闭环控制，实现蓄电池恒流、定压充电。

② 采用软开关技术，减小 IGBT 高频开关损耗，效率达到 92%。

③ 采用先进的非晶态铁芯制造变压器和电抗器，减小充电器的体积。

④ IGBT 的开关频率达到 20 kHz 以上，避开了音频区域，减小充电器的电磁噪声。

⑤ 蓄电池充电采用了温度补偿措施。

⑥ 充电器具有故障诊断和通信功能，在控制柜触摸屏上可以显示充电器的运行参数和故障信息。

3）综合控制柜

客车电气综合控制柜从原理上可分为几大功能单元：电源转换控制功能，空调机组控制功能，蓄电池欠压保护功能，照明供电功能，轴温、电子防滑器和车下电源箱状态监视功能、联网通信功能。

（1）电源转换控制功能。

综合控制柜的电源两路供电，输出分"自动"和"试验Ⅰ路"和"试验Ⅱ路"3 种方式。正常情况下，选择开关置于"自动"位，自动控制流程如图 1-24 所示。

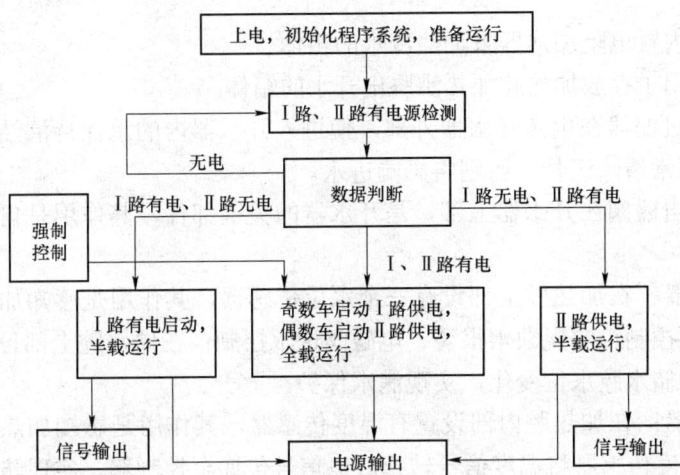

图 1-24　综合控制柜自动控制流程图

（2）空调机组控制功能。

空调机组通过选择开关可实现"自动""停止""试验暖""试验冷"等控制。空调机组主回路中接有电流传感器，触摸显示屏上可显示空调机组的运行工况、压缩机或空气预热器的运行状况、累计运行时间及电流值，可以显示"制冷""制暖"及设定温度值。当机组出现过载、过流、缺相及三相不平衡故障时，显示触摸屏显示故障提示状态，相应空调故障灯亮。空调机组的压缩机及空气预热器按照累计时间运行，半冷或半暖时累计时间少的机组启动运行，运行 2 h 后自动转换到另一机组交替运行。

（3）蓄电池欠压保护功能。

为保护蓄电池，综合控制柜设蓄电池欠压保护功能，当 PLC 检测到本车蓄电池电压低于 92～94 V 时，将切断由本车 DC 110 V 电源供电的所有负载，当本车蓄电池电压高于 96～98 V 时恢复供电。

（4）照明供电功能。

照明供电功能通过转换开关分为"应急灯""半灯""全灯""停止"。

（5）轴温、电子防滑器及车下电源箱状态监视功能。

通过 WG 型网关能够将轴温、电子防滑器、车下电源箱的状态信息送给 PLC，并在触摸显示屏上显示。

（6）联网通信功能。

代理节点能够实现车厢间的通信。各个车厢的 PLC 通过代理节点将本车信息发送给其他车厢的命令传送到列车总线上，供其他车厢调用。本车 PLC 可以通过代理节点读取列车总线上其他任一节车厢的信息，接收其他车厢发送给本车的命令并执行。

2. 客车用电设备

1）电热开水器

电热开水器按功能可以分成以下几部分：

① 控制箱：在开水器顶部是开水器的控制中心，内有空气断路器、控制板、接触器等

电气元件。

② 加热腔：内置电阻加热器来加热冷水的箱体。

③ 储水腔：用于存放加热腔加热沸腾出开水的箱体。

④ 过滤器：过滤器在电热开水器外部，使进入开水器内的水保持清洁。在水源较差的地区使用时，应经常清除污物，否则将影响进水。

⑤ 电磁阀：电磁阀在开水器上部，是开水器的关键部件，其作用是自动地关闭和开通进水水路。

⑥ 水位传感器：在加热腔上部设有三个水位传感器，其作用是感知加热腔水位变化，产生电信号，通过控制箱实现缺水报警、电磁阀进水控制；在储水腔上部设有两个水位传感器，其作用是感知储水腔水位变化，实现满水保护。

⑦ 温度传感器：在加热腔内部设置有温度传感器，其作用是感知加热腔温度，当温度达到130 C时，温度传感器将温度信号转换成电信号传递至控制箱，实现防干烧功能保护。

2）真空集便器

真空集便器包含以下4个主要部件：蹲/坐式便器、气水控制盘、电气控制盘逻辑控制单元（LCU）、污物收集系统。

（1）蹲/坐式便器。

蹲/坐式便器用于直接接收人体排出的粪便污物，并能对便盆中的粪便污物进行冲洗；蹲便器下部设有排泄阀，能实现污物箱与蹲便器的隔离，使污物箱内的臭味不至于上返至车内。蹲式便器安装在列车的地板上，它由框架、便斗、冲洗喷嘴、排污阀、连接弯管等组成。便盆排出口的直径比系统其他部分小，并与一个90°弯管直接连接，这样的便盆排出口，能够阻止可能在系统中造成堵塞的物体。

（2）气水控制盘。

气水控制盘有3个功能：

① 水增压功能：用于对冲洗水进行增压，并对冲洗循环过程进行控制。

② 产生真空：用于对污物箱产生真空，并进行真空度控制。

③ 汇集电气接线：控制盘上的接线盒用来汇集电气接线。

（3）电气控制盘逻辑控制单元（LCU）。

LCU控制各部件以限制系统冲洗循环时间，产生真空，控制真空水平及监控系统的气压。其中，端子排用于电气与污物收集系统的其他零部件连接。端子排组成采用鼠笼式弹簧端子，以达到正确及牢固的电气连接。上述零部件稳固地安装在控制模块安装板上，它们的作用是将冲洗动作指令转换成电信号传递至LCU，实现便器冲洗。

（4）污物收集系统。

污物收集系统的核心部件是污物箱。污物箱用于收集和存放污物，直到污物箱对外排放，其主要组成部分为：箱体内胆、保温层、外层包板、清洗阀组件、进气阀、卸污阀组件、接线箱、液位开关、污物箱检查门、加热管检查门、温控器、电加热管。

3）客车塞拉门

电控气动塞拉门是供铁路客车使用的系列化外摆塞拉门。门扇为直形，有左右之分。驱动方式为气动，控制方式为电控。门锁为双重闭锁，另设独立的保险锁（隔离锁），安全可靠。门扇采用铝蜂窝复合结构，其优点是重量轻、强度高、密封性能好、隔音、隔热。门系统的承载驱动机构具有结构简洁、运动阻力小、安装方便、可靠性高等优点。车门系统具有防挤压和列车速度大于 5 km/h 时自动锁闭功能（5 km/h 信号由车辆提供）。另外，它还可以实现整列车门系统的集中控制，与车辆计算机通信实现监控功能。

① 基础部件：包括上、前、后压条，上、下滑道，防护罩（带防冻装置），防护罩胶条，门框胶条等零件；其主要作用是引导门扇的运动及实现门扇与车体的密封。

② 翻转脚蹬传动杆：由下拉杆、接杆、杆套、气缸支架及气缸等组成。

③ 翻转脚蹬：由转轴箱、支承架及踏脚板等组成。

④ 门扇部件：由门扇、锁扣、隔离锁（保险锁）、下支架、携门架组成。

⑤ 承载驱动机构部件：其承载部件由支架、挂架、长导柱、短导柱及直线轴承等组成。

⑥ 气动机构及气路系统：由无杆气缸、气缸支架、球阀（作为气源开关用）、快排气阀、过滤减压阀组件、消音器、节流阀、气管、管接头等组成。

⑦ 操作部件：包括内操作装置（电控锁）、外操作装置（手动、电控双功能锁）、连动机构、手控开关装置（手动锁）。

⑧ 门锁部件：包括开锁气缸、闭锁气缸、锁体、锁叉定位套及锁扣等零件。

⑨ 电控系统：包括 DCU 门控器、空气开关、电源模块、指示灯、蜂鸣器、电磁阀；压力开关、压力波开关、磁感应开关等其他行程开关；接线端子排、电气安装板及其附件。

3. 客车安全检测系统

1）轴温报警装置

KZSM–Ⅱ（G）型集中式轴温报警装置具有数模兼容、数字滤波、抗干扰、防火灾等优点，具体如下：

① 数字传感器和模拟传感器全自动识别，无须更换模块或切换开关。控制器可以混接两种类型的传感器，并自动显示各轴位的传感器类型，实现了真正的数模兼容。

② 采用液晶显示屏，同时显示 9 个轴位的温度。

③ 本车可循环记录 1 000 次报警数据（不可人为擦除），记录的报警数据可查阅。

④ 控制器之间采用 FSK 通信方式，每台仪器提供 RS485 输出。

⑤ 全列车配置一台记录仪，用于实时监测全列车状态，并记录全列车的轴温数据；配置标准大容量 IC 卡，可循环记录 2 000 组全列车轴温数据，另加 1000 次报警数据。

⑥ 采用了基于 Windows 操作系统的客车轴温数据分析管理系统（V3.0 版），不仅实现了轴承故障的早期诊断，也实现了客车编组和轴温管理的计算机化。

2）客车运行安全监控系统

客车运行安全监控系统（TCDS）重点监测客车轴温、制动系统、转向架安全指标、火灾报警、客车供电、电器及空调系统运行状况，对危及旅客列车运行安全的因素进行实时监测诊断、记录和存储、集中显示和报警。运行中，车载监测诊断系统通过无线通信装置向地面监控终端报告列车运行状态，列车入库后，通过无线局域网或移动存储器将记录数据下载到地面数据库与专家系统，从而实现列车运行监测信息的自动收集和集中管理。

（1）转向架监测子系统。

该系统利用车体、构架上的加速度传感器监测轮轴与一系悬挂系统，根据车体的加速度传感器监测整个车辆系统的状态。通过对车辆动力学系统的加速度输出的监测，同时计算系统的时间历程的特征数据，并且对车辆系统进行评估。将此特征数据经由 LonWorks 网络传输到列车管理器上，而后通过特定的系统对车辆的状态以及车辆状态变化过程进行进一步的判断。

（2）制动监测子系统。

该系统采用单片机的智能监测诊断技术、列车网络技术，实现了客车空气制动系统的故障实时在线监测诊断。制动监测子系统可监测项目涵盖了制动系统的各种常见故障，制动故障的实时报警，特别是"缓解作用不良""自然制动""异常制动"等的报警，解决了困扰铁路多年的意外制动等制动系统故障问题，对防止列车拦停等事故的发生，保证列车正点运行意义重大。

该系统提供的制动系统的监测数据包括列车运行全过程的列车制动管、制动缸压力数值。制动系统在监测过程中做出的实时诊断报告中包括了列车制动管、制动缸压力随时间变化的压力曲线及实时列车速度曲线。

活动 1.3.6　思考练习

1. 说出 25G 型客车车体底架组成及各部件名称。
2. 说出 25G 型客车脚蹬翻板装置各部件名称并识别配件。
3. 说出盘形制动装置各部件名称并识别配件。
4. 说出车钩缓冲装置的组成并识别配件。
5. 说出 15 号车钩组成、钩头各部件名称并识别配件。
6. 说出密接式车钩各部件名称并识别配件。
7. 说出主型客车电气装置的结构布置并识别电气配件。

【考核评价】

1. 综合评价表（见表 1-6）

表 1-6　综合评价表

序号	考核项目	总分	评分标准	自评分	互评分	教师评分	综合评分
1	课前知识查阅、调研完成情况	20	（1）调研铁路客车运用车型现状及发展。 （2）熟悉主型客车基本组成的分类、结构、作用、基本原理。				
2	课中参与及协作沟通表现	20	（1）学生积极举手回答问题。 （2）学生普遍具有问题意识，敢于质疑问难，敢于发表不同见解。 （3）学生善于倾听、理解他人发言，并能及时抓住要点。 （4）合作学习适时有效，目标达成度高。				

序号	考核项目	总分	评分标准	自评分	互评分	教师评分	综合评分
3	对客车车辆总体认知的掌握情况	50	（1）掌握铁路客车运用车型现状。 （2）掌握主型客车基本组成和作用原理。 （3）能说出主型客车车底结构名称、主要部件名称并识别配件。 （4）说出主型制动机、基础制动装置各部件名称并识别配件。 （5）说出主型转向架构架、轮对轴箱定位装置、中央悬挂装置各部件名称并识别配件。 （6）说出主型车钩缓冲装置的组成及各部件名称并识别配件。 （7）说出主要电气装置的作用及各部件名称并识别配件。				
4	思政方面	10	（1）树立主人翁责任心、责任感。 （2）具备安全意识、团队合作观念。 （3）具有精益求精的工匠精神。				
5	合计	100					

2. 教师评价建议

_____

_____

_____

_____

_____

_____

_____

_____

_____

_____

_____

_____

_____

_____

_____

_____

_____

项目2

客车制动装置检修及试验技能

【项目构架】

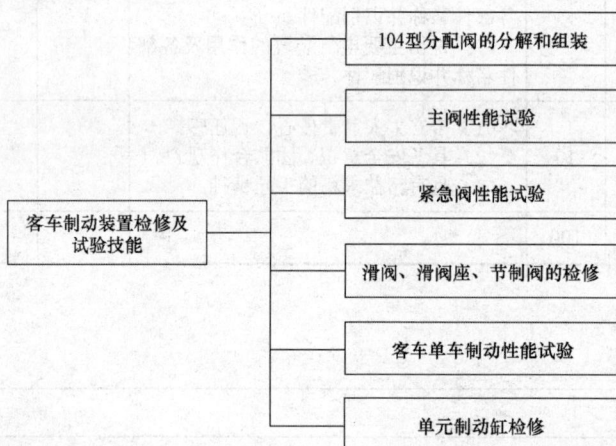

客车制动装置检修及
试验技能
- 104型分配阀的分解和组装
- 主阀性能试验
- 紧急阀性能试验
- 滑阀、滑阀座、节制阀的检修
- 客车单车制动性能试验
- 单元制动缸检修

【项目引导】

🔹 目的要求

1. 掌握客车制动系统的种类、构造、工作原理。

2. 掌握104型分配阀的分解和组装作业技能。

3. 掌握主阀、紧急阀、客车单车制动性能试验技能。

4. 掌握滑阀、滑阀座、节制阀、单元制动缸的检修技能。

🔹 重点与难点

重点：

1. 客车制动系统的种类、构造、工作原理。

2. 104型分配阀的分解和组装作业。

3. 滑阀、滑阀座、节制阀、单元制动缸的检修。

难点：

1. 客车制动系统的构造、工作原理。

2. 主阀、紧急阀、客车单车制动性能试验。

【项目内容】

任务 2.1　104 型分配阀的分解和组装

【任务描述】

104 型分配阀是客车制动机的核心部件，是实现铁路客车安全运行的重要保障。为保证 104 型分配阀处于良好的技术状态，需要做好 104 型分配阀日常维修保养及定期维护检修工作。检修人员需要依据作业指导书的规范标准，进行 104 型分配阀的分解和组装作业。通过实训教学，学生需完成以下任务：

① 104 型分配阀的分解和组装。

② 填写记录单。

在整个作业过程中，应遵循现场工作管理规范。

【学习目标】

知识目标	掌握 104 型分配阀的分解和组装作业方法
能力目标	1. 会分解 104 型分配阀； 2. 会组装 104 型分配阀
素质目标	1. 自觉遵循现场工作管理规范； 2. 具有精益求精的工匠精神

【导　　入】

1. 掌握 104 型分配阀的构造。

2. 掌握 104 型分配阀的用途。

【活　　动】

活动 2.1.1　准备工作

1. 安全准备

① 作业人员上岗前须佩戴相应的个人防护用品。

② 作业前，须确保各工装、工具安全可靠。

2. 工具材料准备（见表 2-1、表 2-2）

表 2-1　工具的准备

序号	名称	规格	数量	备注
1	防护红旗		1 面	
2	手锤	1.5 镑	1 个	
3	小撬棍		1 根	
4	活扳手	300 mm	2 把	
5	肥皂水桶		1 个	
6	刷子	40 mm	1 把	

表 2-2　材料的准备

序号	名称	规格	数量	备注
1	104 分配阀主阀		1 个	
2	104 分配阀主阀垫		1 个	
3	滤尘网		2 个	
4	开口销	$\phi 8$ mm	1 个	
5	洁布		1 块	

3. 技术准备

① 安装位置正确，螺栓无松动。

② 安装面无漏泄，符合技术标准。

活动 2.1.2　104 型分配阀的分解和组装作业程序与要求

客车 104 型分配阀分解、组装

104 型分配阀的分解和组装作业程序与要求如表 2-3 所示。

表 2-3　104 型分配阀的分解和组装作业程序与要求

序号	工步	作业内容与要求	图示
1	主阀充气部的分解	（1）用风动扳手卸下止回阀盖，取下止回阀盖上的密封圈，取出止回阀弹簧、止回阀。 （2）用风动扳手分解充气阀部连接螺栓，分离充气部。 （3）取出充气膜板垫、充气膜板、充气活塞。 （4）用专用工具旋出充气阀座，取出充气阀、充气阀弹簧、密封圈。 （5）用剪刀破坏充气膜板并报废，密封圈须投入废品箱报废。 （6）拧开止回阀盖，取出止回阀弹簧及止回阀；拧下主阀上盖螺栓，取下主阀上盖，取出充气膜板垫，取下充气膜板及充气活塞，用钥匙形起子拧出充气阀座，取出充气阀及充气阀弹簧。	

序号	工步	作业内容与要求	图示
2	主阀作用部的分解	（1）用风动扳手卸下主阀上盖螺栓，拆下上盖，取出主活塞组成。 （2）用手锤及顶针冲出滑阀弹簧销，取下滑阀弹簧、滑阀、节制阀及节制阀弹簧。 （3）将活塞装卡在台钳上，用活扳手卸下主活塞压板螺母，取下主活塞压板、膜板、主活塞、主活塞杆、密封圈。 （4）用剪刀破坏主活塞膜板并报废，密封圈须投入废品箱报废。 （5）用卡簧钳卸下主活塞杆挡圈，取出稳定弹簧座、稳定弹簧、稳定杆。 （6）用扳手卸下主阀下盖，取出下盖密封圈。用一字改锥卸下局减缩孔堵（Ⅰ）。	
3	主阀均衡部的分解	（1）用风动扳手卸下均衡阀上盖螺栓，卸下上盖及密封圈，取出滤尘网、作用阀弹簧、作用阀组成。 （2）用风动扳手卸下均衡部下盖螺栓，拆下下盖。 （3）将作用活塞装至台钳上，用活扳手卸下压板螺帽，取下作用活塞、膜板、活塞压板、作用活塞杆密封圈。 （4）用剪刀破坏均衡膜板并报废，密封圈须投入废品箱报废。 （5）用一字改锥旋下缩孔堵（Ⅱ）。	
4	主阀局减阀的分解	（1）用扳手卸下局减阀盖，从中取出局减阀弹簧垫及毛毡，取出局减阀弹簧及局减膜板压圈。 （2）将局减活塞装至台钳上，用扳手卸下局减活塞螺母，卸下局减活塞及膜板、局减阀杆、密封圈。 （3）用剪刀破坏局减膜板并报废，密封圈须投入废品箱报废。	
5	主阀紧急增压阀的分解	（1）用扳手卸下增压阀盖，取出增压阀杆及弹簧、密封圈，再取出增压阀杆下部增压挡圈。 （2）密封圈须投入废品箱报废。	
6	紧急阀的分解	（1）用风动扳手卸下紧急阀上盖螺栓，拆下紧急阀上盖，取出紧急活塞组成及安定弹簧。 （2）将紧急活塞固定至台钳上，用活扳手拆卸紧固螺母，分离紧急上活塞、紧急活塞膜板、紧急下活塞、紧急活塞杆。 （3）卸下活塞杆上的密封圈，用剪刀破坏紧急活塞膜板并报废，密封圈须投入废品箱报废。 （4）用风动扳手卸下紧急阀下盖螺栓，拆下阀盖，取出放风阀弹簧、导向杆、放风阀，卸下导向杆上密封圈，密封圈须投入废品箱报废。 （5）取出紧急阀滤尘网。	

序号	工步	作业内容与要求	图示
7	紧急阀的组装	（1）滑阀、节制阀的滑动面涂以少量硅油；各导向杆、密封圈及各摩擦部分涂以少量硅脂；充气膜板的凸缘外周涂以少量硅油或硅脂；各盖丝口部分不得涂铅粉油；组装后试验其阻力，须适当。 （2）将紧急活塞压板、膜板、O形密封圈、紧急活塞组装在紧急活塞杆上，用螺母紧固，紧固力矩为（40±3）N·m。将安定弹簧、紧急活塞组成装入紧急阀体内，安定弹簧顶部端须嵌入紧急活塞压板的槽穴中。安装活塞顶端的密封圈，用螺栓将紧急阀上盖固定于阀体上。安装放风阀、放风阀导向杆、密封圈。安装活塞顶端的密封圈及阀体接触面密封圈，用螺栓将紧急阀上盖固定于阀体上。紧急阀上盖内侧面与活塞杆顶端密封圈接触处须平整，无任何划伤、缺损。在密封圈处涂抹适量硅脂，放入放风阀弹簧，在阀体安装面放置密封圈，用螺栓将紧急阀下盖紧固到阀体上。排气保护罩垫破损时更新。最后装好滤尘网。	
8	主阀均衡部的组装	（1）将滤尘网装入阀体，在作用活塞杆上套上1个O形密封圈并涂抹适量硅脂，将作用阀组件连同弹簧装入作用阀座上，在主阀体与作用阀上盖结合面安装1个异形断面密封圈，并在结合面上均匀涂抹一层硅脂，将O形密封圈套在作用阀上盖根部，使用风动扳手预紧固，最后使用定扭矩电扳手用螺栓将作用阀上盖固定在阀体上，紧固力矩为（30±6）N·m，来回推动2～3次，作用要良好。 （2）安装缩孔堵Ⅱ，将作用活塞压板、膜板及作用活塞组装在作用活塞杆上，使用定扭矩电扳手紧固压帽，紧固压帽紧固力矩为（70±10）N·m，将O形密封圈套在作用活塞杆上，涂抹适量硅脂，装入阀体，在主阀体与均衡部下盖结合面安装1个异形断面密封圈，并在结合面上均匀涂抹一层硅脂，使用风动扳手预紧固，最后使用定扭矩电扳手将均衡部下盖用螺栓均匀紧固在阀体上，螺栓紧固力矩为（50±10）N·m。	
9	主阀局减阀的组装	将局减膜板、活塞装在局减阀杆上，使用固定模具和定扭矩电扳手紧固螺帽，紧固力矩为（7±1.5）N·m，将O形密封圈套在局减阀杆上，涂抹适量硅脂，装入局减阀套。	

序号	工步	作业内容与要求	图示
10	主阀作用部的组装	（1）组装主活塞，将稳定杆、稳定弹簧、稳定弹簧座及卡簧装入主活塞杆内，使用内卡钳子将卡簧安装，在稳定杆上涂抹适量硅油，再将下活塞、O 形密封圈、主阀膜板、上活塞装至主活塞杆上，组装膜板时边缘须完全安装入槽，用紧固螺母预紧固，使用专用定扭矩电扳手和固定模具最后紧固，紧固力矩为（70±10）N·m。 （2）将节制阀及弹簧、滑阀及弹簧涂抹改性甲基硅油后与主活塞杆进行组装，在滑阀面上涂抹2～3 滴改性甲基硅油，然后装入滑阀室。滑阀弹簧应高出滑阀套顶面 3 mm 左右，弹簧销安装须牢固，主活塞装入阀体后上下拉动 2～3 次，动作须灵活，阻力须适当。 （3）将 O 形密封圈套在主阀后下盖上，安装并紧固主阀下盖。	
11	主阀充气部的组装	（1）将 D25 mm 充气阀及弹簧装入充气阀体内，充气阀座根部套上 D35 mm O 形密封圈，使用专用扳手安装充气阀座，组装充气活塞、充气膜板、膜板垫，充气膜板凸缘圆周涂少量硅脂，充气活塞组装后，在阀体内按动时，须有活动量。 （2）将止回阀及弹簧装入充气阀体内，将 O 形密封圈套在止回阀盖根部并拧进阀体内，在主阀体与主阀体上盖结合面安装 3 个异形断面密封圈并在结合面上均匀涂抹一层硅脂，在主阀上盖与充气阀体结合面安装 2 个异形断面密封圈，并在结合面上均匀涂抹一层硅脂，将充气部组装在主阀上，使用风动扳手预紧固，最后使用定扭矩电扳手均匀紧固 M12 螺栓，再将止回阀盖紧固，紧固力矩为（50±10）N·m，组装后各螺栓须留有一扣以上，且与阀体有间隙。	
12	主阀紧急增压阀的组装	将增压阀挡圈安装在增压阀杆上，并将 O 形密封圈套在增压阀杆上，涂抹适量硅脂，连同增压阀弹簧一起装入阀套内，将增压阀盖拧进主阀体后使用风动扳手紧固，安装增压阀盖前来回推动增压阀 2～3 次，作用要良好。组装后外露螺纹处涂适量硅脂加以防护。	
13	主阀总体组装	（1）将滤尘器装入中间体主阀安装座上大圆孔内，装上主阀垫和紧急阀垫（气密线朝向阀体）；主阀、紧急阀对准垫和安装座气路，螺栓与螺栓孔对准并套上，平均拧紧螺母，将组装好的局减阀杆在阀套内拉动 2～3 次，作用应良好。 （2）安装局减膜板压圈、局减阀弹簧，局减膜板压圈，不得装反。 （3）检查局减阀盖上的毛毡及压垫，须良好并装入局减阀盖内，大气孔应畅通。局减阀盖拧进主阀体后，使用风动扳手紧固。	

活动 2.1.3　思考练习

1. 104 型分配阀的分解方法。
2. 104 型分配阀的组装方法。

【考核评价】

1. 综合评价表（见表 2-4）

表 2-4　综合评价表

序号	考核项目	总分	评分标准	自评分	互评分	教师评分	综合评分
1	作业时间	10	标定时间 30 min，每超过 30 s 扣 1 分，不足 30 s 按 30 s 计。				
2	作业过程	30	（1）过程重复，每次扣 5 分。 （2）配件分解不彻底，每件扣 5 分。 （3）检修作业有漏项，每项扣 10 分。				
3	作业质量	50	（1）配件摆放不整齐，每件扣 2 分。 （2）检查、测量每漏一项，扣 5 分。 （3）故障零部件未判断或判断不正确，每件扣 10 分。 （4）零部件安装不正位，每件扣 10 分。 （5）硅油、硅脂漏涂，每处扣 5 分。 （6）螺栓安装不紧固或不露扣，每根扣 3 分。				
4	安全及其他	10	（1）未按规定穿戴个人防护用品，扣 5 分。 （2）不能正确使用工具，每件扣 2 分。 （3）工具丢失或损坏，每件扣 5 分。 （4）作业完毕后，工具未放置规定位置，每件扣 2 分。 （5）作业中破皮流血，扣 10 分。				
5	合计	100					

否定项：若发生下列情况之一，则应及时终止实训，成绩记为零分。
（1）配件漏装。
（2）作业时间超过 36 min。
（3）发生不安全因素或不能继续作业。

2. 教师评价建议

_____

_____

_____

_____

任务 2.2　主阀性能试验

【任务描述】

主阀是客车制动机的核心部件，是实现铁路客车安全运行的重要保障。为保证主阀处于良好的技术状态，需做好主阀日常维修保养及定期维护检修工作。检修人员需依据作业指导书的规范标准，进行主阀性能试验作业。通过实训教学，学生需完成以下任务：

① 主阀性能试验。

② 填写记录单。

在整个作业过程中，应遵循现场工作管理规范。

【学习目标】

知识目标	掌握主阀性能试验作业方法
能力目标	会进行主阀试验
素质目标	1. 自觉遵循现场工作管理规范； 2. 具有精益求精的工匠精神

【导　入】

1. 掌握主阀的构造。

2. 掌握主阀用途。

【活　动】

活动 2.2.1　准备工作

1. 安全准备

作业人员上岗前须佩戴相应的个人防护用品。

2. 工具材料准备

此工作需要配备 705 试验台 1 台、工作台 1 组（含虎钳和专用工装），需要准备的工具、材料如表 2-5、表 2-6 所示。

表 2-5　工具的准备

序号	名称	规格	数量	备注
1	尖口钳		1 把	
2	镊子		1 把	
3	挑针		1 把	
4	活扳手	300 mm	1 把	

续表

序号	名称	规格	数量	备注
5	固定扳手		2 把	
6	专用工具		1 套	

表 2-6　材料的准备

序号	名称	规格	数量	备注
1	104 型分配阀主阀		3 件	
2	零配件		4 套	
3	硅油	300	1 kg	
4	毛笔		1 把	
5	毛刷		1 把	
6	硅脂	7057	1 kg	
7	洁布		若干	
8	钢笔或圆珠笔		若干	
9	A4 纸		若干	

3. 技术准备

① 掌握 104 型分配阀主阀检修的作业过程及方法。

② 掌握检修 104 型分配阀主阀的技术质量标准。

活动 2.2.2　主阀性能试验作业程序与要求

客车 104 型分配阀主阀性能试验

主阀性能试验作业程序与要求如表 2-7 所示。

表 2-7　主阀性能试验作业程序与要求

序号	工步	作业内容与要求	图示
1	试验准备	开控制阀 K1，将主阀卡紧在主阀安装座上，总风源压力大于 650 kPa，调压阀调至 600 kPa（以下简称定压），限压阀调至 50 kPa。开风门 1、4、5、6、7、8，关闭其他风门。	

序号	工步	作业内容与要求	图示
2	初充风和充风位漏泄	操纵阀手把（以下简称手把）置一位，观察工作风缸和副风缸压力表的压力读数，充至定压后检查各结合部，检查各排风口的漏泄量，要求如下： ① 工作风缸由零充至 580 kPa 的时间为：检修品 60～90 s；新品 60～80 s。 ② 整个充风过程中副风缸压力上升不超过工作风缸。当工作风缸压力充到 580 kPa 时，副风缸压力不小于 560 kPa。 ③ 各结合部无漏泄。 ④ 均衡部排风口及作用部排风口（以下简称大、小排风口）漏泄量不大于 120 mL/min。 ⑤ 局减排风口漏泄检查，在 5 s 内气泡直径不大于 25 mm。	
3	紧急制动位漏泄	待工作风缸和副风缸充至定压后，手把在一位至八位间来回制动和缓解两三次，然后置一位。待工作风缸和副风缸充至定压后，将手把置三位，开风门 14，待排尽制动管余风后，检查各结合部漏泄情况，检查各排风口的漏泄量，要求如下： ① 各结合部无漏泄。 ② 大、小排风口漏泄量不大于 60 mL/min。 ③ 关风门 14，将手把置二位，制动管压力升至 40 kPa 后，将手把置三位，开风门 10。当副风缸充到 580 kPa 后，关风门 10。待压力稳定时，关风门 4。制动管压力上升在 10 s 内不大于：检修品 20 kPa；新品 15 kPa。 ④ 局减阀盖小孔处无漏泄。 ⑤ 试验完毕开风门 4，将手把置一位。	
4	制动和缓解灵敏度	待工作风缸和副风缸充至定压后，手把置四位减压 40 kPa 后移置三位，保压 1 min 后再置二位，要求如下： ① 制动灵敏度：主阀须在制动管减压 20 kPa 以前发生局减作用，减压 40 kPa 以前发生制动作用。 ② 局减室排风时间：从手把移置三位起到局减室排风终止的时间不大于：检修品 15 s；新品 10 s。	

序号	工步	作业内容与要求	图示
4	制动和缓解灵敏度	③ 保压位漏泄检查，要求如下： a）保压 1 min，主阀不得发生自然缓解。 b）关风门 7，容积风缸压力在 10 s 内上升不大于：检修品 20 kPa；新品 l0 kPa。 c）试验完毕开风门 7。 ④ 缓解灵敏度：从手把移置二位到小排风口开始排风的时间，检修品和新品均不大于 15 s。	
5	局减阀性能	工作风缸和副风缸充至定压后，关风门 7，堵住大排风口，将手把置四位，当制动缸压力开始上升时，将手把移置三位。待制动缸压力稳定后关风门 8，20 s 后再开风门 8 和 18。当制动管压力开始下降时，关风门 18，要求如下： ① 局减阀关闭压力为 50～70 kPa。 ② 制动缸压力的上升，在 20 s 内不大于 10 kPa。 ③ 局减阀开放压力不小于 20 kPa。 ④ 试验完毕，将手把置一位，卸下大排风口堵，开风门 7。	
6	稳定性	工作风缸和副风缸充至定压后，将手把置三位，开放风门 14 A。待制动管减压 50 kPa 后，关闭风门 14 A。在制动管减压 50 kPa 以前，不发生局减和制动作用。 试验完毕，将手把置一位。	
7	紧急增压	工作风缸和副风缸充至定压后，将手把置五位。当工作风缸压力从平衡压力开始上升后，将手把移置三位。 在制动管减压 250～320 kPa 时：未加停止增压垫圈者须起增压作用。	

序号	工步	作业内容与要求	图示
8	全缓解	关风门 14，开风门 1，将手把置一位。待工作风缸和副风缸充至定压后，将手把移五位。当容积风缸上升至平衡压力后将手把移置三位保压。压力稳定后将手把再置一位，要求如下： ① 容积风缸压力由 400 kPa 降至 40 kPa 的时间为：检修品 4.5～8 s；新品 4.5～7 s。 ② 制动缸压力须尾随容积风缸压力下降，两者压差不大于 25 kPa。	
9	均衡灵敏度	（1）工作风缸和副风缸充至定压后，关风门 1、7 和 8。将手把置八位，排尽制动管余风后，开风门 7 A、11 和 18，将手把置二位。 　（2）当风门 18 排风口开始排风时，观察单针容积风缸压力表的读数，应不大于 l5 kPa。	
10	试验结束	试验完毕，将手把置八位，排尽余风后，关风门 7 A、11、18；开风门 1、7、8、14、16。排尽余风后，关控制阀 K1，卸下主阀。	

活动 2.2.3　思考练习

1. 阐述主阀试验方法。
2. 简述主阀的作用。

【考核评价】

1. 综合评价表（见表 2-8）

表 2-8　综合评价表

序号	考核项目	总分	评分标准	自评分	互评分	教师评分	综合评分
1	作业时间	10	标定时间 30 min，每超过 30 s 扣 1 分，不足 30 s 按 30 s 计。				
2	作业过程	30	（1）过程重复，每次扣 5 分。 （2）配件分解不彻底，每件扣 5 分。 （3）检修作业有漏项，每项扣 10 分。				
3	作业质量	50	（1）配件摆放不整齐，每件扣 2 分。 （2）检查、测量每漏一项，扣 5 分。 （3）故障零部件未判断或判断不正确，每件扣 10 分。 （4）零部件安装不正位，每件扣 10 分。 （5）硅油、硅脂漏涂，每处扣 5 分。 （6）螺栓安装不紧固或不露扣，每根扣 3 分。				
4	安全及其他	10	（1）未按规定穿戴个人防护用品，扣 5 分。 （2）不能正确使用工具，每件扣 2 分。 （3）工具丢失或损坏，每件扣 5 分。 （4）作业完毕后，工具未放置规定位置，每件扣 2 分。 （5）作业中破皮流血，扣 10 分。				
5	合计	100					

否定项：若发生下列情况之一，则应及时终止实训，成绩记为零分。
（1）配件漏装。
（2）作业时间超过 36 min。
（3）出现不安全因素或不能继续作业。

2. 教师评价建议

_____

_____

_____

_____

_____

_____

_____

任务 2.3 紧急阀性能试验

【任务描述】

紧急阀是客车制动机的核心部件，是实现铁路客车安全运行的重要保障。为保证紧急阀处于良好的技术状态，需做好紧急阀日常维修保养及定期维护检修工作。检修人员需依据作业指导书的规范标准，进行紧急阀性能试验作业。通过实训教学，学生需完成以下任务：

① 紧急阀性能试验。

② 填写记录单。

在整个作业过程中，应遵循现场工作管理规范。

【学习目标】

知识目标	掌握紧急阀性能试验作业方法
能力目标	会进行紧急阀试验
素质目标	1. 自觉遵循现场工作管理规范； 2. 具有精益求精的工匠精神

【导　入】

1. 掌握紧急阀的构造。

2. 掌握紧急阀的用途。

【活　动】

活动 2.3.1　准备工作

1. 安全准备

作业人员上岗前须佩戴相应的个人防护用品。

2. 工具材料准备（见表 2-9、表 2-10）

表 2-9　工具的准备

序号	名称	规格	数量	备注
1	扳手		1 套	
2	手锤		1 把	
3	冲子		1 把	
4	尖嘴钳		1 把	

表 2-10　材料的准备

序号	名称	规格	数量	备注
1	紧急制动阀		2 件	
2	零配件		4 套	
3	润滑脂	7057	1 kg	
4	洁布		若干	
5	生料带		若干	
6	毛刷		1 把	
7	肥皂水		若干	

3. 技术准备

① 掌握检修 104 型紧急制动阀的过程及方法。

② 掌握检修 104 型紧急制动阀的技术质量标准。

活动 2.3.2　紧急阀性能试验作业程序与要求

紧急阀性能试验作业程序与要求如表 2-11 所示。

表 2-11　紧急阀性能试验作业程序与要求

序号	工步	作业内容与要求	图示
1	试验准备	（1）开控制阀 K2，将紧急阀卡紧在安装座上。开风门 1、2，关闭其他风门。 （2）总风源压力大于 650 kPa，调压阀调到 600 kPa。	
2	紧急室充风和紧急放风阀漏泄	将手把置一位，观察紧急室压力的上升，充至定压后检查各结合部漏泄情况，要求如下： ① 紧急室压力由零升至 580 kPa 的时间符合：检修品 40～60 s；新品 40～55 s。 ② 紧急室压力充至定压后，各结合部无漏泄。 ③ 待压力稳定后，关风门 2，制动管压力在 20 s 内不下降。	

序号	工步	作业内容与要求	图示
3	紧急灵敏度及紧急室排风时间	开风门 2，将手把置一位，待紧急室充至定压后，开、关风门 14 二至三次，使紧急阀发生紧急放风作用二至三次。然后关风门 14，待紧急室充至定压后，将手把置八位，观察制动管和紧急室压力的下降，要求如下： ① 制动管减压 45～90 kPa，须发生紧急排风作用。 ② 紧急室压力从制动管发生紧急排风作用开始到压力降至 40 kPa 的时间为：检修品 12～20 s；新品 14～18 s。	
4	安定性	将手把置一位，待紧急室充至定压后，将手把置六位，减压 200 kPa 后再移置三位。紧急室压力须尾随制动管压力下降，且不发生制动管紧急排风作用。	
5	试验结束	试验完毕，将手把置八位，开风门 13，待排尽制动管和紧急室余风后，关风门 2、13，开控制阀 K2，卸下紧急阀。	

活动 2.3.3　思考练习

1. 阐述紧急阀的试验方法。
2. 简述紧急阀的作用。

【考核评价】

1. 综合评价表（见表 2-12）

表 2-12　综合评价表

序号	考核项目	总分	评分标准	自评分	互评分	教师评分	综合评分
1	作业时间	10	标定时间 20 min，每超过 20 s 扣 1 分，不足 20 s 按 20 s 计。				
2	作业过程	30	（1）过程重复，每次扣 5 分。 （2）配件分解不彻底，每件扣 5 分。 （3）检修作业有漏项，每项扣 10 分。				
3	作业质量	50	（1）未检查配件状态，每件扣 5 分。 （2）橡胶密封件未更新，每件扣 10 分。 （3）组装前，导向杆及活塞杆摩擦部未涂抹硅脂，每处扣 10 分。 （4）各零件安装后有卡滞或别劲现象，每件扣 10 分。 （5）螺栓安装不紧固，每件扣 5 分。 （6）试验方法不正确，每处扣 5 分。 （7）错装、漏装，每件扣 20 分。				
4	安全及其他	10	（1）未按规定穿戴个人防护用品，扣 5 分。 （2）不能正确使用工具，每件扣 2 分；工量具损坏，每件扣 5 分。 （3）作业完毕后，工具未放置规定位置，每件扣 2 分。 （4）发生破皮见血事项，扣 5 分。				
5	合计	100					

否定项：若发生下列情况之一，则应及时终止实训，成绩记为零分。
（1）未能完成全部操作。
（2）作业时间超过 24 min。
（3）试验不合格。
（4）出现不安全因素，不能继续作业。

2. 教师评价建议

_____

_____

_____

_____

_____

_____

任务 2.4　滑阀、滑阀座、节制阀检修

【任务描述】

为保证滑阀、滑阀座、节制阀处于良好的技术状态，需做滑阀、滑阀座、节制阀检修。检修人员需依据作业指导书的规范标准，进行滑阀、滑阀座、节制阀检修作业。通过实训教学，学生需完成以下任务：

① 滑阀、滑阀座、节制阀检修。
② 填写记录单。

在整个作业过程中，应遵循现场工作管理规范。

【学习目标】

知识目标	掌握滑阀、滑阀座、节制阀检修作业方法
能力目标	会进行滑阀、滑阀座、节制阀检修
素质目标	1. 自觉遵循现场工作管理规范； 2. 具有精益求精的工匠精神

【导　入】

掌握滑阀、滑阀座、节制阀的构造。

【活　动】

活动 2.4.1　准备工作

1. 安全准备

作业人员上岗前须佩戴相应的个人防护用品。

2. 工具材料准备

此工作需要制动阀分解检修操作台和制动阀试验台各 1 台，其他工具、材料准备如表 2-13、表 2-14 所示。

表 2-13　工具的准备

序号	名称	规格	数量	备注
1	细磨油石		1 块	
2	精磨油石		1 块	
3	104 阀专用检修工具		1 套	

序号	名称	规格	数量	备注
4	固定扳手		2把	
5	砂纸	00#	一张	

表 2-14　材料的准备

序号	名称	规格	数量	备注
1	记录纸	A4	若干	
2	钢笔或水笔		1支	
3	洁布		若干	
4	104型分配阀主阀		1件	
5	新滑阀体		1个	
6	肥皂液		1桶	

3. 技术准备

① 掌握阀分解、研磨及性能试验的方法。

② 掌握制动阀各项技术参数。

活动 2.4.2　滑阀、滑阀座、节制阀检修作业程序与要求

滑阀、滑阀座、节制阀检修作业程序与要求如表 2-15 所示。

表 2-15　滑阀、滑阀座、节制阀检修作业程序与要求

序号	工步	作业内容与要求	图示
1	试验准备	（1）作业人员穿戴好个人防护用品；检查各工装设备，应状态良好。 （2）检查滑阀、节制阀及主阀体清洗状态，发现有未清除的锈蚀、污垢时，返回上道工序重新清洗。 （3）确认各样板状态及定检日期。标准样板不得有锈蚀、磕碰现象。标准样板均须具有国家二级以上计量单位出具的定检合格证，并且合格证不过期。 （4）室内温度应保持在 10～30 ℃，白光照度大于 200 lx，相对湿度不大于 60%，落尘量不大于 80 mg/m²。	
2	限度检查	用样板检查节制阀、滑阀及滑阀座的磨耗情况，磨耗超限时更换节制阀、滑阀或阀体。	

序号	工步	作业内容与要求	图示
3	油石校对	（1）研磨用的铸铁、平板、铅平板、油石平板及油石须根据使用情况定期校对刮研，每次校对油石后研磨滑阀及滑阀座不得超过15套，研磨用的平板每月至少校对一次。 （2）将平板和油石彻底清扫干净（经压砂的铅平板应预先用磨床磨去表面层。在标准平板上涂以少量红丹油，扣上平板做圆周运动复合检验，取下平板用刮刀刮去高出部分，如此反复多次，至全面呈现细小的均匀点。油石平板及油石应在已校研好的铅平板上复合检验，用细砂轮块修削高出部分，或预先在检修用铸铁平板上敷一层80～100号金刚砂，将平板或油石在其上反复交叉调转方向研磨，至基本平整后再在铅平板上复合，修刮出细小均匀点。修刮后的平板或油石平面上的点分布须均匀全面，铸铁平板和铅平板为20个/cm²以上，油石平板及油石为15个/cm²以上。合格的平板及油石须清扫干净，平板须加盖防护，铸铁平板应给油保养。	
4	滑阀、节制阀及滑阀座研磨	（1）滑阀、滑阀座、节制阀各工作面研磨。将滑阀、滑阀座、节制阀清扫干净，置于工作台上，用油石研磨座面。须先用180～240目油石粗研，再用320目以上细油石精研。 **注意**：研磨过程中，须注意检查，油石上不得挂铜（可用细砂轮块挑去）经常调转油石和阀座方向，研磨力应均匀适当，按粗、细、精三道工序研磨后，阀座表面须光泽一致（光泽一致时不得再磨）。 （2）检查滑阀、节制阀下工作面。滑阀、节制阀的下工作面两侧须磨出约 $0.5 \times 45°$ 的倒角，倒角不足时须用钢锯进行修正；检查滑阀是否增加逆流孔，并用0.2 mm的通止规检查逆流孔直径大小，不合格禁止使用，如果滑阀表面无逆流孔，须更换带有逆流孔的滑阀。 （3）检查并研磨滑阀、节制阀下工作面的平面度。将滑阀置于研磨机上（或手工），在240～320号油石上粗磨平后，再在铅平板上研磨至光泽均匀一致。研磨时力度须均匀适当，并往复交叉进行。研磨后用铅平板校对滑阀下工作面的平面度。必要时用粗糙度仪（或粗糙度样板）检测，滑阀面的粗糙度 Ra 为 $0.4\ \mu m$。 （4）使用样板检查滑阀、滑阀座、节制阀工作面磨耗限度。滑阀与滑阀座之间不允许对研，节制阀与滑阀之间不允许对研，当滑阀或滑阀座工作面磨耗超限时，须更换滑阀或阀体。 （5）研磨后清洗滑阀、滑阀座。滑阀的各孔、槽、限制孔及缩孔堵须通畅、无污垢。疏通孔堵时，不得损伤孔边缘，可用小于各孔直径且硬度低于零件硬度的通针疏通。当阀口不平整或轻微损伤时，可用细油石研磨修复，研磨后将残留物清洗干净。	
5	完工整理	（1）使用棉白细布擦拭所使用的工具、量具，并放入专用柜内。 （2）对工作场地进行清理。	

活动 2.4.3　思考练习

1. 阐述滑阀、滑阀座、节制阀的检修方法。
2. 简述滑阀的作用。

【考核评价】

1. 综合评价表（见表 2-16）

表 2-16　综合评价表

序号	考核项目	总分	评分标准	自评分	互评分	教师评分	综合评分
1	作业时间	10	标定时间 30 min，每超时过 30 s 扣 1 分，不足 30 s 按 30 s 计。				
2	作业过程	30	（1）分解程序或方法不正确，每项扣 5 分。 （2）研磨方法不正确，扣 5 分。 （3）研磨后滑阀座及阀座上有划痕，每处扣 10 分。 （4）研磨后接触面光泽不一致，扣 10 分。 （5）试验发现滑阀与阀座接触面不密贴，有漏泄，根据漏泄量的大小扣 5～15 分。 （6）摔打磕碰配件，每次扣 10 分。				
3	作业质量	50	（1）阀内紧固件松动，扣 40 分。 （2）各组装螺栓松动，每条扣 5 分。				
4	安全及其他	10	（1）未按规定穿戴个人防护用品扣 5 分。 （2）不能正确使用工具，每件扣 2 分。 （3）工具丢失或损坏，每件扣 5 分。 （4）作业完毕后，工具未放置规定位置，每件扣 2 分。 （5）作业中破皮流血，扣 10 分。				
5	合计	100					

否定项：若发生下列情况之一，则应及时终止实训，成绩记为零分。
（1）研磨的配件外观损伤，不能使用时。
（2）操作时间超过 36 min。
（3）卡阻或漏泄，不能通过试验。
（4）出现安全因素，不能继续作业。

2. 教师评价建议

_____

_____

_____

_____

任务 2.5　客车单车制动性能试验

【任务描述】

客车制动机是实现铁路客车安全运行的重要保障。为保证客车制动机处于良好的技术状态，需做客车单车制动性能试验。检修人员需依据作业指导书的规范标准，进行客车单车制动性能试验作业。通过实训教学，学生需完成以下任务：

① 客车单车制动性能试验。

② 填写记录单。

在整个作业过程中，应遵循现场工作管理规范。

【学习目标】

知识目标	掌握客车单车制动性能试验作业方法
能力目标	会进行客车单车制动性能试验
素质目标	1. 自觉遵循现场工作管理规范； 2. 具有精益求精的工匠精神

【导　　入】

1. 掌握客车单车制动性能试验器的构造。

2. 掌握客车单车制动性能试验器的技能检查。

【活　　动】

活动 2.5.1　准备工作

1. 安全准备

作业人员上岗前须佩戴相应的个人防护用品。

2. 工具材料准备

此工作需要装用 104 型制动机的 25G 型客车 1 辆、单车试验器 1 台，其他工具、材料准备如表 2-17、表 2-18 所示。

表 2-17　工具的准备

序号	名称	规格	数量	备注
1	防护红旗		1 面	
2	手锤	0.675 kg	1 把	
3	撬棍	600 mm	1 根	

序号	名称	规格	数量	备注
4	试验用压力风表	0～1 000 kPa	1 只	1.5 级
5	毛刷	25 mm 宽	1 把	
6	小桶		1 只	装肥皂水用
7	管子钳	350 mm	2 把	
8	铅封钳		1 把	
9	工具带及皮带		1 套	
10	检车锤		1 把	
11	手电筒		1 只	
12	钢直尺	300 mm	1 把	
13	闸调器弧型垫板	16 mm×60 mm×340 mm×R460 mm	1 块	
14	过球试验采用的试验球	$\phi 20_{-0.10}^{0}$ mm	1 个	尼龙 6 号
15	网状接收器			试验中回收试验球用

表 2–18　材料的准备

序号	名称	规格	数量	备注
1	软管胶垫及软管堵		各 1 个	
2	肥皂水		适量	
3	聚四氟乙烯脱脂生料带		若干盒	
4	闸瓦		2 块	
5	铅封弹		若干	
6	铅封线		若干	

3. 技术准备

① 试验方法正确，漏泄量不超标。

② 掌握客车单车试验的方法，试验符合质量要求。

活动 2.5.2　客车单车制动性能试验作业程序与要求

客车单车制动性能试验

客车单车制动性能试验作业程序与要求如表 2–19 所示。

表 2-19　客车单车制动性能试验作业程序与要求

序号	工步	作业内容与要求	图示
1	试验准备	（1）将单车制动性能试验器的试验压力调至 600 kPa（以下简称定压）。 （2）在单车制动性能试验前，须确认单车制动性能试验器机械试验性能良好。 （3）车辆与单车制动性能试验器连接前，须排除风源和单车制动性能试验器内积水、灰尘。 （4）在制动缸后盖或制动缸管路上及副风缸上分别安装压力变送器。 （5）加装电空制动装置的客车，电气接线应无异常或短路。电空制动装置用电空连接线各芯对地绝缘不小于 2 MΩ。 （6）将单车制动性能试验器直流电压调至 DC（80～82）V。 （7）准备材质为尼龙 6、直径为 12.3～20 mm 的实心尼龙球及安装于软管连接器上的实心尼龙球网状回收器。 （8）安装 ST1-600 型闸调器的车辆，需准备长度为 340 mm、宽度为 60 mm、厚度为 15 mm、弧度为 R460 mm 的钢垫板 1 块。 （9）装有高度阀、差压阀的客车，需准备量程 1 000 kPa、1.6 级的压力表。	
2	过球试验	（1）开放被试车辆两端折角塞门，将单车制动性能试验器与被试车辆一端的制动软管连接器相连。车辆另一端的制动软管连接器加装网状接收器，然后关闭该端折角塞门。将单车制动性能试验器置一位（以下简称置一位）充风，待制动管压力充至定压后，关闭制动支管截断塞门。 （2）将单车制动性能试验器置六位，排尽主管压缩空气，开放接收器端折角塞门，打开与单车制动性能试验器相连一端的软管连接器，将试验球放入连接器，再将连接器与单车制动性能试验器相连。 （3）将单车制动性能试验器置一位充风，观察试验球是否通过制动主管进入网状接收器： ① 如果试球完整无缺损进入网状接收器，试验合格。 ② 如果试验球出现缺损但全部进入网状接收器，须更新试验球后重新试验。 ③ 如果试验球没有进入网状接收器，或有缺损部分遗留在管路中，须先关闭单车制动性能试验器端折角塞门（另一端折角塞门仍为打开状态），再打开制动支管截断塞门，利用制动支管预充的风压将滞留在管系中的试验球或试验球缺损部分吹出，更新试验球后重新试验。 ④ 当试验球或试验球缺损部分不能由支管风压吹出时，则采取其他措施取出滞留在管系中的试验球或试验球缺损部分，分析、确定原因并纠正后再进行试验。 （4）试验完毕后将单车制动性能试验器置三位，取下网状接收器和试验球。	

续表

序号	工步	作业内容与要求	图示
3	紧急制动阀试验	将单车制动性能试验器置一位，等副风缸充至压力稳定后（104 分配阀不小于 580 kPa），将紧急制动阀手把移置全开位，分配阀应发生紧急制动作用。合格后将紧急制动阀手把推至关闭位，并用带有厂、段代号的封印穿以棉线将紧急制动阀手把加以铅封。	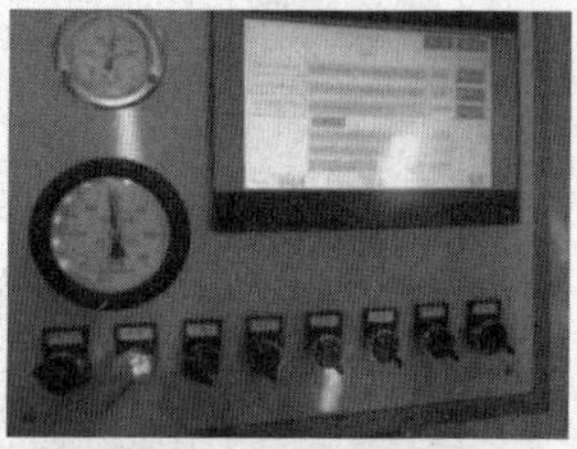 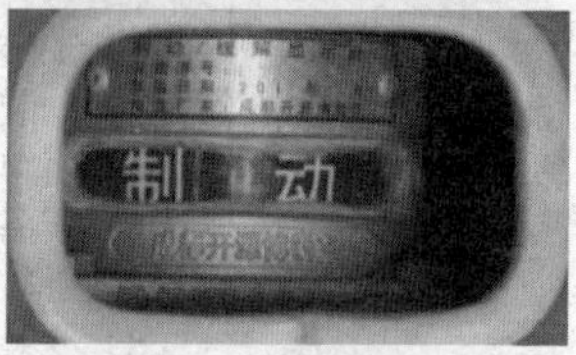 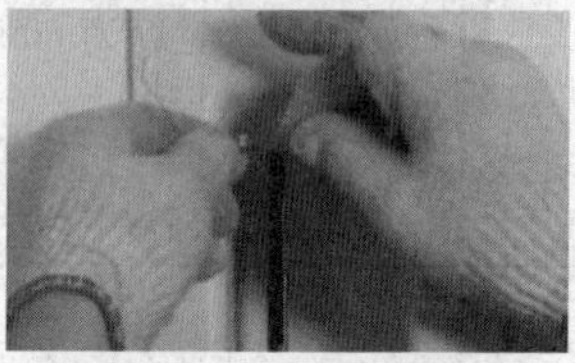
4	制动管漏泄试验	（1）开放被试车辆制动管两端折角塞门，不与单车制动性能试验器相连的另一端制动软管连接器加装防尘堵，关闭制动支管截断塞门；对于装有列尾装置的车辆，须先打开快速接头体前部截断塞门并在其出口端加堵，再做漏泄试验。 　　（2）将单车制动性能试验器置一位，等制动管压力充至定压并稳定后，将单车制动性能试验器置三位保压 1 min，制动管漏泄量应不大于 10 kPa。	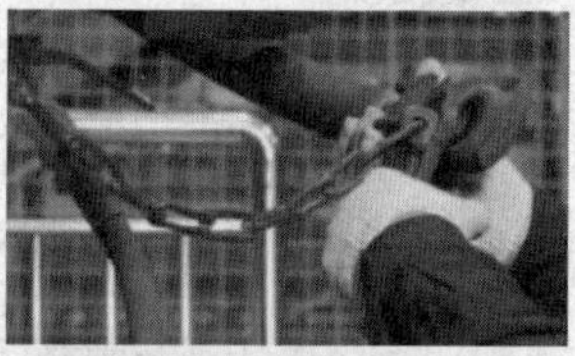  
5	全车漏泄试验	开放制动支管截断塞门，将单车制动性能试验器置一位，等副风缸充至压力稳定后，将单车制动性能试验器置三位保压 1 min，制动管系统漏泄量应不大于 10 kPa。	

序号	工步	作业内容与要求	图示
6	制动和缓解感度试验	**1. 制动感度试验** 　　将单车制动性能试验器置一位，等副风缸充至压力稳定后将单车制动性能试验器置四位，当制动管减压 40 kPa 时立即将其置三位，须达到下列要求： 　① 制动机须在制动管减压 40 kPa 之前发生制动作用。从发生局减作用开始，局部减压量不大于 40 kPa。 　② 局部减压作用终止、制动管压力稳定后保压 1 min，不得自然缓解。 **2. 缓解感度试验** 　　将单车制动性能试验器二位充风，制动机在 45 s 内缓解完毕。制动缓解指示器制动、缓解指示正确，显示清晰。	 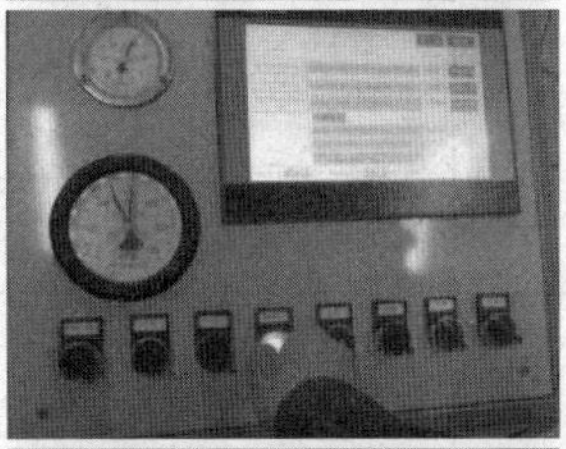 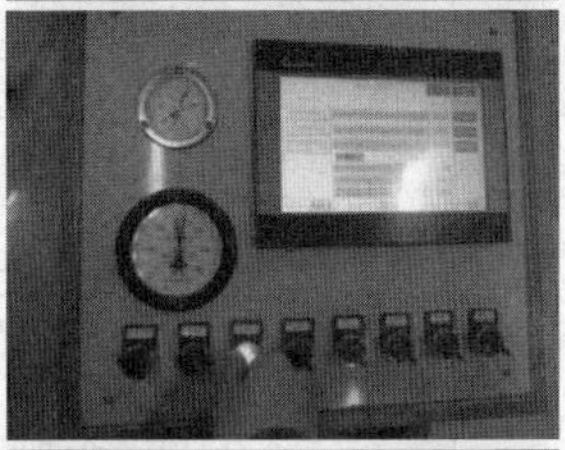 
7	制动安定试验	将单车制动性能试验器置一位，等副风缸充至压力稳定后将单车制动性能试验器置五位。要求如下： 　① 制动管减压 170 kPa 前制动机不得发生紧急制动作用。 　② 单车制动性能试验器置三位，制动缸压力稳定后，保压 1 min，制动管、制动缸及制动缸管漏泄量不大于 10 kPa。 　③ 制动缸活塞行程符合规定。	 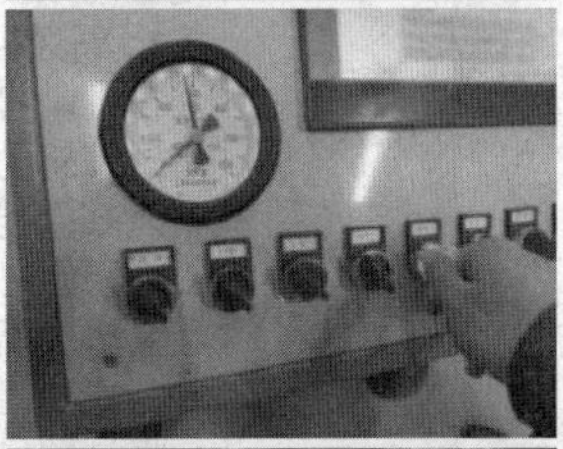 

续表

序号	工步	作业内容与要求	图示
8	缓解阀试验	制动安定试验完毕后，在车上拉缓解阀，制动缸缓解，缓解阀复位。	
9	紧急制动试验	将单车制动性能试验器置一位，等副风缸充至压力稳定后将单车制动性能试验器置六位，要求如下： ① 104 型制动机在制动管减压 100 kPa 前，F8 型制动机减压 80～120 kPa 范围内，须发生紧急制动作用。 ② 在无空重阀的情况下，制动缸最高压力为 410～430 kPa。在有空重阀的情况下，空车制动缸压力须符合设计值范围。 ③ 制动机发生紧急制动作用后 10～15 s，方可将单车制动性能试验器置一位充风缓解。	
10	气路控制箱试验	**1. 制动主管（制动管）供风试验** 将风源接在制动软管上（在本车为制动关门车状态下试验），将气路控制箱的球阀 1、2、3、4 置关闭位，打开球阀 5、6。此时打开风源总阀，制动主管能正常向生活风缸和空气弹簧风缸充风。当两风缸压力稳定时，空气弹簧、塞拉门、集便器均须正常工作。试验完毕关闭球阀 5、6。 **2. 副风缸供风试验** 在制动机处于正常状态，副风缸充至压力稳定时，确认气路控制箱的球阀 1、2、5、6 置关闭位，打开球阀 3、4。此时，副风缸须能正常向生活风缸和空气弹簧风缸充风。当两风缸压力稳定时，空气弹簧、塞拉门、集便器均须正常工作。试验完毕关闭球阀 3、4。 **3. 总风管供风试验** 将试验风源接到车辆的总风管上，确认气路控制箱的球阀 3、4、5、6 置关闭位，打开球阀 1、2。此时打开总风源，总风管须能正常向生活风缸和空气弹簧风缸充风。当两风缸压力稳定时，空气弹簧、塞拉门、集便器均须正常工作。	

续表

序号	工步	作业内容与要求	图示
11	防滑器试验	**1. 压力继电器及防滑阀漏泄试验** （1）压力继电器漏泄试验：将单车制动性能试验器置一位，制动管压力充至定压后，检查压力继电器及接管各连接处，不得漏泄。 （2）防滑阀漏泄试验：制动管充风至定压后，施行紧急制动。检查防滑阀排风口及各连接处，不得漏泄。 **2. 防滑器系统诊断试验** （1）试验前，须清除防滑器故障代码。 （2）将单车制动性能试验器置一位，制动管充风至定压后施行紧急制动，通过防滑器主机上的按键进行防滑系统的自诊断。在诊断过程中，须听到准确的防滑阀充、排风的声音，并确认快速缓解、制动作用正常。 （3）诊断试验完毕后，应无防滑器故障代码出现。	
12	总风系统漏泄试验	（1）将单车制动性能试验器与总风管软管连接器连接，另一端总风管软管连接器上加装防尘堵，开放总风管两端折角塞门，各阀置双管供风位。 （2）将单车制动性能试验器置一位，等待总风管压力充至 600 kPa 稳定后，将单车制动性能试验器置三位保压 1 min，漏泄不大于 10 kPa（静态）。	
13	高度阀、差压阀试验	在空气弹簧充风至工作高度后，进行以下试验： （1）高度阀试验。松开调整杆的锁紧螺母，调高或调低调整杆高度，高度阀须有进风或排风作用。 （2）差压阀试验。将一侧的空气弹簧压力由空气弹簧风表上塞门缓慢排风，使之两侧的空气弹簧压力差超过 200 kPa，然后关闭塞门停止排风，待空气弹簧压力稳定后，两侧空气弹簧压力差在（150±20）kPa 范围内（CW-200K 型转向架此压力差在（120±10）kPa 范围内），合格后排另一侧空气弹簧风压，检查方法及要求同上。	
14	闸调器试验	（1）减少间隙试验。将单车制动性能试验器置一位充风，将试验垫板放入任一闸瓦与车轮间，待副风缸充至压力稳定后将单车制动性能试验器置五位，制动管减压 170 kPa，制动缸活塞行程须缩短。然后将单车制动性能试验器置一位缓解。反复制动缓解不超过 4 次，制动缸活塞行程与原行程之差不大于 10 mm。 （2）增大间隙试验。将单车制动性能试验器置一位充风，缓解后撤出试验垫板，按上述方法操纵单车制动性能试验器。第一次制动时，制动缸活塞行程须相应伸长，经 2 次制动、缓解，制动缸活塞行程与原行程之差不大于 5 mm。	

活动 2.5.3　思考练习

1. 分析客车单车制动性能试验方法。
2. 简述折角塞门的主要作用。

【考核评价】

1. 综合评价表（见表 2-20）

表 2-20 综合评价表

序号	考核项目	总分	评分标准	自评分	互评分	教师评分	综合评分
1	作业时间	10	（1）准备时间 2 min。 （2）正式作业时间 30 min，每超过 30 s 扣 1 分，不足 30 s 按 30 s 计。				
2	作业过程	30	（1）作业顺序颠倒一次，扣 5 分。 （2）未做落成检查，扣 5 分 （3）连接试验器前后未进行吹尘、排水，扣 2 分。 （4）各接头处漏涂肥皂水，每处扣 2 分。 （5）过球试验后本车另一端折角塞门未开、软管堵未装，扣 2 分。				
3	作业质量	50	（1）未检查各部配件，扣 10 分。 （2）未达到定压开始试验，扣 5 分；保压时间不足，扣 2 分。 （3）减压量错误，扣 5 分；未确认制动机起作用，扣 2 分。 （4）回转阀手把错误 1 次，扣 3 分。 （5）制动安定、紧急制动试验未绕车一周检查闸瓦与车轮状况，扣 2 分。 （6）手制动机作用试验、紧急制动阀试验未确认闸瓦与车轮状况，扣 2 分。 （7）未装试验风表，扣 5 分。 （8）安定试验未确认起非常，未测量活塞行程或误差超过 3 mm，扣 5 分。 （9）未加弧形垫板进行减小间隙试验，扣 2 分；未确认活塞行程与初始活塞行程之差不大于 10 mm，扣 2 分；撤去垫板后未确认活塞行程，扣 2 分；每项试验少于三把闸，扣 2 分；每一次制动未测量活塞行程，扣 5 分。				
4	安全及其他	10	（1）未按规定穿戴个人防护用品，每件扣 5 分。 （2）作业中破皮流血，扣 5 分。 （3）工具使用不正确，每次扣 2 分。 （4）防护红旗未展开、中途脱落或作业完毕未撤除，每项扣 5 分。 （5）工具、材料遗留现场，每件扣 1 分。				
5	合计	100					

否定项：若发生下列情况之一，则应及时终止实训，成绩记为零分。
（1）未插防护红旗就进行作业。
（2）总作业时间超过 35 min。
（3）出现不安全因素，不能继续作业。

2. 教师评价建议

任务 2.6　单元制动缸检修

【任务描述】

单元制动缸是客车制动机的重要部件，是实现铁路客车安全运行的重要保障。为保证单元制动缸处于良好的技术状态，需做好单元制动缸日常维修保养及定期维护检修工作。检修人员需依据作业指导书的规范标准，进行单元制动缸的组装作业。通过实训教学，学生需完成以下任务：

① 单元制动缸检修。

② 填写记录单。

在整个作业过程中，应遵循现场工作管理规范。

【学习目标】

知识目标	掌握单元制动缸的组装作业方法
能力目标	会组装单元制动缸
素质目标	1. 自觉遵循现场工作管理规范； 2. 具有精益求精的工匠精神

【导　　入】

掌握单元制动缸检修器的构造。

【活　　动】

活动 2.6.1　准备工作

1. 安全准备

作业人员上岗前须佩戴相应的个人防护用品。

2. 工具材料准备

此工作需要工作台、专用压装机、试验台各 1 台，其他工具、材料准备如表 2-21、表 2-22 所示。

表 2-21　工具的准备

序号	名称	规格	数量	备注
1	电动扳手		1 套	（含套筒）
2	固定扳手	10 mm×8 mm	1 把	
3	内六角扳手		1 套	

续表

序号	名称	规格	数量	备注
4	直尺	300 mm	1 把	
5	游标卡尺		1 把	
6	弹簧卡钳		1 把	

表 2-22　材料的准备

序号	名称	规格	数量	备注
1	单元制动缸		3 件	
2	零配件		若干套	
3	2 号低温脂		2 kg	
4	肥皂水		若干	
5	毛刷	3 cm	1 把	
6	洁布		若干	
7	钢笔或圆珠笔		1 支	
8	A4 纸		若干	

3. 技术准备

① 掌握单元制动缸检修作业的过程及方法。

② 掌握检修单元制动缸的技术质量标准。

活动 2.6.2　单元制动缸检修作业程序与要求

单元制动缸检修作业程序与要求如表 2-23 所示。

表 2-23　单元制动缸检修作业程序与要求

序号	工步	作业内容与要求	图示
1	试验准备	（1）确认穿戴好个人保护用品。 （2）确认相关工装、设备状态良好、齐全。 （3）确认风源、风压均满足工作要求。 （4）组装前确认待组装配件的清洁度。	
2	组装丝杠组成	**1. 组装准备** （1）吊耳与螺杆啮合处及弹簧均匀涂抹 89D 制动缸润滑脂。 （2）组合回程螺母、吊耳，将弹簧放入回程螺母内，使用弹簧钳子将孔用挡圈放入丝杠头内的凹槽内。 **2. 组装丝杠** （1）将丝杠头与螺杆组合，加装防松垫片，使用套筒紧固丝杠螺栓。 （2）使用扁铲和手锤撬起防松垫片止耳。 （3）将丝杠组成放置到检修台位上的存放架。	

续表

序号	工步	作业内容与要求	图示
3	调整螺母装配、引导螺母装配组装	（1）在调整螺母表面均匀涂抹 89D 制动缸脂后，依次将调整挡铁、调整弹簧、推力球轴承装在调整螺母上。使用弹簧钳子将孔用挡圈装入调整螺母端部的卡槽内，在调整螺母装配外侧均匀涂抹 89D 制动缸脂，调整螺母和调整挡铁的啮合须良好。 （2）在引导螺母表面均匀涂抹 89D 制动缸脂后，依次将引导挡铁、引导弹簧、推力球轴承装在引导螺母上。使用弹簧钳子将孔用挡圈装入引导螺母端部的卡槽内，在引导螺母装配外侧均匀涂抹 89D 制动缸脂，引导螺母和引导挡铁的配合须良好。 （3）依次把调整螺母装配、引导螺母装配放入直立的丝杠上；引导螺母、调整螺母装配须灵活、均匀、稳定地从丝杠上端旋转到下端。	
4	活塞杆组装	（1）在活塞杆内侧面均匀涂抹 89D 制动缸脂，将推力球轴承端向下的引导螺母装配放入活塞杆内，推至工艺孔下端。 （2）将引导螺母装配的定位堵及弹簧压入引导螺母凹槽内，并推动引导螺母装配下行，使定位堵进入活塞杆的定位孔内。检查定位堵的弹起状态，定位堵须全部弹起。 （3）将推力球轴承端向下的调整螺母装配放入活塞杆内，同时凹槽应对准活塞杆上的工艺孔，推至引导螺母装配上方。 （4）将护管装入活塞杆内后，使用弹簧钳子将孔用弹簧挡圈放入活塞杆内侧的凹槽内。	
5	活塞杆与缸体组装	（1）在活塞杆外侧均匀涂抹 89D 制动缸脂后，将缓解弹簧套入活塞杆。 （2）在缓解弹簧与缸体内侧均匀涂抹 89D 制动缸脂，将缸体套装在活塞杆上，调整缸体使导向螺栓孔对准活塞杆工艺孔。 （3）用压装机将缸体上的导向螺栓孔压至与调整挡铁上的凹槽平齐，将弹簧垫圈及导向螺栓装在缸体上，使用内六角扳手紧固到位。	
6	后缸盖、内侧缸盖、前体检修	（1）将膜板装入穿好螺栓的缸盖内。注意：组装过程中膜板不得接触油脂。 （2）将缸盖放置到组装台位上，将缸盖进风口按照“与钩耳连接线成 45° 方向，呼吸孔须与缸盖进气孔在两钩耳连接线的同一侧”的原则将缸体套入到缸盖上，然后安装紧固螺栓，使用力矩为 18～25 N·m 的定扭矩电扳手均匀紧固螺栓。 （3）SP 型单元制动缸组装时需注意，按照同一条轴上两个方向相反的单元制动缸须配对的原则进行成对组装。	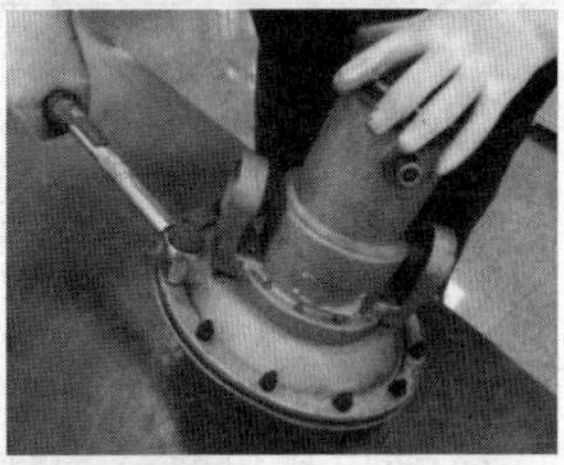
7	缸体外部配件组装	（1）将滤尘网装入排风堵体内，用弹簧钳将孔用挡圈放入排风堵凹槽内。 （2）在排风堵加装弹簧垫圈后，使用风动扳手将其紧固在缸体上。	

序号	工步	作业内容与要求	图示
8	丝杠与缸体组装	（1）在丝杠组成上涂抹 89D 制动缸脂，顺时针拧入制动缸内。 （2）将波纹管一端安装在缸体上端的凹槽内，另一端安装在丝杠波纹管支座上。 （3）将丝杠向下拧至极限位置，放置托盘内送至试验台位。	
9	完工清理	（1）关闭设备电源，擦拭保养。 （2）收好工具材料，定置存放。 （3）清扫作业场地，保持清洁。	

活动 2.6.3　思考练习

1. 分析单元制动缸组装方法。
2. 简述单元制动缸检修器的构造组成。

【考核评价】

1. 综合评价表（见表 2-24）

表 2-24　综合评价表

序号	考核项目	总分	评分标准	自评分	互评分	教师评分	综合评价
1	作业时间	10	标定时间 30 min，每超过 30 s 扣 1 分，不足 30 s 按 30 s 计。				
2	作业过程	30	（1）过程重复，每次扣 5 分。 （2）分解、组装，每漏一项扣 10 分。 （3）性能试验未做，扣 20 分。				

序号	考核项目	总分	评分标准	自评分	互评分	教师评分	综合评分
3	作业质量	50	（1）分解下的配件磕伤，每件扣 2 分。 （2）测量项目，每漏一项扣 10 分。 （3）未更换新品橡胶 O 形圈，每件扣 10 分。 （4）故障零部件未判断或判断不正确，每件扣 10 分。 （5）配件错、漏装，每件扣 10 分。 （6）油脂漏涂，每处扣 5 分。 （7）螺栓安装不紧固，每根扣 5 分。 （8）故障编号：（在发现的故障上面打钩） 故障：①　　②　　③				
4	安全及其他	10	（1）未按规定穿戴个人防护用品扣 5 分。 （2）不能正确使用工具，每件扣 2 分。 （3）工具丢失或损坏，每件扣 5 分。 （4）作业完毕后，工具未放置规定位置，每件扣 2 分。 （5）作业中破皮流血，扣 10 分。				
5	合计	100					

否定项：若发生下列情况之一，则应及时终止实训，成绩记为零分。
（1）性能试验不合格。
（2）作业时间超过 36 min。
（3）故障判断少于所设故障的 2 件。
（4）出现不安全因素，不能继续作业。

2. 教师评价建议

_____

_____

_____

_____

_____

_____

_____

_____

_____

_____

_____

_____

项目 3

客车电气检查及常见故障处理技能训练

【项目构架】

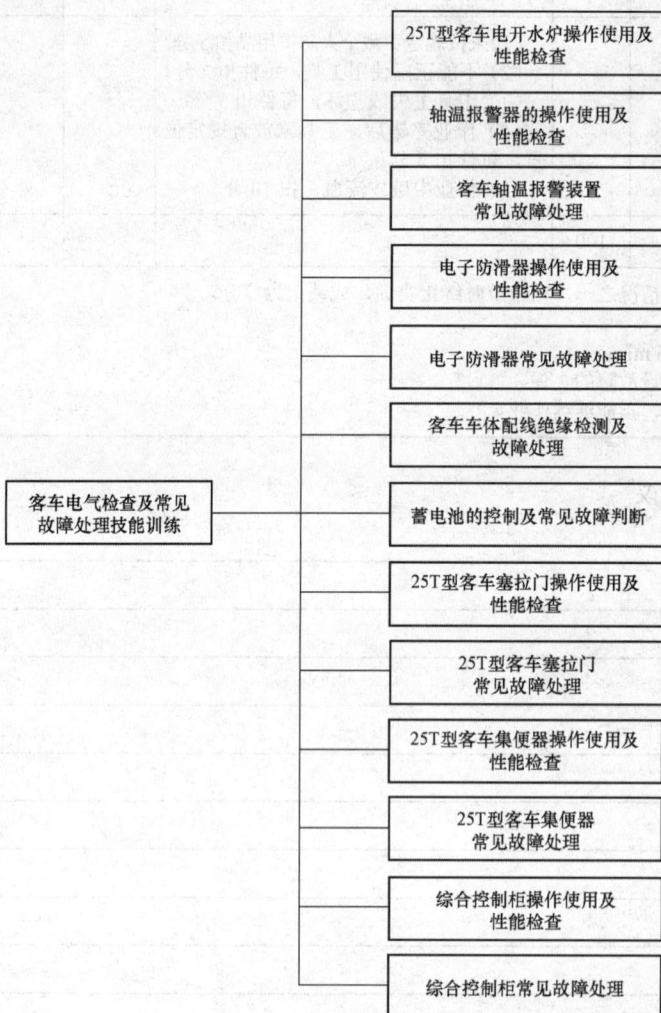

客车电气检查及常见故障处理技能训练

- 25T型客车电开水炉操作使用及性能检查
- 轴温报警器的操作使用及性能检查
- 客车轴温报警装置常见故障处理
- 电子防滑器操作使用及性能检查
- 电子防滑器常见故障处理
- 客车车体配线绝缘检测及故障处理
- 蓄电池的控制及常见故障判断
- 25T型客车塞拉门操作使用及性能检查
- 25T型客车塞拉门常见故障处理
- 25T型客车集便器操作使用及性能检查
- 25T型客车集便器常见故障处理
- 综合控制柜操作使用及性能检查
- 综合控制柜常见故障处理

【项目引导】

目的要求

1. 掌握电开水炉的操作使用及性能检查方法。
2. 掌握轴温报警器的操作使用及性能检查方法。
3. 掌握客车轴温报警装置常见故障处理方法。
4. 掌握电子防滑器操作使用及性能检查内容。
5. 掌握电子防滑器常见故障处理方法。
6. 掌握客车车体配线绝缘检测及故障处理方法。
7. 掌握蓄电池的控制及常见故障判断方法。
8. 掌握 25T 型客车塞拉门操作使用及性能检查方法。
9. 掌握 25T 型客车塞拉门常见故障处理方法。
10. 掌握 25T 型客车集便器操作使用及性能检查方法。
11. 掌握 25T 型客车集便器常见故障处理方法。
12. 掌握综合控制柜操作使用及性能检查方法。
13. 掌握综合控制柜常见故障处理方法。

重点与难点

重点：

1. 客车轴温报警装置常见故障处理。
2. 电子防滑器操作使用及性能检查。
3. 电子防滑器常见故障处理。

难点：

1. 25T 型客车塞拉门常见故障处理。
2. 25T 型客车集便器操作使用及性能检查。
3. 25T 型客车集便器常见故障处理。

【项目内容】

任务 3.1　25T 型客车电开水炉操作使用及性能检查

【任务描述】

在铁路客车的各种车内设备中，电开水炉是必要的主要设施之一。因此检修人员需依据作业指导书的规范标准，进行客车电开水炉操作使用及性能检查作业，确保电开水炉的正常使用。通过实训教学，学生需完成以下任务：

1. 静态技术检查

① 检查控制箱。

② 检查炉体。

③ 检查附属装置。

2. 动态技术检查

① 接通电源、水路各阀门。

② 注水试验：炉体、阀门及管路无渗漏。

③ 在电加热元件接线端处或其电源接线排处，检测电加热元件（含电源配线）对电开水器金属壳体（地）绝缘电阻：注水后加热前不小于 20 MΩ；出水阀出热水后，断电 30 s 内不小于 2 MΩ。

④ 通电试验：继电器、接触器吸合动作无卡阻、异声。工作电流正常，电流不大于额定值 110%，指示灯显示正确，无松动、异型、异色。自动加热及缺水、满水及防干烧保护功能正常。具备漏电保护功能的，须作用良好。

⑤ 装车后炉体安装牢固，接地良好，通电工作正常。

⑥ 撤除作业牌。

在整个作业过程中，应遵循现场工作管理规范。

【学习目标】

知识目标	掌握 25T 型客车电开水炉操作使用及性能检查作业的步骤
能力目标	掌握 25T 型客车电开水炉操作使用及性能检查作业的操作方法
素质目标	1. 养成细致、认真的工作作风； 2. 养成自觉、规范执行作业标准的良好习惯

【导　入】

1. 25T 型客车电开水炉的工作原理

电开水炉的工作原理是：车上水箱的冷水经过过滤器通过电磁阀进入开水器的加热腔，冷水经过加热腔的加热沸腾翻到储水腔，再由储水腔向接水面板和乘务员接水阀提供热水。当储水腔的热水水位低于高水位、加热腔水位低于高水位时，电磁阀自动打开，对加热腔进行补水加热，以保证热水的供应；当加热腔水位低于低水位时，电热开水器自动断电，实现缺水保护；当加热腔水位低于低水位、缺水保护功能失效时，加热腔温度逐渐升高，当温度达到 130 ℃时，温度传感器将温度信号转换成电信号传递至控制箱，实现防干烧功能保护。一个完整的工作过程为：进水—过滤—加热—沸腾翻水—用水—补水—控制（缺水保护、防干烧保护）—排水。

2. 电开水炉的维护保养

1）列车终点停开后的工作

为了保护水源（车顶水箱）至电开水炉之间的管道、防止冬季时管道上冻和排除部分水垢，列车终点停开后，须做以下几项工作：

① 将电开水炉进水口附近的排水阀打开，将水管管道存水全部放掉。

② 开启下门，将加热腔和储水腔底部的两个排水阀打开，排除腔内余水。

③ 给电开水炉通电 1 min，排尽电磁阀前后管路的水。

④ 关闭所有排水阀。

2）专项维修

电开水炉每使用三个月或水垢较多时，须进行专项维修：

① 检查炉体及管系、阀门，应无漏泄、松动、变形，液位显示清晰。

② 检查各接线端子，应无热损、老化、松脱，线号标志齐全；各接地线牢固可靠，线径、线色符合规定；各开关、熔断器容量符合规定。

③ 清除电开水炉加热管、加热腔的水垢。

④ 测量加热管绝缘，应符合要求。

⑤ 通电试验，应该状态指示灯指示正确，高低水位保护、防干烧保护、自动补水等功能作用良好。

3. 使用前的注意事项

① 供水管路必须畅通、无泄漏，电路必须连接可靠。

② 定期（一个月左右）开启排水阀，清除电热管、电极探头、加热腔、储水腔内的表面水垢，用 0.1%的稀盐酸冲洗或用除垢清洁剂清洗。

③ 定期（一个月左右）拆下过滤器，清洗过滤网。

④ 水源水压必须在 10 kPa 或以上。

⑤ 根据不同机型，电源为三相四线制 380 V 或 DC 600 V，都应装设可靠的短路保护装置。

⑥ 主机及电器箱外壳必须有可靠接地线，绝缘电阻应不小于 2 MΩ。

【活　　动】

活动 3.1.1　准备工作

1. 安全准备

① 设置作业牌。

② 确认脱轨器已设置，在脱轨器锁具位置上使用挂锁锁好作业牌。

③ 用对讲机通知值班老师：“××股道、××车次、××车号、××班组、××时间开始作业。”

2. 工具材料准备（见表 3–1、表 3–2）

表 3–1　工具的准备

序号	名称	规格型号	单位	数量
1	电工工具	通用型	套	1
2	检点锤		把	1
3	手电筒		把	1
4	活扳手	200 mm、250 mm	把	2（各 1 把）
5	万用表		只	1
6	兆欧表	500 V 级	只	1
7	防护红旗		面	1
8	秒表		只	1

表 3–2　材料的准备

序号	名称	规格型号	单位	数量
1	绝缘胶带			适量
2	螺栓、螺母			适量
3	平垫、弹簧垫圈			适量

3. 技术准备

① 按作业指导书标准化程序进行作业。

② 质量符合运用客车出库质量标准。

活动 3.1.2　25T 型客车电开水炉操作使用及性能检查作业程序与要求

25T 型客车电开水炉操作使用及性能检查作业包含静态技术检查作业、动态技术检查作业，作用程序与要求如表 3–3 所示。

表 3–3　25T 型客车电开水炉静态技术检查作业程序与要求

序号	工步	作业内容与要求	图示
1	设置安全防护信号	（1）在来车方向左侧。 （2）防护红旗要展开，不得落地。	

序号	工步	作业内容与要求	图示
2	检查控制箱	（1）当箱体变形、裂损时，须调修或更换。内外清洁除尘。面板各配件齐全，破损、作用不良时更换；搭扣及合页作用良好，标示清晰。箱锁作用良好。各标牌、图纸齐全、清晰、正确，粘贴牢固。 （2）各电气元件齐全，安装牢固，作用良好，触点无烧损；熔断器规格、型号符合原设计规定。 （3）各配线线号清晰、正确，排列整齐；接线正确、牢固，绝缘层无老化、破损、局部硬伤。笼式端子压接电线紧固，无毛刺外露；引线口护套齐全、良好；接地线齐全、安装可靠。 （4）冷却水管路进水口、出水口外观良好，接入水源后无漏水。	
3	检查炉体	（1）当箱体变形、裂损时，调修或更换。锁、合页作用良好。 （2）拆卸加热腔、储水腔端盖，彻底清除水垢；当加热腔和储水腔变形、裂损时调修或更换；当各连接管路破损、裂纹、变形时，更换。清除排气管水垢。 （3）加热元件除垢并清洁干燥，开路、短路、破损、变形时更新。对于管式电阻电加热元件，在管端接线端子处，测量电热元件与金属壳体间冷态绝缘阻值，应不小于 200 MΩ；对于电磁式加热线圈，电开水器内原位安装，在接线端处，检测电磁式加热线圈对电开水炉金属外壳冷态绝缘阻值，应不小于 8 MΩ。 （4）加热腔密封垫应良好，破损、老化者更新。组装加热腔端盖，紧固件齐全，安装牢固。 （5）加热元件接线紧固，配线破损、烧损时更新，接线端子烧损时更新。防护罩密封圈老化、破损时更新，安装时紧固件齐全，安装牢固。 （6）各配线接线正确，固定牢固。	
4	检查附属装置	（1）电磁阀外观良好，引线无老化破损，通电动作灵活可靠，不良者更新。 （2）清洗各滤网（或水质过滤器），不良者更新，各部应密封良好。 （3）清除水位传感器、温度传感器表面水垢，损坏或腐蚀者更新；在传感器接线端处或其配线接线排处，检测传感器（含配线）对电开水炉金属壳体（地）绝缘，冷态绝缘电阻不小于 0.5 MΩ。水位计无破损，功能正常。 （4）水嘴、排水阀开关灵活；水管路无开裂、锈蚀，管路连接牢固；防干烧保护盒外观良好，缺水状态下能够起到保护作用。	
5	进行功能试验	（1）通电。 （2）通水。 （3）进行加热。 （4）正常工作后装车。	

序号	工步	作业内容与要求	图示
6	撤除作业牌和防护红旗	（1）及时撤除作业牌，并通知值班老师作业完毕。 （2）收拾工具，撤除防护红旗。	

活动 3.1.3　思考练习

1. 简述 25T 型客车电开水炉操作使用及性能检查的操作步骤。
2. 简述电开水炉的主要结构组成。

【考核评价】

1. 综合评价表（见表 3-4）

表 3-4　25T 型客车电开水炉操作使用及性能检查作业项目综合评价表

序号	考核项目	总分	评分标准	自评分	互评分	教师评分	综合评分
1	作业时间	10	标定时间 20 min，每超过 20 s 扣 1 分，不足 20 s 按 20 s 计。				
2	作业过程	30	（1）未静态检查综合控制柜就开始测量绝缘，扣 2 分。 （2）未检查绝缘就开始供电，扣 5 分。 （3）通电后未检查三相电压及电源是否正常就使用，扣 5 分。 （4）更换配件，未检查新配件是否良好就进行安装，扣 10 分。 （5）拆卸下来检查的部件未恢复完好，每处扣 2 分。 （6）未做到工完、料净、场地清，扣 2 分。 （7）处理完故障未按规定撤除设备至指定位置，扣 2 分。 （8）作业程序混乱，扣 2 分。				

续表

序号	考核项目	总分	评分标准	自评分	互评分	教师评分	综合评分
3	作业质量	50	（1）电气绝缘检测，漏检一处扣 2 分。 （2）静态检查综合控制柜，漏检一处扣 2 分。 （3）检查电开水炉及附属装置状态，各阀、悬吊、箱体、线管、管卡、线盒，未做，每项扣 2 分。 （4）漏检一件，扣 10 分。 （5）进行功能试验，注意顺序，未完成扣 5 分；顺序混乱，每次扣 2 分。				
4	安全及其他	10	（1）未按规定穿戴个人防护用品，扣 5 分。 （2）作业中破皮出血，或出现不安全因素，每处扣 5 分。 （3）工具、仪表使用不当，每次扣 2 分。 （4）损坏、丢失工具、仪表，每项扣 2 分。 （5）防护红旗未展开、中途脱落或作业完毕未撤除，扣 5 分。				
5	总分	100					

否定项：若发生下列情况之一，则应及时终止实训，成绩记为零分。
（1）性能试验不合格。
（2）作业时间超过 25 min。
（3）出现不安全因素，不能继续作业。

2. 教师评价建议

_____

_____

_____

_____

_____

_____

_____

_____

_____

_____

任务 3.2　轴温报警器操作使用及性能检查

【任务描述】

KZS/M-Ⅱ型铁路客车集中式轴温报警器是用于铁路客车轴温监测和报警的主型产品。检修人员需依据作业指导书的规范标准，进行轴温报警器的操作使用及性能检查作业。通过实训教学，学生需完成以下任务：

① 按技术作业过程检查客车下部轴温报警装置。

② 处理客车下部轴温报警装置故障。

③ 填写记录单。

在整个作业过程中，应遵循现场工作管理规范。

【学习目标】

知识目标	1. 掌握客车下部轴温报警装置的构成； 2. 掌握客车下部轴温报警装置检查作业过程及故障处理方法
能力目标	1. 培养学生的动手能力； 2. 培养学生正确的检查技能； 3. 培养学生理论与实践相结合的运用能力
素质目标	培养学生的安全意识及吃苦耐劳的素质

【导　　入】

KZS/M-Ⅱ型轴温报警系统主要由轴温报警器、轴温传感器、轴温数据监测记录仪、读卡器及读卡软件构成。其中，轴温报警器是轴温报警系统的心脏，它主要由单片机控制器、液晶显示器、直流开关电源、调制解调器等组成，完成信号检测处理、温度数据的采集、显示，以及数据的传输与收发工作。

当使用数字式轴温传感器时，计算机不断地向数字式轴温传感器发出温度转换命令，然后检测轴温传感器温度转换是否完成，当温度转换完成后，则把读取的温度进行比较。如果不正确，则重新读取。当使用模拟式轴温传感器时，由轴温传感器来的信号经微型计算机进行控制处理。首先，模拟式轴温传感器所产生的电压信号通过 A/D 转换为数字信号，计算机读取转换后的数字信号进行数字滤波，对经过滤波后的数值进行计算处理，转换为温度值，然后把温度值送到显示屏显示，同时对得到的温度进行判断，如果达到所规定的报警温度，即进行声光报警，并将有关信号通过调制解调器送出，使其他车厢亦进行报警，并显示出超温的车厢、轴位和轴温，达到集中监测的目的。该仪器可以根据需要连接 IC 卡轴温数据监测记录仪，实现轴温监测的自动化。

【活 动】

活动 3.2.1　准备工作

1. 安全准备

按规定穿戴个人防护用品。

2. 工具材料准备（见表 3–5、表 3–6）

表 3–5　工具的准备

序号	名称	规格	数量
1	一字螺丝刀	5 mm×50 mm、8 mm×200 mm	各 1 把
2	十字螺丝刀	5 mm×50 mm、8 mm×200 mm	各 1 把
3	活扳手	150 mm、200 mm、250 mm	各 1 把
4	防护红旗		1 面
5	检点锤		1 把

表 3–6　材料的准备

序号	名称	规格	数量
1	螺杆	6 mm×20 mm、8 mm×20 mm	若干
2	螺钉	4 mm×10 mm、6 mm×10 mm	若干
3	紫铜垫	16 mm	3 个
4	平垫	4 mm、6 mm、8 mm	若干
5	弹簧垫	4 mm、6 mm、8 mm	若干
6	轴温报警器下部接线盒盖		3 个
7	细铁丝		若干
8	传感器		若干

3. 技术准备

要求学生掌握 KZS/M-Ⅱ型轴温报警器功能按键使用说明。

① "●"键：用于进入功能选择状态。

② "▲""▼"键：用于增减车厢号数字，以观察其他车厢的轴温。在功能选择状态下，用于选择所需要的功能。

注意：只有在键盘锁打开时按键才起作用。

活动 3.2.2　KZS/M-Ⅱ型轴温报警器的使用及性能检查作业程序与要求

操作说明：KZS/M-Ⅱ型轴温报警器通电后首先自检，全屏点亮 1 s，然后依次显示仪器电子身份号、产品型号、软件版本号、300μA恒流源检测值、车种车号、现在的时间、仪器所接的传感器的类型（数字传感器显示"S"，模拟传感器显示"M"）。最后进入本车轴温显示状态。

KZS/M-Ⅱ型轴温报警器的使用及性能检查作业程序与要求如表3-7所示。

表3-7 KZS/M-Ⅱ型轴温报警器的使用及性能检查作业程序与要求

序号	工步	作业内容与要求	图示
1	进入功能选择状态	当按下"●"键后显示屏出现如右图所示的主菜单显示。此时"1"闪烁显示，用"▲""▼"键选择所需要的功能，再按"●"键确认，然后进行以下操作： ① 进入"1.*XX*"车厢顺位号设置状态后，仪器闪烁显示出本车车厢顺位号。用"▲""▼"键选择本车车厢顺位号，设置完毕后，用"●"键确认。仪器返回主菜单下显示。 ② 进入"2.YZXXXXX"车种车号设置状态后，仪器闪烁显示车种符号。用"▲"键选择和改变闪烁显示的数字和符号，用"▼"键移动闪烁显示位。设置完毕后，用"●"键确认。仪器返回主菜单下显示。 ③ 进入"3.HH：MM"时钟设置状态后，仪器显示出当前的时间，并在年的第三位闪烁显示。用"▲"键校时，用"▼"键移动设置位。设置完毕后，用"●"键确认。仪器返回主菜单下显示。 提示：进入功能选择状态后，若按下某一键，如果（10±1）s内没有再操作任何键，则仪器自动返回到本车轴温显示状态。	1.*XX* 2.YZXXXXX 3.HH：MM
2	轴温监测	在轴温显示状态下，按下"▼"或"▲"键能够显示查阅全列车网络中任意一节车厢的8路轴温和环温（环境温度）。对于网络中没有的车厢，按下"▲"键则显示不切换。当选择其他车厢后，不再操作任何按键时，仪器进入定点显示状态，（30±2）s内返回到本车监测状态。	
3	报警记录	同时按下"▲"和"●"键，则进入调阅本车报警的历史数据记录状态，并显示最新的报警数据。若没有报警记录，则显示"No Alarm!"。若有报警记录，此时可通过"▼"或"▲"键翻阅报警历史数据。若（10±1）s内没有操作任何键，则仪器自动返回到本车监测状态。	
4	特殊显示	（1）传感器开路时，相应轴位显示"———"。 （2）传感器短路时，相应轴位显示"＋＋＋"。 （3）显示本车厢顺位号时，车厢号两边加"*"号以示区别。 （4）当仪器未收到数据时，显示"×××"。	
5	查阅电子身份号	同时按下"▼"和"▲"键可查阅仪器的电子身份号，然后显示仪器传感器的类型：数字传感器为"D"，模拟传感器为"A"。	
6	超温报警	（1）当某一车厢某一轴位的轴温超过环温45℃（跟踪报警默认值）或轴温达到90℃（定点报警）时，全列车的所有仪器都将报警并显示超温的车厢号、轴位和轴温，报警时蜂鸣器鸣叫，且超温轴的轴温数据和报警指示灯闪烁。 （2）当环温传感器出现故障，导致温度非正常时，将自动转换为90℃定点报警。 （3）当有多个车厢的轴位报警时，每一台仪器循环显示报警的车厢号、轴位、轴温并声光报警。 （4）当发生报警时，除轴温超温车厢的仪器一直发出报警声音外，其他车厢的仪器报警声音鸣叫10s后停止鸣叫，但仍显示报警的车厢号、轴位和轴温，报警指示灯和超温的轴温数值仍闪烁显示。在轴温超温车厢的仪器上可以通过按"●"键消音，但报警灯和超温的轴温数值仍闪烁，消音后能正常监测本车状态。	

续表

序号	工步	作业内容与要求	图示
7	300 uA 恒流源测试功能	（1）同时按下"▼"和"●"键，进入测试状态，此时可通过"▼"或"▲"键选择任意一轴位进行恒流源测试。 （2）测试完毕后，按"●"键返回到本车监测状态。	
8	传感器的选择	（1）当使用模拟传感器或数字传感器时，仪器自动判断、自动识别，无须调整仪器。 （2）需检查传感器的安装是否牢固、有无脱落，如果传感器损坏，须更换新的传感器。	
9	车厢顺位号重号自动识别	当后开机的仪器所设置的车厢顺位号和先开机的仪器所设置的车厢顺位号重号时，则后开机的仪器所设置的车厢顺位号闪烁以作提示，但仍可监测本车轴温，不影响网络的工作。	
10	接口	KZS/M-Ⅱ型轴温报警器具有外接 IC 轴温数据记录仪的接口，接口采用 DB-9 型孔形插座，可将任意一台 KZS/M-Ⅱ型轴温报警器与 IC 轴温数据记录仪连接。	

活动 3.2.3 思考练习

1. 简述 KZS/M-Ⅱ型轴温报警系统的组成。
2. 简述 KZS/M-Ⅱ型轴温报警器的组成。

【考核评价】

1. 综合评价表（见表 3-8）

表 3-8 客车下部轴温报警装置检查及故障处理作业综合评价表

序号	考核项目	总分	评分标准	自评分	互评分	教师评分	综合评分
1	作业时间	10	标定时间 20 min，每超时 20 s 从总分扣 1 分，不足 20 s 按 20 s 计。				
2	作业过程	30	（1）检查作业顺序混乱，一次扣 5 分。 （2）未确认轴报显示正确，扣 5 分。 （3）检查各传感器、接线盒、接地线、线管、管卡，漏检一处扣 3 分。 （4）不能敲击处用检查锤或扳手敲击，每处扣 3 分。				

序号	考核项目	总分	评分标准	自评分	互评分	教师评分	综合评分
3	作业质量	50	（1）故障名称报错，不算发现故障。 （2）故障位数报错，每次扣 3 分。 （3）未发现故障，每件扣 5 分。 （4）发现故障未能处理好，每件扣 10 分。				
4	安全及其他	10	（1）未按规定穿戴个人防护用品，扣 5 分；作业中破皮出血，扣 5 分。 （2）防护红旗未展开、中途脱落或作业完毕未撤除，每项扣 3 分。 （3）工具仪表使用不当，每处扣 5 分；工具材料遗留在现场，每件扣 1 分。				
5	合计	100					

否定项：若发生下列情况之一，则应及时终止实训，成绩记为零分。
（1）总作业时间超过 24 min。
（2）出现不安全因素，不能继续作业。
（3）未设置防护红旗。

2. 教师评价建议

任务 3.3 客车轴温报警装置常见故障处理

【任务描述】

KZS/M-Ⅱ型轴温报警器采用高集成度模块化结构,在安装和使用过程中,客车轴温报警装置可能发生故障。检修人员需依据作业指导书的规范标准,进行轴温报警装置的检查作业。通过实训教学,学生需完成以下任务:

① 检查轴温报警器,并处理轴温报警器故障。

② 填写记录单。

在整个作业过程中,应遵循现场工作管理规范。

【学习目标】

知识目标	1. 熟练掌握轴温报警器的构造; 2. 熟练掌握轴温报警器故障检查及处理方法
能力目标	1. 培养学生的动手能力; 2. 培养学生正确的检查技能; 3. 培养学生理论与实践相结合的运用能力
素质目标	培养学生的安全意识及吃苦耐劳的素质

【导　　入】

KZS/M-Ⅱ型铁路客车集中式轴温报警器是保证列车安全运行的新式联网型轴温监测设备,能够对铁路客车运行过程中的车轴和轴承温度进行监测与报警,能有效防止发生列车燃轴、切轴等事故。

KZS/M-Ⅱ型铁路客车集中式轴温报警器的特点是结构模块化、传感信息处理智能化、计算机微处理器精密化、集成电路数字化,因此它工作可靠、维护简单、原件无须调节,达到了真正的"免维护"标准。

【活　　动】

活动 3.3.1　准备工作

1. 安全准备

按规定穿戴好个人防护用品。

2. 工具材料准备（见表 3-9、表 3-10）

表 3-9　工具的准备

序号	名称	规格	数量	备注
1	电烙铁		1 台	
2	尖嘴钳		2 把	
3	斜口钳		1 把	
4	活扳手		1 把	

表 3-10　材料的准备

序号	名称	规格	数量	备注
1	焊锡丝、松香		若干	
2	电路图		1 份	
3	有关电阻、电容		各 1 套	
4	三端稳压管		2 只	

3. 设备设施准备（见表 3-11）

表 3-11　设备设施的准备

序号	名称	规格	数量	备注
1	直流电源	48 V 可调	若干	
2	校验台		1 台	或微机检测装置

4. 技术准备

要求学生掌握客车轴温报警装置的结构、工作原理、操作和使用。

活动 3.3.2　客车轴温报警装置常见故障原因分析及处理

客车轴温报警装置常见故障原因分析及处理如表 3-12 所示。

表 3-12　客车轴温报警装置常见故障原因分析及处理

序号	故障现象	故障原因及处理方法	作业图示
1	开机后仪器显示屏无任何显示、显示屏背光也不亮	**1. 故障原因** ① 48 V 电源没有正确接入报警器； ② 报警器的电源模块输出端 +5 V 或 +10 V 不正常，误差超过 0.2 V； ③ 滤波电感或自恢复保险（0.25 A）损坏； ④ 线路板上与电源部分相关的线路断裂开路； ⑤ DB-15 插座 12 脚（48 V+）、13 脚（48 V-）虚焊。 **2. 处理方法** ① 正确接入 48 V 电源； ② 更换电源模块； ③ 更换滤波电感或自恢复保险； ④ 修复线路断裂或插座虚焊部位。	

序号	故障现象	故障原因及处理方法	作业图示
2	温度显示正常，但显示屏没有背光	**1.故障原因** ① 显示屏与线路板连接线虚焊； ② 显示屏背面的限流电阻开路或损坏； ③ 显示屏 LED 背光板损坏； ④ 显示屏损坏。 **2.处理方法** ① 重新焊接连接线； ② 更换损坏的限流电阻、背光板或显示屏。	
3	温度显示正常，但背光发暗或特别亮	**1.故障原因** ① 电源模块+5 V 电源偏低或偏高（误差 0.2 V 以上）； ② 线路板上的降压电阻（2002）变质。 **2.处理方法** ① 更换电源模块。 ② 更换变质的降压电阻。	
4	采用模拟传感器的报警器，其显示的轴温与实际温度相差过大	**1.故障原因** ① 恒流源误差超过 1%（正常值为 300 μA）； ② 恒流管、104 电容、4.7 K 电阻有不良现象； ③ LM336 基准电压（正常值为 2.4～2.6 V）出现偏差； ④ 模拟开关 CD4067 损坏； ⑤ A/D 转换器 TLC1543（或 TLC1549）损坏； ⑥ 线路板上的数字/模拟路线开关损坏（仅 3.0 版本有）。 **2.处理方法** ① 按报警器的调试方法校准恒流源； ② 更换恒流管、104 电容、4.7 K 电阻、LM336、模拟开关 CD4067、A/D 转换器 TLC1543（或 TLC1549）或线路板上的数字/模拟路线开关。	
5	报警器显示某一轴位温度偏高或偏低、短路或开路，其余轴位温度显示正常	**1.故障原因** ① 线路板反面的贴片电容漏电、短路； ② DB-15 插座 1～9 位有断针或对应的焊盘线条有短路、开路、无焊现象； ③ 报警器外部连接线出现断路或短路现象。 **2.处理方法** ① 更换贴片电容、DB-15 插座； ② 更换（修复）焊盘线条或外部连接线。 **提示**：对于采用模拟传感器的报警器，经上述处理无效时，可更换模拟开关 CD4067。	
6	报警器显示屏温度显示正常，但有缺笔画、断字符现象	**1.故障原因** ① 显示屏与线路板之间有虚焊现象； ② 显示屏导电橡胶接触不良或内部线路开路。 **2.处理方法** ① 重新焊接虚焊点。 ② 更换显示屏导电橡胶。	

续表

序号	故障现象	故障原因及处理方法	作业图示
7	报警器显示屏上半部显示一长条黑杠，且蜂鸣器长鸣	**1. 故障原因** ① CPU（IC1）损坏； ② 调制解调器焊点虚焊； ③ 调制解调器损坏。 **2. 处理方法** ① 更换同版本的 CPU（IC1）； ② 重新焊接虚焊点。 ③ 更换调制解调器。	
8	在线路连接正常的情况下，本机收不到或有时收不到其他轴温报警器的轴温数据	**1. 故障原因** ① 通信变压器损坏； ② 调制解调器有虚焊现象； ③ DB-15 插座 11、14、15、31 脚及相应连线有虚焊开路现象。 **2. 处理方法** ① 更换通信变压器。 ② 重新焊接虚焊点。 **注意**：在线路连接正常情况下，其他报警器收不到或有时收不到本机轴温数据的故障原因与处理方法同上。	
9	报警器通信指示灯不亮	**1. 故障原因** ① 报警器联网状态不正常； ② 发光二极管（绿）或 1 kΩ 电阻损坏。 **2. 处理方法** ① 接好报警器网络连接线； ② 更换损坏的发光二极管或 1 kΩ 电阻。	
10	报警器有正常报警信号，显示屏能显示报警轴位并闪烁，但无声光报警	**1. 故障原因** ① 蜂鸣器、8850 三极管、IN4148 二极管损坏； ② 发光二极管（红）、5.6 kΩ 电阻等相关元件损坏。 **2. 处理方法** 更换损坏的元件。	

活动 3.3.3　思考练习

1. KZS/M-Ⅱ型轴温报警器温度显示正常，但显示屏没有背光，处理方法是什么？

2. KZS/M-Ⅱ型轴温报警器温度显示正常，但背光发暗或特别亮，处理方法是什么？

【考核评价】

1. 综合评价表（见表 3-13）

表 3-13　综合评价表

序号	考核项目	总分	评分标准	自评分	互评分	教师评分	综合评分
1	作业时间	10	标定时间 30 min，每超时 30 s 从总分扣 1 分，不足 30 s 按 30 s 计。				
2	作业过程	30	（1）检查各部接线是否正确良好，未检查扣 3 分。 （2）检查 1～8 位轴温是否正常，未做检查扣 3 分。 （3）检查外温是否正常，未做检查扣 3 分。 （4）检查联网状态，未做检查扣 3 分。 （5）校验是否正常，未做校验扣 3 分。 （6）断开电源开关，分解主机，未做扣 5 分。 （7）对电路板进行检查，未做扣 5 分。 （8）对主机进行一般检查调试，未做扣 10 分。 （9）工具仪表使用不当，每次扣 3 分。 （10）扩大故障范围或造成新故障，扣 15 分。				
3	作业质量	50	（1）未发现故障，每件扣 20 分。 （2）发现故障未处理，每件扣 10 分；处理不彻底，每件扣 5 分。 （3）故障编号：（在发现故障的编号上面打钩） 　①　　　②				
4	安全及其他	10	（1）未按规定穿戴个人防护用品，扣 5 分；作业中破皮出血，扣 5 分。 （2）防护红旗未展开、中途脱落或作业完毕未撤除，每项扣 3 分。 （3）工具、仪表使用不当，每处扣 5 分；工具材料遗留在现场，每件扣 1 分。				
5	合计	100					

否定项：若发生下列情况之一，则应及时终止实训，成绩记为零分。
（1）作业时间超过 35 min。
（2）出现不安全因素，不能继续作业。
（3）未设置防护红旗。
（4）处理故障不足 1 件。

2. 教师评价建议

任务 3.4　电子防滑器操作使用及性能检查

【任务描述】

电子防滑器是高速制动系统中的重要组成部分，其作用是防止因制动中车轮滑行而使车辆制动力减少。电子防滑器在运用过程中会出现故障。检修人员需依据作业指导书的规范标准，进行电子防滑器操作使用及性能检查作业。通过实训教学，学生需完成以下任务：

① 检查电子防滑器的传感器、接线状态，判断其工作状态是否正常。

② 按要求安装新速度传感器，并完成检测。

③ 填写记录单。

在整个作业过程中，应遵循现场工作管理规范。

【学习目标】

知识目标	1. 掌握电子防滑器的操作使用方法； 2. 能对电子防滑器进行故障诊断，并进行检查、分解； 3. 能够正确更换新的电子防滑器
能力目标	1. 培养学生的动手能力； 2. 培养学生正确的检查技能； 3. 培养学生理论与实践相结合的运用能力
素质目标	培养学生的安全意识及吃苦耐劳的素质

【导　入】

1. 电子防滑器的组成

TFX1 型电子防滑器是铁路客车的主型防滑器它主要由速度传感器、主机、防滑器排风阀和压力继电器（压力开关）4 部分组成。

1）速度传感器

它是一个速度脉冲信号发生器，由传感器及感应齿轮组成。感应齿轮安装在车轴端部，传感器安装在轴箱盖上，其端部与感应齿轮顶部保持 1 mm 左右的间隙。感应齿轮与轴承压盖做成一体，感应齿轮共有 90 个齿，即车轮每转一圈产生 90 个脉冲信号。当感应齿轮旋转时，齿顶齿谷交替通过传感器，切割磁力线，即在传感器输出线圈上感应出相应的脉冲信号。

2）主机

主机是电子防滑器的控制中心，它接收 4 路速度传感器的速度脉冲信号，通过对该信号的处理、计算、比较，作出各种决策，控制各防滑排风阀发生相应的动作，使相应的制动缸排风或充风。

主机安装在车辆上部乘务员室内，其电源为 DC 48 V，设有极性保护、瞬态干扰滤波网络及自动通断环节。在 34～62 V 电压范围内系统能稳定、可靠地工作。

主机面板上设有三个功能按钮，即"诊断""显示""消除"，还有一个电源灯、一个两位数字 LED 显示器，在显示器右下方还有一个故障小灯。

3）防滑器排风阀

防滑器排风阀是防滑器的执行机构，采用双电磁铁间接作用的结构原理，安装于空气分配阀与制动缸的连接管路上。它能根据主机的指令，控制相应的制动缸排风和再充风。

4）压力继电器

压力继电器是实现电子防滑器电源自动通断的主要元件，安装于车辆列车制动管上。它由膜板活塞、活塞顶杆、压力调整弹簧及一个微动开关组成，通过压力调整弹簧承受的压力调节微动开关的状态。当列车制动管压力达到要求数值时，膜板上移，通过活塞顶杆推动微动开关，使其常开触点闭合，常闭触点断开，通过主机内部线路使主机电源接通；当列车制动管压力低于弹簧调整值时，微动开关恢复原状，常开触点断开，常闭触点闭合，触发主机内部线路，经过一定时间后切断主机电源。

2. 电子防滑器的工作原理

TFX1 型电子防滑器采用了两种防滑判据，即减速度和速度差。

运行中四路速度传感器的脉冲信号经主机处理后，按照一定的时间间隔采样，分别计算出各轴的速度和减速度，并将各轮对的转动线速度与车辆运行速度进行比较，得到相应的速度差，再将各轴的减速度和速度差分别与相应的判据进行比较。制动过程中，当某轴的速度差或减速度分别达到有关的判据标准时，主机立即控制该轴的防滑器排风阀动作，使相应的制动缸阶段排风或一次排风，从而达到防止车轮滑行、根据轮轨黏着关系变化而调节制动力的目的。当车轮恢复转动时，根据各轴不同的加速度或速度差可实现各轴制动缸的再充风或一次再充风。

3. 电子防滑器的功能

TFX1 型电子防滑器具有以下功能：

① 防滑器监视及故障存储、显示及诊断功能。

② 相邻轴速度部件互补与防滑作用自动切换功能。

③ 防滑器电源自动通断功能。

④ 车辆运行里程自动累计与显示功能。

⑤ 轮径自动修正功能。

【活　　动】

活动 3.4.1　准备工作

1. 安全准备

按规定穿戴个人防护用品。

2. 工具材料准备（见表 3-14、表 3-15）

表 3-14 工具的准备

序号	名称	规格	数量	备注
1	活扳手	250 mm	1 把	
2	塞尺	0.1～3 mm	1 把	
3	螺丝刀		1 把	
4	克丝钳		1 把	
5	尖嘴钳		1 把	
6	万用表		1 只	

表 3-15 材料的准备

序号	名称	规格	数量	备注
1	铜垫	不同厚度	若干	
2	速度传感器		1 个	检修好
3	窥视孔螺栓		1 个	

3. 技术准备

要求学生掌握 TFX1 型电子防滑器的组成及 TFX1 型电子防滑器的功能。

活动 3.4.2　TFX1 型电子防滑器的操作使用、性能检查作业程序与要求

TFX1 型电子防滑器的操作使用、性能检查作业程序与要求如表 3-16 所示。

表 3-16　TFX1 型电子防滑器的操作使用、性能检查作业程序与要求

序号	工步	作业内容与要求	图示
1	电源通断功能	（1）防滑器外部供电电源为 DC 48 V（启动 40 V，工作范围 38～68 V），具有电源自动通断功能。 （2）当车辆处于停车状态，制动管无风压时，按下"诊断"或"显示"按钮，电源即可接通。当松开按钮（30±2）min 后，电源自动关断。 （3）面板上电源灯亮表示防滑器电源接通并接入运行，防滑器主机开始显示固定信息。	
2	"诊断"功能按钮的使用	（1）此功能按钮只在车辆停车状态下使用，车速高于 3 km/h 时无效。 （2）在执行本功能之前，先施行常用全制动或紧急制动，可直观地确认各轴制动机的制动和缓解状态。 （3）按下此按钮约 3 s，显示器显示"89"之后，开始执行本按钮的功能。	

续表

序号	工步	作业内容与要求	图示
3	"显示"功能按钮的使用	（1）利用此功能按钮显示故障代码，根据故障代码进行相应的维修和更换。 （2）按下本功能按钮约 3 s，显示器先显示"89"，然后每隔 1 s 显示一个固定性故障代码，显示完固定性故障代码后，接着显示"81"，表示后面将要显示偶然性故障代码（曾经发生过的故障，但现已恢复正常的故障代码），随后每隔 1 s 逐一显示偶然性故障代码，直到显示结束。	
4	"清除"功能按钮的使用	（1）此功能按钮必须和"显示"功能按钮联合使用。故障部件修复更换后，应使用"清除"按钮清除故障信息。 （2）按如下方法清除故障代码。按下"显示"按钮 3 s 后，将顺序显示各故障代码，当显示器上出现一故障代码后，按动一次"清除"按钮，原故障代码变为"99"，该故障代码被除，以此类推。偶然性故障代码的清除也采用同样方法。故障代码清除后显示信息相应改变，若全部故障已被消除，则应显示"88"。	
5	防滑器显示信息说明	（1）在未按"显示"按钮的情况下，防滑器只显示一个信息码。 （2）当速度部件和防滑排风阀同时出现故障时，显示器优先显示防滑排风阀的故障代码；在防滑排风阀的充、排风电磁铁同时出现故障时，则优先显示充风电磁铁的故障代码。 （3）当出现防滑排风阀的故障信息或显示故障"5.0""7.0"".""时，必须用"显示"按钮来显示具体的故障代码。	

活动 3.4.3　思考练习

1. 简述 TFX1 型电子防滑器的组成。
2. TFX1 型电子防滑器的功能有哪些？

【考核评价】

1. 综合评价表（见表 3–17）

表 3–17　综合评价表

序号	考核项目	总分	评分标准	自评分	互评分	教师评分	综合评分
1	作业时间	10	标定时间 20 min，每超时 20 s 从总分扣 1 分，不足 20 s 按 20 s 计。				

序号	考核项目	总分	评分标准	自评分	互评分	教师评分	综合评分
2	作业过程	30	（1）接触不良或断线未查出，每处扣3分。 （2）速度传感器未清扫，扣5分；清扫不干净，扣2分。 （3）未检测，扣5分；长度不足1.3 m，扣4分。 （4）间隙不符合要求，扣10分。 （5）拆装顺序混乱，扣10分。				
3	作业质量	50	（1）接线螺钉不一致，每个扣3分。 （2）接线柱损坏未更换，每个扣5分；接线盒松动、有裂纹，每件扣4分。 （3）未清除故障，扣10分；未重新诊断，扣5分；未切断电源，扣5分。				
4	安全及其他	10	（1）未按规定穿戴个人防护用品，扣5分；作业中破皮出血，扣5分。 （2）防护红旗未展开、中途脱落或作业完毕未撤除，每项扣3分。 （3）工具、仪表使用不当，每处扣5分；工具材料遗留在现场，每件扣1分。				
5	合计	100					

否定项：若发生下列情况之一，则应及时终止实训，成绩记为零分。
（1）总作业时间超过24 min。
（2）出现不安全因素，不能继续作业。
（3）未设置防护红旗就开始工作。
（4）通电试验传感器作用不良。

2. 教师评价建议

任务 3.5　电子防滑器常见故障处理

【任务描述】

电子防滑器在运用过程中会出现故障，为确保行车安全，检修人员需依据作业指导书的规范标准，进行电子防滑器故障检查及处理作业。通过实训教学，学生需完成以下任务：

① 按技术作业过程排查电子防滑器故障。

② 按技术作业过程处理电子防滑器故障。

③ 填写记录单。

在整个作业过程中，应遵循现场工作管理规范。

【学习目标】

知识目标	1. 熟练掌握电子防滑器的构造； 2. 熟练掌握电子防滑器故障检查及处理方法（带风作业）； 3. 熟练掌握防护红旗使用方法； 4. 熟练掌握单车试验器使用方法，带风作业时应严格遵守安全操作规程； 5. 熟练掌握外接动力电源插撤方法，带电作业时应严格遵守电工安全操作规程
能力目标	1. 培养学生的动手能力； 2. 培养学生正确的检查技能； 3. 培养学生理论与实践相结合的运用能力
素质目标	培养学生的安全意识及吃苦耐劳的素质

【导　入】

TFX1 电子型防滑器的常见故障与处理

TFX1 电子型防滑器正常运行下完全自动工作，此时将显示"88"或"88."。

① 当显示"88."时，表示系统某部件曾经出现过偶然性故障，但现已恢复正常，目前不影响正常使用，应显示并记录其故障代码并予以清除，以便进一步监视观察。故障部件在维修更换后，若故障代码没能及时清除，也将显示"88."。

② 当出现某轴速度传感器固定性故障代码时，由于 TFX1 型电子防滑器具有邻位互补功能，因此，只要相应轴的防滑排风阀无故障，该轴防滑保护作用将与邻轴相同，使其防滑保护功能得到部分补偿。但在停车状态下应及时修复，然后清除代码并通过系统自诊断进行确认。

③ 当出现某轴防滑排风阀固定性故障代码时，该轴的防滑保护功能将失效。在停车状态下应及时修复或更换，然后清除故障代码并通过系统自诊断进行确认。

④ 当出现"…"故障信息时，表示全部速度部件或全部防滑排风阀或两者均出现固定性故障，该台防滑器已全部失去防滑保护作用，应切断防滑器 48 V 供电，并及时进行系统检

查和维修，正常后重新投入运行。

通过故障代码或故障现象找出故障位置后，再按检修步骤逐项检查。在更换故障部件前，一定要先关断主机电源，禁止带电操作，以免损坏部件。故障排除后，应启动主机电源，清除原来的故障代码，并通过系统诊断试验确认不再有故障为止。

【活　动】

活动 3.5.1　准备工作

1. 安全准备

按规定要求穿戴个人防护用品。

2. 工具材料准备（见表 3-18、表 3-19）

表 3-18　工具的准备

序号	名称	规格	数量	备注
1	电工工具		1 套	检车员常用
2	检点锤		1 把	
3	手电筒		1 把	
4	活扳手	200 mm、250 mm	2 把	各 1 把
5	内六角扳手		1 套	
6	数字万用表		1 块	
7	塞尺	0.05～2 mm	1 把	
8	防护红旗		1 面	

表 3-19　材料的准备

序号	名称	规格	数量	备注
1	绝缘胶带		适量	
2	螺帽		适量	
3	螺杆		适量	
4	平垫圈		适量	
5	弹簧垫圈		适量	
6	电磁排风阀		2 只	好、坏各一
7	压力开关		2 只	好、坏各一
8	速度传感器		2 只	好、坏各一
9	防滑器主机	SAB 型、TFX1 型	2 台	任选一种，好、坏各一
10	传感器探头间隙调整铜片		适量	
11	生料带		适量	

3. 技术准备

要求学生掌握 TFX1 型电子防滑器的组成、工作原理。

活动 3.5.2 TFX1 型电子防滑器常见故障原因分析及处理

TFX1 型电子防滑器常见故障原因分析及处理如表 3-20～表 3-22 所示。

表 3-20 TFX1 型电子防滑器常见故障原因分析及处理

序号	故障原因	检查与处理办法	图示
1	制动管风压大于 200 kPa，主机不能自动上电；手动按"诊断"或"显示"按钮也不能上电；电源电压表头指示大于 46 V	（1）检查供电电压是否在 42～68 V 范围内。 （2）检查供电电压交流有效值是否符合要求。 （3）检查 48 V 供电端与车体间是否因车上供电线路问题而有漏电现象。 （4）检查压力继电器接线端与车体间有无短路现象。 （5）上述（1）～（4）项若正常，则更换主机内 PW 卡；更换主机内 PR 卡上 3 A 保险管。 （6）上述（1）～（4）项任一项有问题，应在检修后再按第（5）项处理。	
2	制动管风压大于 200 kPa，主机不能自动上电	（1）供电电压小于 42 V。 （2）压力继电器接线端与主机端子排连接错误。 （3）压力继电器内的微动开关触头与顶杆没有对准。	
3	制动管风压大于 200 kPa，主机不能自动上电；但手动按"诊断"或"显示"按钮能上电	（1）压力继电器接线端与主机端子排连接错误。 （2）压力继电器内的微动开关触头与顶杆没有对准。	
4	主机已经上电，但只有电源指示灯点亮，LED 显示器不亮	（1）检查供电电压是否在 38～68 V 范围内。 （2）检查供电电压交流有效值是否符合要求。 （3）上述（1）～（2）项若不正常，则应检修应急电源。 （4）上述（1）～（2）项若正常，则更换主机内 PW 卡。	

表 3–21　TFX1 型电子防滑器速度部件故障原因分析及处理

序号	故障原因	检查与处理办法
1	出现"7.X"故障代码（X 为 0、1、2、3、4）	（1）速度传感器转接盒内，速度传感器屏蔽线 B 与车上连接电缆屏蔽线没有对接。 （2）接线盒内有脱线、碰线、虚线。 （3）接线盒内"+""−""B"之间有短路现象。 （4）速度传感器"+""−"之间电阻值是否在 1～2 kΩ 之间，若不正常，更换速度传感器。 （5）上述 4 项若正常，更换主机内 S1 卡或 S2 卡。
2	运行中显示"7.X"，停车变"88."	（1）按"显示"按钮，显示偶然性故障码以确定故障位置。 （2）检查速度传感器"+""−"之间是否短路。 （3）检查速度传感器与测速齿轮之间是否存在 0.8～1.2 mm 间隙。
3	运行中显示"88."，停车变"7.X"	（1）运行中按"显示"按钮，显示偶然性故障代码，做好记录后并清除该偶然性故障代码，经常观察运行过程中该故障码出现的频繁程度。 （2）停车变为 7.X 后，检查接线盒内速度传感器屏蔽线 B 是否与车上连接电缆线的屏蔽线对接，或屏蔽线是否已折断、脱落。

表 3–22　TFX1 型电子防滑器防滑排风阀故障原因分析及处理

序号	故障原因	检查与处理办法
1	一只阀的充风电磁铁、排风电磁铁同时出现故障	（1）检查充风端 C 与公共端 G、排风端 P 与公共端 G 间电阻值是否为 150～300 Ω。 （2）检查阀的公共端 G、充风端 C、排风端 P 是否与车体短路。 （3）排除上述故障后，更换主机内 V1 卡上的 0.75 A 保险管。
2	一只阀的充风电磁铁或排风电磁铁只出现一个故障码	（1）检查充风端 C 与公共端 G、排风端 P 与公共端 G 间的电阻值是否为 150～300 Ω。 （2）检查充风端 C、排风端 P 与车体有无短路。 （3）上述两项无故障，则更换主机内的 V2 卡。
3	停车系统诊断试验时，阀没有保压动作（不停顿排风或不停顿充风）	阀连线错误，充风端 C 与排风端 P 颠倒，应将充风端 C 与排风端 P 调换接线位置。
4	停车系统诊断试验时，制动机缓解不良	（1）阀内气路故障，更换防滑排风阀。 （2）制动管路内有异物堵塞，增大了气阻所致。 （3）制动机作用不良。

活动 3.5.3　思考练习

1. TFX1 型电子防滑器主机供电系统中制动管风压大于 200 kPa，主机不能自动上电，处理方法是什么？

2. 停车系统诊断试验时， TFX1 型电子防滑器防滑排风阀，没有保压动作，处理方法是什么？

【考核评价】

1. 综合评价表（见表 3–23）

表 3–23 综合评价表

序号	考核项目	总分	评分标准	自评分	互评分	教师评分	综合评分
1	作业时间	10	标定时间 40 min，每超时 40 s 从总分扣 1 分，不足 40 s 按 40 s 计。				
2	作业过程	30	（1）检查单车试验器并与车辆连接，关闭车辆另一端折角塞门，未做每项扣 2 分。 （2）检查车辆下部电子防滑器装置，包括电磁排风阀、速度传感器、线管、管卡、线盒、传感器挂盒、传感器窥视孔堵等，未做每项扣 2 分。 （3）静态检查电源柜、防滑器主机、压力开关，未做每项扣 2 分。 （4）开启电源，充风至 600 kPa 定压后，紧急制动减压至 0 kPa，静态试验检查电子防滑器装置工作状态。 （5）更换速度传感器后，检查并调整速度传感器与测速齿轮间隙至规定值，未做扣 2 分。 （6）处理完故障做通风、通电（内、外电）试验，未做扣 5 分。 （7）处理完故障，未按规定撤除单车、外接电源至指定位置，扣 2 分。 （8）未做到工完、料尽、场地清，扣 2 分。 （9）作业程序混乱，扣 2 分。				
3	作业质量	50	（1）拆卸下来检查的部件未恢复完好，每处扣 2 分。 （2）处理故障过程中发生新故障，每处扣 5 分。 （3）更换速度传感器后，检查并调整速度传感器与测速齿轮间隙至规定值，不符合规定扣 2 分。 （4）漏检一件故障扣 8 分，回头作业发现故障不算。 （5）发现故障未处理，每件扣 5 分，处理不彻底每件，扣 2 分。				

序号	考核项目	总分	评分标准	自评分	互评分	教师评分	综合评分
4	安全及其他	10	（1）未按规定穿戴个人防护用品，扣5分。 （2）作业中破皮流血，扣5分。 （3）防护红旗未展开、中途脱落或作业完毕未撤除，每项扣5分。 （4）工具、仪表使用不当，每次扣2分。 （5）损坏、丢失工具、仪表、配件，每项扣2分。 （6）未切断电源就撤除防护红旗，扣2分。				
5	合计	100					

否定项：若发生下列情况之一，则应及时终止实训，成绩记为零分。

（1）总作业时间超过50 min。

（2）处理电气故障时，未切断电源。

（3）应关门排风，未做就处理故障。

（4）出现不安全因素，不能继续作业。

（5）未设置防护红旗就开始作业。

（6）发现故障少于3件。

（7）故障未排除，防滑器不能正常工作。

2. 教师评价建议

任务 3.6　客车车体配线绝缘检测及故障处理

【任务描述】

当客车入库、出库检查时，依据客车运检修规程，检修人员按照作业指导书的规范要求，进行车体配线绝缘检测及故障处理，使之达到出库质量标准。通过实训教学，学生需完成以下任务：

① 对客车车体配线绝缘进行检测及故障处理，判断其绝缘状态是否正常。

② 填写记录单。

在整个作业过程中，应遵循现场工作管理规范。

【学习目标】

知识目标	1. 了解 25 型空调客车车体配线布置结构； 2. 掌握单车或列车的车体绝缘值； 3. 掌握客车单车或列车车体绝缘的检测及故障处理方法
能力目标	1. 能对客车单车或列车车体进行绝缘检测； 2. 能对客车单车或列车车体绝缘故障进行处理
素质目标	1. 规范作业标准，强化安全意识； 2. 让学生养成诚实、守信、吃苦耐劳的品德，具有强烈的责任意识； 3. 培养学生的创新意识和科学态度

【导　　入】

1. 25 型空调客车车体配线

车体配线分车下配线、车上配线、车端连接器三大部分。

1）车下配线

车下配线主要有供本车用电的两路主干线，由 1 位端 2 位侧引上车，四角 4 个电力线分线盒，以及蓄电池、逆变器、充电机等设备配线。

2）车上配线

车上配线由车下主干线输入，由 1 位端引至控制柜，向空调机组、照明等负载供电。

① 车内的负载按电压可分直流 600 V 负载、三相 380 V 交流对称负载、单相 220 V 交流负载、直流 48 V 负载等。

② 按负载性质及用途分车上配线分为动力配线、照明配线、播音配线、电话配线及遥测控制线。

3）车端连接器

车端设有电力连接器、集控连接器、电控制动连接器、通信连接器、尾灯连接器。中间由相应的电缆相连，从而构成整个列车的供电、集控、通信、制动网络。

2. 运用客车车体配线绝缘测试值（见表 3-24）

表 3-24 运用客车车体配线绝缘测试值   单位：MΩ

线别	DC 600 V 及 DC 600 V/AC 380 V 兼容供电				AC 380 V 供电			
类别	运用列车		运用单车		运用列车		运用单车	
湿度	线间	线地间	线间	线地间	线间	线地间	线间	线地间
≤60%	≥2	≥1	4	2	2	1	4	2
61%	1.95	0.98	3.88	1.94	1.94	0.97	3.88	1.94
62%	1.9	0.95	3.76	1.88	1.88	0.94	3.76	1.88
63%	1.84	0.92	3.64	1.82	1.81	0.91	3.64	1.82
64%	1.78	0.89	3.52	1.76	1.75	0.88	3.52	1.76
65%	1.72	0.86	3.4	1.7	1.68	0.85	3.4	1.7
66%	1.67	0.84	3.28	1.64	1.62	0.82	3.28	1.64
67%	1.61	0.81	3.16	1.58	1.55	0.79	3.16	1.58
68%	1.56	0.78	3.04	1.52	1.49	0.76	3.04	1.52
69%	1.5	0.75	2.92	1.46	1.42	0.72	2.92	1.46
70%	1.44	0.72	2.8	1.4	1.36	0.69	2.8	1.4
71%	1.39	0.7	2.68	1.34	1.29	0.66	2.68	1.34
72%	1.33	0.67	2.56	1.28	1.23	0.63	2.56	1.28
73%	1.28	0.64	2.44	1.22	1.16	0.6	2.44	1.22
74%	1.22	0.61	2.32	1.16	1.1	0.57	2.32	1.16
75%	1.16	0.58	2.2	1.1	1.03	0.54	2.2	1.1
76%	1.11	0.56	2.08	1.04	0.97	0.51	2.08	1.04
77%	1.05	0.53	1.96	0.98	0.9	0.47	1.96	0.98
78%	1	0.5	1.84	0.92	0.84	0.44	1.84	0.92
79%	0.94	0.47	1.72	0.86	0.77	0.41	1.72	0.86
80%	0.88	0.44	1.6	0.8	0.71	0.38	1.6	0.8
81%	0.83	0.42	1.48	0.74	0.64	0.35	1.48	0.74
82%	0.77	0.39	1.36	0.68	0.58	0.32	1.36	0.68
83%	0.72	0.36	1.24	0.62	0.51	0.29	1.24	0.62
84%	0.66	0.33	1.12	0.56	0.45	0.26	1.12	0.56
≥85%	0.6	0.3	1	0.5	0.38	0.22	1	0.5
兆欧表等级	1 000 V				500 V			

注：运用客车 DC 110 V、DC 48 V 绝缘检测按下列要求执行：

① 安装 DC 110 V 车列漏电检测装置的运用客车，车列绝缘以漏电检测装置无报警为合格。

② 安装 DC 48 V 漏电检测装置的运用客车，车列绝缘以无单车漏电检测装置报警为合格。

③ 未安装 DC 48 V 漏电检测装置的运用客车，需进行 DC 48 V 绝缘测试时，使用搭灯法进行检测：用 48 V 8 W 灯泡测试时，正负极对地以灯泡钨丝不红为准（漏电流不大于 30 mA）；雨天和寒冷地区冬季入整备库房时，以灯泡不亮为准（漏电流应不大于 60 mA）。

3. 发生火情的应急措施

关闭本车除紧急照明、轴温、防滑器供电之外的所有开关，尤其是风机电源，避免火情蔓延。扑灭电气火灾时，应使用气体灭火器或干粉类灭火器。

DC 600 V 配线，如果着火部位处于 Q1、Q2 之前，应将随车工程师办公席车综合控制柜中的 Q18 断开，以切除机车供电请求，断开机车供电，同时与司机联系通报情况。

【活　　动】

活动 3.6.1　准备工作

1. 安全准备
① 工具和安全防护号志齐全，作用良好，个人防护用品穿戴整齐。
② 确认作业设备状态良好。
③ 按规定设置安全防护号志；防护信号设置正确、醒目。
④ 禁止带电作业，测试前应切除与主干线有关的全部负载。
⑤ 熟悉兆欧表使用安全注意事项。

2. 工具准备（见表 3–25）

表 3–25　工具的准备

序号	名称	数量
1	电工工具	1 套
2	试电笔	1 只
3	手电筒	1 把
4	兆欧表	1 块
5	防护红旗	1 面
6	绝缘胶带	适量
7	温湿度表	1 只
8	"断电"警示牌	1 个

3. 技术准备
① 按作业指导书标准化程序进行作业。
② 质量符合运用客车出库质量标准。
③ 兆欧表符合标准。正确使用兆欧表，使用前要校表，挡位与量程选择正确。

活动 3.6.2　客车车体配线绝缘检测及故障处理作业程序与要求

客车车体配线绝缘检测

客车车体配线绝缘检测及故障处理作业程序与要求如表 3–26 所示。

表 3-26　客车车体配线绝缘检测及故障处理作业程序与要求

序号	工步	作业内容与要求	图示
1	设置安全防护信号	（1）在来车方向左侧。 （2）防护红旗要展开，中途不得落地。	
2	检查兆欧表	（1）外观检查，接线正确，校验不过期。 （2）短路或断路检查，指针读数为零或无限大均正确良好。	
3	检测前须确认每个车厢的电源转换箱选择开关置于"断开"位	（1）检修前，在控制柜上悬挂"断电"警示牌，确认各车厢： ①"电源转换"开关（SA1）处于"断开"位，各设备空气开关处于"关断"位。 ② 全列主空气开关 Q1、Q2 处于"断开"位。	
4	记录湿度值	将温湿度表放置在被测件旁边（水平或竖直放置），静置 3 min 后，读取温湿度表上显示的温、湿度数值，将测量结果填记在记录单内。 **注意**：温湿度表在使用中要调好基准。测量时要放在被测绝缘体的附近。	
5	检测主干线绝缘电阻值	（1）测试 1 位侧干线绝缘：打开车列首（或尾）部车辆车端Ⅰ路电力连接器座防护盖。 （2）测试线线间、线地间绝缘值，填记入记录单。 （3）合上电力接线器座防护盖。 （4）测试 2 位侧干线绝缘：在Ⅱ路电力连接器座处测量，其他同Ⅰ路。 **注意**：绝缘不符合要求时，须进行故障排查并予以处理。	

序号	工步	作业内容与要求	图示
6	检测 DC 110 V 绝缘电阻值	连接地面外接电源，启动全列客车充电机，DC 110 V 照明负载全部处于工作状态下进行 DC 110 V 绝缘测试。测量位置在综合控制柜内 +110、−110 母线接线端子处，依次测量正线对地、负线对地的绝缘电阻。 　　要求：检查 DC 110 V 绝缘监测装置有无报警；使用试漏灯测试时，灯泡钨丝不红为绝缘合格；灯泡钨丝发红时，须进行故障排查并予以处理。	
7	记录测试结果	将测量结果填记在车统−15 内，将车统−15 内记载的测量结果登记在《列车绝缘记录簿》内。	
8	本车绝缘故障指示灯亮（或绝缘值不符合要求）故障处理	（1）某车厢出现故障（漏电），应将该车综合控制柜的 Q1、Q2 断开，负载全部断开，待逆变器放电结束后，用兆欧表检查负载对地绝缘状态，发现故障点后，及时处理故障点。 　　（2）重点负载检查。在综合控制柜接线端子处进行重点检查： 　　① 电开水炉（U6、V6、W6）； 　　② 温水箱（+609、609）； 　　③ 排风机（U7、V7、W7）； 　　④ 客室电热（+615、−615；+616、−616；+625、625；+626、626）； 　　⑤ 车下电源箱（+603、−603；U1、V1、W1；U2、V2、W2）。 　　提示：如果重点负载绝缘值符合要求，进行下一步检查。	

序号	工步	作业内容与要求	图示
8	本车绝缘故障指示灯亮（或绝缘值不符合要求）故障处理	（3）空调负载检查：柜内检查（U11、V11、W11；U12、V12、W12；U14、V14、W14；U15、V15、W15；U16、V16、W16；U17、V17、W17；U18、VI8、W18；U19、V19、W19）。 **提示**：如果空调负载绝缘值符合要求，进行下一步检查。	
		（4）DC 600 V 配线检查：柜配线重点检查+600、−600。在检查过程中注意相应接触器的吸合、释放状态对结果的影响。 **提示**：如果 DC 600 V 配线负载绝缘值符合要求，进行下一步检查。	
		（5）传感器、PLC、检测装置检查：如果确认本车绝缘无问题，则可先将供电选择开关 SA1 置于"试验 I 路"或"试验 II 路"维持供电。然后，用万用表直流挡测量电压传感器 JK8 的输出 A20/AGND、DC 600 V 绝缘检测装置的输出和 A12/AGND 的输出。如果 A20/AGND 输出大于 150 mA/5 V，说明传感器坏，应更换；如果 PLC 显示值与 A12/AGND 输出不对应，可判断是 PLC 有问题，应更换；如果 A12/AGND 输出与 A20/AGND 输出不对应，说明 DC 600 V 绝缘检测装置有问题，应更换。	
9	处理绝缘不良处所	排查出故障点后，配线破损者用绝缘材料做包扎处理，元器件损坏者做更换处理。	
10	再次检测绝缘值	绝缘值符合运用要求后，盖好电力连接器座保护盖，关闭电源。	
11	收工整理	收拾工具，撤除防护红旗。	

活动 3.6.3　思考练习

1. 简述运用客车干线主要绝缘测试电阻值。
2. 简述客车车体配线绝缘检测及处理步骤。

【考核评价】

1. 综合评价表（见表 3–27）

表 3–27　客车车体配线绝缘检测及故障处理综合评价表

序号	考核项目	总分	评分标准	自评分	互评分	教师评分	综合评分
1	作业时间	10	标定时间 20 min，每超时 20 s，从总分扣 1 分；不足 20 s 按 20 s 计。				
2	作业过程	30	（1）兆欧表未校表扣 5 分；测量对地绝缘时接地点未校验，扣 5 分。 （2）兆欧表挡位、量程选择不正确，每项扣 4 分。 （3）使用兆欧表方法、步骤不正确，扣 10 分。 （4）检测前未确认每车电源箱选择开关，扣 20 分。				
3	作业质量	50	（1）使用兆欧表接线不正确，扣 20 分。 （2）测得绝缘电阻值读数有误，扣 10 分。 （3）绝缘电阻值是否合格判断错误，每项扣 10 分。				
4	安全及其他	10	（1）未按规定穿戴个人防护用品，扣 5 分；发生破皮出血事故，扣 5 分。 （2）防护红旗未展开、中途脱落或作业完毕未撤除，每项扣 3 分。 （3）工具、仪表使用不当，每处扣 5 分；工具材料遗留在现场，每件扣 1 分。				
5	合计	100					

否定项：若发生下列情况之一，则应及时终止实训，成绩记为零分。
（1）总作业时间超过 24 min。
（2）出现不安全因素，或不能继续作业。
（3）兆欧表损坏，不能使用。
（4）不会测量

2. 教师评价建议

_____

_____

_____

_____

任务 3.7　蓄电池的控制及常见故障判断

【任务描述】

铁路客车蓄电池在运用过程中会发生各种故障，因此检修人员需依据作业指导书的规范标准，进行客车蓄电池故障处理作业，确保蓄电池的正常使用。通过实训教学，学生需完成以下任务：

① 插设防护红旗。

② 拆解、检修并安装蓄电池。

③ 蓄电池检查及处理。

④ 试验。

⑤ 撤除防护红旗。

在整个作业过程中，应遵循现场工作管理规范。

【学习目标】

知识目标	掌握 25T 型客车蓄电池常见故障处理作业的操作步骤
能力目标	掌握 25T 型客车蓄电池常见故障处理作业的操作方法
素质目标	1. 养成细致、认真的工作作风； 2. 养成自觉、规范执行作业标准的良好习惯

【导　入】

1. 蓄电池的分类

根据电极和电解液所用物质的不同，蓄电池一般分为酸性蓄电池和碱性蓄电池。

酸性电池的电解液是浓度为 27%～37% 的硫酸（H_2SO_4）水溶液，即稀硫酸，硫酸是酸性化合物。酸性蓄电池正极板的活性物质是二氧化铅（PbO_2），负极板的活性物质是绒状铅（Pb），所以酸性蓄电池又叫作铅蓄电池。

碱性蓄电池的电解液是浓度为 20% 的氢氧化钾（KOH）水溶液，氢氧化钾是碱性化合物。在碱性蓄电池中，用氢氧化镍[$Ni(OH)_3$]做正电极，用铁（Fe）做负极板的叫作铁镍蓄电池，用镉（Cd）做负极板的叫作镉镍蓄电池；用银（Ag）做正极板，用锌（Zn）做负极板的，叫作锌银蓄电池。根据工作状态的放电电流不同，蓄电池分为供电电池和起动电池，供电电池一般以额定放电率下的放电电流提供电能；起动电池以短时间内的大电流提供电流。

2. 铅酸蓄电池的工作原理

现代铁道客车中，用阀控式密封铅蓄电池替代了以往的普通型铅酸蓄电池，该蓄电池具有维护中不需要添加蒸馏水和测量电解液密度、温度的特点，维护方便，能量密度高，基本无酸雾逸出，可任意放置，所以被铁道客车广泛采用。它的工作原理如下：

在充电过程中，铅酸蓄电池中的 $PbSO_4$ 几乎全部转化为 PbO_2 和 Pb，当电压达到一定值时，正极板析出氧气，负极板析出氢气。充电后期，随着电极电压的升高，水被电解，会有气体析出。当端电压升高到 2.5 V/只时，氢、氧按化学分子式中计量比例析出。在电容量达到 2.5 V/只以前，氧析出的比例较大。这种电池的密封就是利用阴极吸收再化合的原理，使正极板析出的氧气迅速达到负极板，生成氧化铅，氧化铅再与硫酸发生反应，生成硫酸铅和水。化学方程式如下：

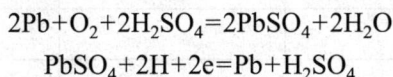

$$2Pb+O_2+2H_2SO_4=2PbSO_4+2H_2O$$
$$PbSO_4+2H+2e=Pb+H_2SO_4$$

它之所以叫阀控电池，是因为它的安全阀有以下作用：

① 使电池保持一定的内压以提高密闭反应效率。

② 在电池内部压力正常的条件下，可防止外界空气进入电池。

③ 当产生过量气体时，阀门打开，可防止发生爆炸。

④ 防止电解液蒸发，避免电池干枯。

3. 镉镍蓄电池的工作原理

镉镍蓄电池极板的活性物质在充电后，正极板为氢氧化镍 $Ni(OH)_3$，负极板为金属镉（Cd）；而放电终止时，正极板转化为氢氧化亚镍 $[Ni(OH)_2]$，负极板转化为氢氧化镉 $[Cd(OH)_2]$。电解液多选用氢氧化钾（KOH）溶液。蓄电池充电时，电能变为化学能储存起来，放电时化学能变为电能输出，两电极所发生的电化学反应是可逆的。在充放电过程中总的化学方程式如下：

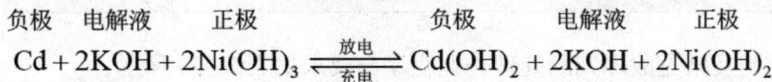

$$\overset{负极}{Cd} + \overset{电解液}{2KOH} + \overset{正极}{2Ni(OH)_3} \underset{充电}{\overset{放电}{\rightleftharpoons}} \overset{负极}{Cd(OH)_2} + \overset{电解液}{2KOH} + \overset{正极}{2Ni(OH)_2}$$

从上述化学方程式可以看到，电解液只作为电流的传导体，其浓度不发生变化。因此，对于镉镍电池，不能依据电解液的浓度来判断电池充放电的程度，唯一可靠的办法就是根据电压的变化来判断充放电的程度。

【活　动】

活动 3.7.1　准备工作

1. 安全准备

① 作业人员应按规定穿戴个人防护用品。

② 无电作业前，应确认动车组受电弓已降下，接触网已断电，接地杆已挂，停放制动已施加。

③ 作业时，防止磕碰伤。

④ 作业过程中，作业工具、材料及配件定置摆放。

⑤ 禁止触摸发热部件。

⑥ 电解液泄漏时，须用水清洗。

2. 工具准备（见表 3-28）

表 3-28　工具的准备

序号	名称	规格型号	单位	数量
1	电工工具	通用型	套	1
2	检点锤		把	1
3	手电筒		把	1
4	活扳手	200 mm、250 mm	把	2（各 1 把）
5	万用表		只	1
6	兆欧表	500 V 级	只	1
7	防护红旗		面	1
8	秒表		只	1

3. 技术准备

① 按作业指导书标准化程序进行作业。

② 质量符合运用客车出库质量标准。

活动 3.7.2　蓄电池的控制及常见故障判断处理作业程序与要求

蓄电池的控制及常见故障判断处理作业程序与要求如表 3-29 所示。

表 3-29　蓄电池的控制及常见故障判断处理作业程序与要求

序号	工步	作业内容与要求	图示
1	设置安全防护信号	（1）在来车方向左侧。 （2）防护红旗要展开，不得落地。	
2	蓄电池车下检修内容	（1）清洁蓄电池表面污垢，壳、盖裂纹、变形、漏液时更新。气塞须排气顺畅，注液口盖破损时更新。 （2）去除接续线端子、连接板、极柱及螺栓、螺母表面污垢、硫化物、氧化物，表面蚀点严重时更新，极柱应无松动。 （3）蓄电池液面高度应至最高液面线或液面显示浮标在最高限，不足时添加蒸馏水或电解液，添加后的电解液比重须符合规定。选用的蒸馏水电阻率值不小于 0.5 MΩ·cm。 （4）充电器（DC 600 V/DC 110 V）的温度补偿传感器安装牢固，表面清洁，不良者更新。	

序号	工步	作业内容与要求	图示
3	功能试验	对蓄电池容量进行充放电循环试验（2～5 次充放电试验），当任一次循环测得的容量高于额定容量的 70%时，允许装车使用，否则更换蓄电池。 **注意：** 在环境温度、电解液温度为 25 ℃±5 ℃时进行充放电试验。	
4	组装及装车	（1）装车电池已完全充电，严禁充电状态不同的蓄电池直接搭配使用，同组电池最大容量差与平均值之比小于 10%。 （2）电池排列整齐，电池间密贴，固定可靠，外观一致。 （3）蓄电池之间连接片、接续线安装紧固、无松动，接线极性正确；气塞齐全；金属零部件涂凡士林或其他新型防护材料。 （4）不同厂家、型号、规格电池不得装入同辆车，发电车 DC 24 V、DC 48 V 电池箱每个电箱内电池规格须一致。	
5	蓄电池箱的检查	（1）吊架零部件齐全，有裂纹时修复；安装螺栓紧固、无松动，重新紧固时须按照要求执行，并涂打防松标记。 （2）箱体及吊架应清除锈垢，箱体腐蚀破损时应修补，或用原规格材质钢板截换，并整体涂刷防锈底漆及原色面漆。 （3）定检牌框固定牢固，定检牌齐全；通风器安装牢固，通风器、排水孔畅通。 （4）当电池箱内配线破损、老化时应修复或更新。 （5）箱门合页、门锁及附件作用良好，开闭机构、防开装置作用可靠，密封胶条密封性能良好，当胶条老化破损时须更换。 （6）电池箱内各部螺栓紧固、无松动，配件齐全。 （7）蓄电池托盘小车运动灵活，滑道安装良好，锁紧装置可靠，轴承或轮轴润滑；托盘无破损，损坏时应更新。 （8）熔断器箱及熔断器、开关座固定牢固，熔断器外观良好，接线可靠，接线端子紧固，无锈蚀、热损，标识清晰。	
6	收工整理	收拾工具，撤除防护红旗。	

活动 3.7.3　思考练习

1. 简述蓄电池的控制及常见故障判断处理作业的操作步骤。
2. 分析碱性蓄电池的工作原理。

【考核评价】

1. 综合评价表（见表 3–30）

表 3–30　综合评价表

序号	考核项目	总分	评分标准	自评分	互评分	教师评分	综合评分
1	作业时间	10	标定时间 30 min，每超时 30 s 扣 1 分，不足 30 s 按 30 s 计。				
2	作业过程	30	（1）未按照要求进行功能试验，扣 5 分。 （2）未检查蓄电池安装部件，扣 5 分。 （3）作业过程每漏检一项，扣 2 分。 （4）作业程序混乱，扣 5 分。				
3	作业质量	50	（1）未静态检查就开始测量绝缘，扣 2 分。 （2）未断电就开始拆解，扣 5 分。 （3）未清洁蓄电池表面污垢，扣 2 分。 （4）壳、盖裂纹、变形、漏液时未更新，扣 2 分。 （5）气塞须排气顺畅，注液口盖破损未更新，扣 2 分。 （6）未去除接续线端子表面污垢、硫化物、氧化物，扣 2 分。 （7）电解液不足时未添加蒸馏水或电解液，扣 2 分。 （8）未检查充电器的温度补偿传感器安装是否牢固，表面是否清洁，扣 2 分。 （9）拆卸下来检查的部件未恢复完好，每处扣 2 分。				
4	安全及其他	10	（1）未按规定要求穿戴个人防护用品，扣 5 分。 （2）作业中破皮出血或出现不安全因素，每处扣 5 分。 （3）工具、仪表使用不当，每次扣 2 分。 （4）损坏、丢失工具、仪表，每项扣 2 分。 （5）防护红旗未展开、中途脱落或作业完毕未撤除，扣 5 分。				
5	合计	100					

否定项：若发生下列情况之一，则应及时终止实训，成绩记为零分。
（1）出现不安全因素，不能继续作业。
（2）兆欧表损坏，不能使用。
（3）总作业时间超过 36 min。

2. 教师评价建议

_____

_____

_____

_____

任务 3.8　25T 型客车塞拉门操作使用及性能检查

【任务描述】

在 25T 型客车的各种车内设备中，塞拉门是主要设施之一，不仅为乘客上下车提供了便利，同时也保证了行车安全。检修人员需依据作业指导书的规范标准，进行塞拉门操作使用作业，确保塞拉门的正常使用。通过实训教学，学生需完成以下任务：

① 接通电源，开启气路。

② 开关门性能检查操作。

③ 障碍物检测性能操作。

④ 隔离锁性能检查操作。

⑤ 紧急解锁操作。

在整个作业过程中，应遵循现场工作管理规范。

【学习目标】

知识目标	掌握 25T 型客车塞拉门的机械结构和操作方法
能力目标	1. 能够操作 25T 型客车塞拉门进行开关门试验； 2. 能够进行障碍物检测和紧急解锁操作
素质目标	1. 养成细致、认真的工作作风； 2. 养成自觉、规范执行作业标准的良好习惯

【导　入】

1. 25T 型客车塞拉门的机械结构

25T 型客车的塞拉门是电控气动外摆塞拉门。驱动方式为气动，控制方式为电控。

门扇为直形，有左右之分。门锁为双重闭锁，另设独立的保险锁（隔离锁），安全可靠。门扇采用铝蜂窝复合结构，其优点是重量轻、强度高、密封性能好、隔音、隔热。门系统的承载驱动机构具有结构简洁、运动阻力小、安装方便、可靠性高等优点。车门系统具有防挤压和列车速度大于 5 km/h 自动锁闭功能（5 km/h 信号由车辆提供）。另外，可实现整列车门系统的集中控制，与车辆计算机通信实现监控功能。

电控气动塞拉门由六大部件组成，分别为：基础部件、门扇部件、承载驱动机构部件、操作部件、门锁部件和电控系统。

1）基础部件

基础部件包括：导向件，导向轮，上、前、后压条，上、下滑道（如图 3-1、图 3-2 所示），防护罩（带防冻装置），防护罩胶条，门框胶条等零件，其主要作用是引导门扇的运动及实现门扇与车体的密封。其中，导向件由上、下导轨组成，门页导向轮在导轨内实现车门的摆塞运动。定位缓冲通过橡胶缓冲头克服车门在开、关终了位置的冲击。

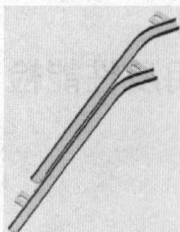

图 3-1　下滑道

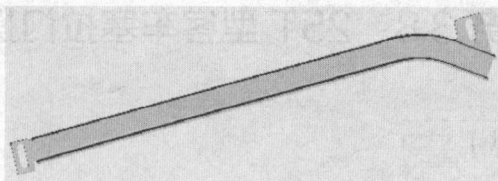

图 3-2　上滑道

2）门扇部件

门扇部件包括：门扇、锁扣、隔离锁（保险锁）、下支架、携门架，如图 3-3 所示。

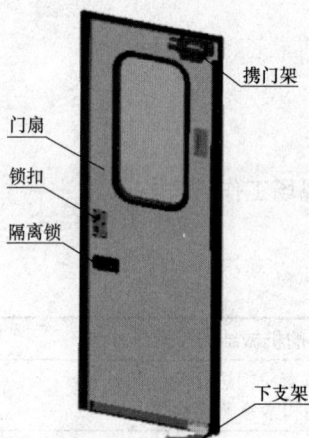

图 3-3　门扇

其中，上部携门架受导向件上滑道引导，门扇下部支架受导向件下滑道引导，上、下滑道共同引导门扇实现开合。

3）承载驱动机构部件

承载驱动机构部件包括：支架、挂架、长导柱、短导柱及直线轴承等。其气动机构及气路系统包括：无杆气缸、气缸支架、球阀（作气源开关用）、快排气阀、过滤减压阀组件、消音器、节流阀、气管、管接头等。

4）操作部件

操作部件包括：内操作装置（电控锁）、外操作装置（手动、电控双功能锁）、连动机构、手控开关装置（手动锁）。

5）门锁部件

门锁部件包括：开锁气缸、闭锁气缸、锁体、锁叉定位套及锁扣等零件。

6）电控系统

电控系统包括：DCU 门控器、空气开关、电源模块、指示灯、蜂鸣器、电磁阀、压力开关、压力波开关、磁感应开关等其他行程开关、接线端子排、电器安装板及其附件。在列车车厢的 1 位端和 2 位端的间壁上各装一套电器箱/电器安装板，每个电器箱/电器安装板控制列车一端的左右两个塞拉门。

2. 电控气动方式开、关门

1）开门

① 首先打开隔离锁。

② 当集控系统未开或没有集控关门信号但有电有气时，外操作装置与内操作装置具有相同的功能。用三角钥匙按开门所示方向操作，蜂鸣器响 3 s 后车门打开，翻转脚踏板翻下成水平状。在有集控关门信号且有电有气时，内、外操作装置不能开门。

③ 紧急状态下的开门。在遇到紧急情况时，用三角钥匙按箭头所示方向顺时针操作手控开关装置，系统将电磁阀电源切断，报警蜂鸣器报警，此时可以手动开门。

提示： 没电没气时的开门同上。

2）关门

当车门处于开启状态时，用三角钥匙按箭头所示方向操作，蜂鸣器响 3s 后，车门关闭，同时翻转脚踏板向上翻起。若门扇在关闭过程中遇到障碍，门扇会自动返回，10s 后再自动关闭。若关闭途中障碍仍存在，则车门会重复上述动作，直到障碍排除，门扇关闭至锁定位置。车门在关闭至离门框胶条 15～30 mm 时，无防挤压功能。

当车速≥5 km/h 时（5 km/h 信号由车辆提供），车门将自动关闭，若门扇在关闭过程中遇到障碍，门停在原处，5 s 后再自动关闭。

3）集控开/关门

集控系统上电后，打开钥匙开关，电源指示灯亮，系统处于集控操作状态。

① 当左/右侧选择开关在中间"0"位时，所有集控操作无效。

② 将左/右侧选择开关旋到开左侧门位置 0.5 s 后，10 s 内揿下开门按钮大于 0.5 s，左侧车门应打开。

③ 将左/右侧选择开关旋到开右侧门位置 0.5 s 后，10 s 内揿下开门按钮大于 0.5 s，右侧车门应打开。

④ 左/右侧选择开关在左侧或右侧位置 0.5 s 后，揿下关门按钮 0.5 s 以上，未关的车门关闭。如果有门未关到位，则门未关到位指示灯亮。可重新揿下关门按钮，已经关到位的门不动作，没有关到位的门重新打开后自动关闭，直到门关到位指示灯熄灭，证明列车所有的门已经关好。

注意： 集控关门后，内、外操作装置均不能开、关门，紧急解锁可以手动开、关门。只有在集控开门状态或集控系统断电的情况下才能通过内、外操作装置均开、关门。

4）隔离锁控制

当隔离锁锁闭时，所有手动、电控、紧急解锁、集中控制功能失效。

当系统处于开门状态时，压下隔离锁开关大于 0.5 s，门扇执行关门动作，系统切换为关门状态；压下隔离锁开关时间小于 0.5 s，门扇不动作。

【活　　动】

活动 3.8.1　准备工作

1. 作业前准备

清点工具，按规定着装，作业前准备时间不超过 3 min，重点检查确认以下事项：

① 个人防护用品的穿戴是否齐备。

② 安全防护是否到位。

③ 工具的准备是否到位并能正确使用。

2. 工具准备（见表 3-31）

表 3-31　工具的准备

序号	名称	单位	数量
1	计时秒表	只	1
2	十字螺丝刀	把	1
3	一字螺丝刀	把	1
4	万用表	只	1
5	四角钥匙、三角钥匙	把	2（各 1 把）
6	固定扳手	把	2
7	活扳手	把	1
8	内六角扳手	套	1
9	防护红旗	面	1

3. 技术准备

① 按作业指导书标准化程序进行作业。

② 质量符合运用客车出库质量标准。

活动 3.8.2　25T 型客车塞拉门操作的作业程序与要求

25T 型客车塞拉门性能检查

25T 型客车塞拉门操作的作业程序与要求如表 3-32 所示。

表 3-32　25T 型客车塞拉门操作的作业程序与要求

序号	工步	作业内容与要求	图示
1	设置安全防护信号	（1）在来车方向左侧。 （2）防护红旗要展开，不得落地。	

序号	工步	作业内容与要求	图示
2	外观检查（无电作业）	**动作：**目视检查。 **要求：** （1）塞拉门门体外观良好、无破损，车窗无损坏。 （2）塞拉门四周密封胶条无破损。 （3）客室侧门各部螺栓无松动，防松标记不错位。 （4）接线电缆的连接状态良好，站台补偿组件上部接地螺栓连接可靠，气路连接状态良好，压缩空气压力值在规定范围内。	
3	关门操作	**动作：**用三角钥匙旋转关门。 **要求：** （1）门扇运动平稳，不存在卡滞和防挤压状态。 （2）蜂鸣器鸣响声音正常。 （3）锁闭正常，门扇到位正常，门控器状态显示正常。 （4）门正常运动到三分之二开度处踏板翻起，门正常关闭，门状态指示灯正常亮起。	
4	开门操作	**动作：**用三角钥匙旋转开门。 **要求：** （1）在关门过程中操作内侧开门开关，门必须再次打开。 （2）门扇运动平稳，不存在卡滞和防挤压状态。 （3）蜂鸣器鸣响声音正常，主锁解锁正常，门扇到位正常，门控器状态显示正常。 （4）门正常运动到三分之二开度处踏板翻起，门正常关闭，门状态指示灯正常亮起。	
5	障碍检测	**动作：**在关门过程中设置障碍物。 **要求：**在塞拉门的密封橡胶条内设有气囊，当电控气动关门遇到障碍物时，胶条受到突然的冲击挤压，气囊内将产生突变压力，该突变压力影响相应开关动作，从而向门控单元发出挤压信号。门控单元收到挤压信号后，将门转换为自动开启状态，然后延时 2～5 s，再将门重新自动关闭。	

序号	工步	作业内容与要求	图示
6	紧急解锁操作	**动作：**用三角钥匙旋转紧急解锁开关。 **要求：** （1）当车速小于 5 km/h 时，才可以经紧急钥匙装置开门。 （2）当车速大于 5 km/h 或经门扇上的四角钥匙手动隔离并锁定时，紧急钥匙装置不适用，门不能解锁。 （3）如果车速降低至 5 km/h 以下，必须在起始位置中再次操作手柄。	
7	隔离锁操作	**动作：**用四角钥匙旋转隔离锁，实现锁闭状态。 **要求：**将门关闭，用三角钥匙旋动隔离锁锁芯，锁芯转动灵活，长插销进出灵活，伸出后能可靠触动隔离开关。 **提示：**操作隔离锁，门处于被隔离状态，所有运动控制功能无效，仅保留通信和故障诊断功能。	
8	收工整理	收拾工具，及时撤除防护红旗，并通知值班老师作业完毕。	

活动 3.8.3   思考练习

1. 简述 25T 型客车塞拉门的操作步骤。
2. 简述 25T 型车塞拉门的主要结构。

【考核评价】

1. 综合评价表

表 3–33   25T 型客车塞拉门操作使用作业项目综合评价表

序号	考核项目	总分	评分标准	自评分	互评分	教师评分	综合评分
1	作业时间	10	标定时间 20 min，每超过 20 s 扣 1 分，不足 20 s 按 20 s 计。				
2	作业过程	50	（1）未进行外观检查，扣 5 分。 （2）未检查门控器状态，扣 5 分。 （3）未检查空气压力，扣 5 分。 （4）未进行开关门操作，扣 10 分。 （5）未进行障碍检测操作，扣 10 分。 （6）未进行紧急解锁操作，扣 10 分。 （7）未进行隔离锁操作，扣 10 分。 （8）作业程序混乱，扣 5 分。				

续表

序号	考核项目	总分	评分标准	自评分	互评分	教师评分	综合评分
3	作业质量	30	（1）外观检查位置，漏一项扣 2 分。 （2）空气压力未调整至规定范围，扣 5 分。 （3）障碍检测时未至自动恢复，扣 5 分。 （4）紧急解锁操作顺序错误，扣 5 分。 （5）隔离锁操作未进行开门试验，扣 5 分。				
4	安全及其他	10	（1）未按规定穿戴个人防护用品，扣 2 分。 （2）出现不安全因素，每处扣 2 分。 （3）工具、仪表使用不当，每次扣 2 分。 （4）损坏、丢失工具、仪表，每项扣 2 分。 （5）防护红旗未展开、中途脱落或作业完毕未撤除，扣 2 分。				
5	合计	100					

否定项：若发生下列情况之一，则应及时终止实训，成绩记为零分。
（1）总作业时间超过 25 min。
（2）未设置安全防护信号就进行作业。
（3）出现不安全因素，不能继续作业。

2. 教师评价建议

_____

_____

_____

_____

_____

_____

_____

_____

_____

_____

_____

_____

_____

_____

任务 3.9 25T 型客车塞拉门常见故障处理

【任务描述】

25T 型客车塞拉门在运用过程中会发生各种故障，因此检修人员需依据作业指导书的规范标准，进行 25T 型客车塞拉门故障处理作业，确保塞拉门的正常使用。通过实训教学，学生需完成以下任务：

① 插设防护红旗。

② 通风、通电。

③ 故障检查及处理。

④ 试验。

⑤ 撤除防护红旗。

在整个作业过程中，应遵循现场工作管理规范。

【学习目标】

知识目标	掌握 25T 型客车塞拉门常见故障处理作业的操作步骤
能力目标	掌握 25T 型客车塞拉门常见故障处理作业的操作方法
素质目标	1. 养成细致、认真的工作作风； 2. 养成自觉、规范执行作业标准的良好习惯

【导　入】

1. 故障诊断及处理办法

25T 型客车塞拉门故障诊断及排除办法如表 3–34 所示。

表 3–34　25T 型客车塞拉门故障诊断及排除办法

状态指示灯闪烁次数	故障说明	故障原因	排除方法
1 次	外操作接通时间超过 20 s	微动开关损坏或开关位置不对	更换微动开关或重新调整开关位置
		机械装置无法复位，检查钢丝绳和机械装置上的弹簧	更换钢丝绳或更换弹簧
2 次	内操作接通时间超过 20 s	微动开关损坏或开关位置不对	更换微动开关或重新调整开关位置
		机械装置无法复位，检查钢丝绳和机械装置上的弹簧	更换钢丝绳或更换弹簧

状态指示灯闪烁次数	故障说明	故障原因	排除方法
3 次	关门 10 s 未到 98%开关	气源压力低于 450 kPa	调整气源压力
		有障碍物	排除障碍物
		98%开关坏	更换 98%开关
4 次	开门 5 s 未到 98%开关	气源压力低于 450 kPa	调整气源压力
		98%开关坏	更换 98%开关
5 次	防挤压失效	开关门气管接反	检查电磁阀与气缸气管
		压力开关或压力波开关常通	将两开关断开分别检查
6 次	关门 12 s 未到 "门关到位" 开关	气源压力低于 450 kPa	调整气源压力
		有障碍物	排除障碍物
		"门关到位" 开关损坏	更换 "门关到位" 开关

2. 电控系统的自诊断功能

电控系统常见故障通常会通过系统自诊断功能在状态指示灯上显示出来。如果车门在接收到关门信号 12 s 后,还没有得到"门关到位"信号和脚蹬翻板抬到位信号,通常由如表 3-35 所示的三种情况引起。

表 3-35　25T 型客车塞拉门故障的状态指示灯信号

故障指示		故障原因	
蜂鸣器 1B1（2B1）	脚蹬翻板指示灯 1HL1（2H1L）	门未关到位开关	脚蹬翻板未到位开关
报警	亮	故障	故障
		正常	故障
报警	不亮	故障	正常

3. 常见故障及处理方法

25T 型客车塞拉门常见故障及处理方法如表 3-36 所示。

表 3-36　25T 型客车塞拉门常见故障及处理方法

序号	故障现象	故障原因	判断及处理方法
1	开关门时,门板颤抖或有异常噪声,运动阻力大	上下滑道安装螺钉松动	紧固上下滑道的安装螺钉
		大、小尼龙滚轮损坏	需要换大、小尼龙滚轮,并在上下滑道里加润滑油
		机构安装螺钉松动	紧固机构安装螺钉

续表

序号	故障现象	故障原因	判断及处理方法
2	关门后前门框有缝隙	门锁未达到二级	调整门锁，使其到二级状态
		机构安装螺钉松动	紧固机构安装螺钉
3	有电有气情况下，使用内操作装置无法开门，蜂鸣器不提示	车辆有 5 km/h 信号输入	检查防滑器的 5 km/h 信号
		有集控关门信号输入	关掉集控箱中的集控电源，或切换成集控开门信号
		隔离锁被锁上	打开隔离锁
		隔离锁开关处在常闭状态	调整或更换隔离锁开关
		内操作装置微动开关的位置不对或电能不正常	调整内操作装置微动开关的位置，检查开关和接线
4	有电有气，操作开关门时蜂鸣器有三声报警提示，但门不动作	气路系统的气管有折弯的情况	把气路系统的气管重新接好、理顺
		紧急解锁开关的状态在解锁状态，解锁情况下门不会动作且蜂鸣器一直叫。 注意：蜂鸣器坏或接线脱落后不会叫	把紧急解锁装置复位或调整紧急解锁开关的位置
		门控器输出口上开、关门信号的电压不正常	更换门控器
		开、关门信号正常而门不动作，通常由开门或关门电磁阀坏引起	更换开门或关门电磁阀
5	状态指示灯闪六次、蜂鸣器报警一声（门锁未达到二级）	总气源气压低于 0.45 MPa	检查总气源，调整过滤减压阀组件。
		外操作装置或紧急解锁装置钢丝绳太紧	关掉气源，松掉紧急解锁装置和外操作装置钢丝绳夹头，用手拨动锁叉，在门锁能达到二级的情况下，紧好夹头
		脚蹬位置开关位置不正确	调整脚蹬位置开关，使关门时开关处于接通状态且脚蹬指示灯灭
		门到位开关损坏或位置不正确	更换门到位开关或调整门到位开关，关门时此开关应是松开状态
6	关门过程中无防挤压功能	压力波开关损坏或门板前挡胶条破损	（1）用手捏门板前挡胶条，观察控制器输入口指示灯是否正常，若不闪烁，则可能是压力波开关气管堵塞或破裂，可拨下疏通或更换气管； （2）目测密封胶条有无破损，如有破损，应及时更换
		压力开关坏，始终处于常闭状态	更换压力开关
		98%开关的位置离关门到位端太远	调整98%开关的位置
7	在关门时自动返回，延时后再关门	压力开关设定值太小，小于正常关门阻力	检查压力开关设定值，正常情况为0.1～0.2 MPa，若指示的值太小，则需调整设定值
		门运行阻力过大	检查门运行阻力，关掉气源，手动拉门，若阻力太大，则需调整上下滑道
		大、小尼龙滚轮损坏	若关门时噪声大，需要换大、小尼龙滚轮
		98%开关的位置超过关门行程	调整98%开关的位置

序号	故障现象	故障原因	判断及处理方法
8	关门后保险插销无法插入锁挡	关门后门锁未达到二级状态	调整门锁,使其关门后能到二级
		关门后门板高于车墙体	调整上下滑道,使门板与车墙体尽量在一个平面上
		锁挡安装位置不对,离后压条太远	需重新调整锁挡,应使锁挡尽量靠近后压条安装
9	开关门时气路系统里有水排出	风管里水太多	定期检查总风管里气源情况,定期对过滤减压阀进行排水
10	打开电源,控制器上的"RUN"指示灯不亮	电源模块输入电压不对或电源模块损坏	用万用表测量输入电源电压和电源模块输出电压是否正常,若有输入电压而无输出电压,则需更换电源模块
		门控器损坏	若电源模块的输出电压正常,则说明门控器坏了,需整体更换门控器

【活 动】

活动 3.9.1 准备工作

1. 作业前准备

清点工具,按规定着装等。作业前准备时间不超过 3 min,重点检查并确认以下事项:

① 个人防护用品的穿戴是否齐备。

② 安全防护是否到位。

③ 工具的准备是否到位并能正确使用。

2. 工具准备(见表 3-37)

表 3-37 工具的准备

序号	名称	单位	数量
1	计时秒表	只	1
2	十字螺丝刀	把	1
3	一字螺丝刀	把	1
4	万用表	只	1
5	四角钥匙	把	1
6	固定扳手	把	2
7	活扳手	把	1
8	内六角扳手	套	1
9	兆欧表(500 V 级)	只	1
10	防护红旗	面	1

3. 技术准备

① 按作业指导书标准化程序进行作业。

② 质量符合运用客车出库质量标准。

活动 3.9.2　25T 型客车塞拉门的常见故障处理作业程序与要求

25T 型客车塞拉门故障处理

25T 型客车塞拉门的常见故障处理作业程序与要求如表 3-38 所示。

表 3-38　25T 型客车塞拉门的常见故障处理作业程序与要求

序号	工步	作业内容与要求	图示
1	设置安全防护信号	（1）在来车方向左侧。 （2）防护红旗要展开，不得落地。	
2	检查 25T 型客车塞拉门的机械部件安装是否牢固	（1）检查塞拉门各部安装螺栓是否有松动、脱落的情况。 （2）按照防松标记进行对应检查，手动翻转脚蹬，检查对应的固定件是否有松动。	
3	检查风源、电源和门控器的状态	（1）检查过滤调压阀压力是否在 0.45～0.6 MPa 范围内。 （2）检查电源是否接通，电压是否正常，门控器状态是否正常。	
4	进行塞拉门动作试验时，防挤压功能失效处理	**问题**：在进行防挤压功能测试时，防挤压功能失效。 **分析**：通过分析可知，防挤压功能失效有可能是压力调整值有问题或者是压力波开关发生短路现象。 **处理**： ① 首先查看压力调整值，发现其调整值为 0.3 MPa，在规定范围内。 ② 接着检查车门上端的压力波开关，发现压力波开关的两根接线发生短路，导致防挤压功能失效。 ③ 在断电情况下，正确连接压力波开关的接线，车门防挤压功能恢复。	

续表

序号	工步	作业内容与要求	图示
5	进行塞拉门动作试验时内操作装置失效处理	**问题**：内操作装置无法实现开关门动作。 **分析**：通过分析可知，有可能是内操作装置的接线电路或相关设备出现故障。 **处理**： ① 首先断开内操作开关上的接线，并用导线短接两个接线，上电后能够实现内操作装置的功能，实现开门和关门动作，说明接线以后的线路是没有问题的，应该是问题出在了内操作开关上。 ② 用万用表的通断挡测量内操作开关上各触点的通断，发现当两个表笔连接这两个触点时，用三角钥匙操作内操作装置，将这两个触点都处于断开位置。当两个表笔连接这两个触点时，两触点处于断开位置，用三角钥匙操作内操作装置，将这两个触点闭合。通过测量发现故障的原因是内操作开关的接线错误。 ③ 在断电情况下正确连接内操作开关的接线，内操作装置能够正常实现开关门动作。	
6	进行塞拉门动作试验时翻转脚蹬不能正常收回处理	**问题**：观察翻转脚蹬的动作情况，发现开门动作时脚蹬能够正常放下，动作和动作的时间顺序正常，但是在关门过程中，脚蹬不能正常的收回。 **分析**：故障的原因为翻转脚蹬的气路动作部分有问题。 **处理**： ① 检查反转脚蹬的气路，气缸上部进气，推动活塞向下运动，活塞杆推出，翻转脚蹬放下，同理，气缸下部进气，推动活塞向上运动，活塞杆收回，翻转脚蹬收回。 ② 检修过程中发现控制气缸进气的两个节流阀的调节位置有很大差异，从而判断翻转脚蹬不能正常收回的原因是下部进气的节流阀调整不合适，使得气体无法进入气缸，没有动力推动活塞上移带动活塞杆收回。 ③ 调整下部的节流阀至合适的位置，使气缸上下进气均匀。 ④ 再进行开关门动作，翻转脚蹬收回和放下的动作正常。	

续表

序号	工步	作业内容与要求	图示
7	清扫除垢，润滑给油	（1）各部件除污从上而下、由里至外清除可见尘垢、油垢、锈垢，漏出部件本色。 （2）在上导轨、下导轨的内侧面及内底面处全程均匀涂抹润滑脂。	
8	故障后试验	重新进行各项试验，塞拉门能够顺利开、关，说明故障已经排查完毕。	
9	收工整理	收拾工具，及时撤除防护红旗，并及时通知值班老师作业完毕。	

活动 3.9.3　思考练习

1. 简述 25T 型客车塞拉门的常见故障处理作业的操作步骤。
2. 分析 25T 型客车塞拉门故障的原因。

【考核评价】

1. 综合评价表（见表 3-39）

表 3-39　综合评价表

序号	考核项目	总分	评分标准	自评分	互评分	教师评分	综合评分
1	作业时间	10	标定时间 30 min，每超时 30 s 从总分扣 1 分，不足 30 s 按 30 s 计。				
2	作业过程	40	（1）未检查螺栓是否松动，扣 5 分。 （2）未检查站台补偿器组件，扣 5 分。 （3）通风、通电后未检查风压、电压及门控器状态，扣 5 分。 （4）拆卸检查的部件未恢复完好，每处扣 5 分。 （5）处理故障过程中发生新故障，每处扣 5 分。 （6）处理完故障后应做通风、通电试验检查，未做扣 5 分。 （7）未做到工完、料尽、场地清，扣 5 分。 （8）作业程序混乱，扣 5 分。				

续表

序号	考核项目	总分	评分标准	自评分	互评分	教师评分	综合评分
3	作业质量	40	（1）未能查出螺栓松动，每处扣 2 分。 （2）未能检查出机械故障，每处扣 5 分。 （3）检查塞拉门的电气故障时，带电操作扣 5 分。 （4）检查塞拉门的电气故障时检查接线情况，包括接线柱、扁插头、航插等，未能检测出接线错误，每项扣 5 分。 （5）漏检一项故障扣 10 分，回头作业发现故障不算。 （6）发现故障未处理，每件扣 5 分；处理不彻底，每件扣 2 分。				
4	安全及其他	10	（1）未按要求穿戴个人防护用品，扣 5 分。 （2）出现不安全因素，每处扣 5 分。 （3）工具等使用不当，每次扣 2 分。 （4）损坏、丢失工具等，每项扣 2 分。 （5）防护红旗未展开、中途脱落或作业完毕未撤除，扣 5 分。				
5	合计	100					

否定项：若发生下列情况之一，则应及时终止实训，成绩记为零分。
（1）总作业时间超过 36 min。
（2）未设置安全防护信号就进行作业。
（3）出现不安全因素，不能继续作业。

2. 教师评价建议

_____

_____

_____

_____

_____

_____

_____

_____

_____

_____

_____

_____

_____

_____

_____

任务 3.10　25T 型客车集便器操作使用及性能检查

【任务描述】

在铁路客车的各种车内设备中，集便器是必要的基础设施之一，不仅为乘客提供了便利，又解决了环境污染问题。因此检修人员需依据作业指导书的规范标准，进行客车集便器操作使用及性能检查作业，确保集便器的正常使用。通过实训教学，学生需完成以下任务：

1. 静态技术检查

① 检查污物箱及管路。

② 检查气、水过滤器。

③ 检查喷嘴（拍照）。

④ 检查调压过滤器。

⑤ 检查气、水控制盘箱内元器件。

⑥ 检查控制箱。

⑦ 检查电伴热。

2. 动态技术检查

① 接通电源，开启气路、水路各阀门。

② 确认系统抽真空工况。

③ 抽真空完成后，按下集便装置冲洗按钮，进行 1～2 次冲洗循环，检查冲洗工况。

④ 冲洗循环时，检查真空度压力表，确认空气阀工作范围；冲洗循环后，确认污物箱保压情况。

⑤ 检查控制箱各指示灯显示状况。

⑥ 撤除作业牌。

在整个作业过程中，应遵循现场工作管理规范。

【学习目标】

知识目标	掌握 25T 型客车集便器操作使用及性能检查作业的操作步骤
能力目标	掌握 25T 型客车集便器操作使用及性能检查作业的操作方法
素质目标	1. 养成细致、认真的工作作风； 2. 养成自觉、规范执行作业标准的良好习惯

【导　入】

1. 25T 型客车集便器的构造

25T 型客车集便器由 5 个主要部件组成，分别是蹲/坐式便器、气水控制盘、电气控制盘、污物收集系统、冲洗按钮。

2. 25T 型客车集便器的操作

1）正常使用操作

① 按下冲洗按钮。

② 水增压器开始加压，并对便盆进行冲洗。

③ 大约 2 s 后，冲洗动作将要结束时，排泄阀打开。

④ 排泄阀开启一段时间，污物排空后，排泄阀关闭。

⑤ 水增压器开始重新上水。

若污物箱内的真空度降低到-15 kPa 以下，则自动启动喷射器对污物箱抽真空；抽真空结束后，整个冲洗循环结束，系统为下一次冲洗做好了准备。

2）防冻排空操作

① 关闭车上水箱至便器系统的水路上的截止阀。

② 打开冲洗阀下部的手动球阀，靠重力排空水增压器内及上水管路中的水，然后关闭球阀。

③ 打开集成块组成右侧的手动球阀，用压缩空气将冲洗管路中的水排到便器中，然后关闭球阀。

④ 按下冲洗按钮，排空便器内的水。

⑤ 当无电无气时，在关闭水箱连接后，可以执行第②步操作，即打开冲洗阀下部的手动球阀，靠重力排空水增压器内及上水管路中的水，然后关闭球阀。

3）污物箱排空操作

① 将抽吸单元吸污接头连接到污物箱排污口上，掰动快换接头手柄，卡紧连接接头。

② 打开污物箱的卸污球阀、通气球阀。

③ 打开抽吸单元吸污接头上的球阀，开始排污。

④ 排污完毕，关闭抽吸单元吸污接头上的球阀。

⑤ 关闭污物箱的卸污球阀、通气球阀。

⑥ 取下抽吸单元吸污接头。

4）野外停车污物应急排放操作

污物箱加装有溢流口球阀，用于污物箱满（100%）时的紧急排放。可手动操作打开污物箱溢流口球阀，排出一部分污物，之后便器系统就可以继续正常使用。

【活　动】

活动 3.10.1　准备工作

1. 安全准备

① 设置作业牌。

② 确认脱轨器已设置，在脱轨器锁具位置上使用挂锁，锁好作业牌。

③ 用对讲机通知值班老师："××股道、××车次、××车号、××班组、××时间开始作业。"

2. 工具材料准备（见表 3–40、表 3–41）

表 3–40　工具的准备

序号	名称	规格型号	单位	数量
1	电工工具	通用型	套	1
2	检点锤		把	1
3	手电筒		把	1
4	活扳手	200 mm、250 mm	把	2（各 1 把）
5	集便专用检修工具		套	1
6	万用表		只	1
7	兆欧表	500 V 级	只	1
8	防护红旗		面	1
9	秒表		只	1

表 3–41　材料的准备

序号	名称	规格型号	单位	数量
1	绝缘胶带			适量
2	螺栓、螺母			适量
3	平垫、弹簧垫圈			适量

3. 技术准备

① 按作业指导书标准化程序进行作业。

② 质量符合运用客车出库质量标准。

活动 3.10.2　25T 型客车集便器操作使用及性能检查作业程序与要求

25T 型客车集便器操作使用及性能检查作业包含静态技术检查作业、动态技术检查作业。具体作业程序与要求如表 3–42、表 3–43 所示。

表 3–42　25T 型客车集便器静态技术检查作业程序与要求

序号	工步	作业内容与要求	图示
1	设置安全防护信号	（1）在来车方向左侧。 （2）防护红旗要展开，不得落地。	

序号	工步	作业内容与要求	图示
2	检查污物箱及管路	（1）污物箱悬吊装置无裂纹，吊装螺栓无松动，磨损严重或有裂纹者更新，并涂打防松标记。 （2）箱体无渗漏，铆钉无脱落、无松动，外包防护层无破损、翘起。 （3）管路及注水阀、排气阀、排污阀无泄漏，各球阀开闭正常。 （4）各检修盖板安装螺丝齐全、紧固。	
3	检查气水过滤器	（1）气水过滤器外包防护层无破损。 （2）气水过滤器滤网清洁，滤网破损时更换。	
4	检查喷嘴（拍照）	（1）外观变形不良者更换。 （2）喷嘴冲洗不畅者，分解清洗，除垢疏通后重新安装。 （3）冲洗角度偏移者，须进行调整。	
5	检查调压过滤器	（1）压力表，过期或损坏者更换，调压作用不良者更换。 （2）关闭过滤器进气塞门，分解过滤器，清洗滤网和滤杯内污垢，使过滤器进气塞门处于开通状态。	
6	检查气水控制盘箱内元器件	（1）箱体安装牢固、无腐蚀；搭扣、铰链固定螺栓作用良好；箱门开闭良好、密封良好；各接线无松动、变色，无烧损。 （2）按钮无松动、破损，接线无松脱。 （3）水增压器、过减压阀、主过滤器、各电磁阀配件齐全，作用良好，不良时更换；气水管系连接良好，无漏泄。	

续表

序号	工步	作业内容与要求	图示
7	检查控制箱	（1）控制箱无腐蚀、无变形，箱门配件齐全，安装牢固。 （2）指示灯安装紧固，接线无松动，无烧损变色，罩壳无破损、丢失。 （3）电源变送器、逻辑控制单元、接线排安装牢固，布线整齐、规范。 （4）控制开关作用良好，配线连接紧固，无烧损变色。	
8	检查电伴热	（1）伴热带安装牢固，外表无破损、无裂痕。 （2）测量电伴热（含线）绝缘，应不小于 20 MΩ。	

表 3–43　25T 型客车集便器动态技术检查作业程序与要求

序号	工步	作业内容与要求	图示
1	接通电源，开启气路、水路各阀门	（1）确认水箱有水。 （2）调压，过滤器风表压力不低于 0.5 MPa。 （3）各风、水管路无漏泄。	
2	确认系统抽真空工况	（1）真空压力表压力值范围为 –25 ～ –15 kPa，高于 –15 kPa 应开始抽真空，低于 –25 kPa 应停止抽真空。 （2）真空发生器工作正常，抽真空时间不超过 60 s。	
3	检查冲洗工况	（1）冲水、排污、注水顺序正确，作用良好。 （2）冲洗工况完成后继续执行抽取真空工况。 （3）各电磁阀无异响。 （4）冲水须均匀、有力，不应喷到便器台面上；空气阀工作正常；排泄阀开启、关闭正常，冲洗循环状态良好。	

序号	工步	作业内容与要求	图示
4	检查确认空气阀工作范围及污物箱保压情况	（1）空气阀开关设定值：EVAC2000P 关闭点为（−35±2）kPa，开启点为（−45±2）kPa；MONOGRAM 关闭点为（18.625±3.386）kPa，开启点为（32.17±1.69）kPa。 （2）冲洗循环后 10 min 内不得有明显升压。	
5	检查控制箱各指示灯显示状况（重新拍照）	（1）控制箱各指示灯显示正确，喷射时间不超时。 （2）冬季检查伴热指示灯，应显示正常。	
6	撤除作业牌	及时撤除作业牌，并及时通知值班老师作业完毕，具体操作如下： ① 开启挂锁，撤除作业牌，挂锁。 ② 使用对讲机通知值班老师："××股道、××车次、××车号、××班组、××时间作业完毕。"	
7	收工整理	收拾工具，撤防护红旗。	

活动 3.10.3　思考练习

1. 简述 25T 型客车集便器的组成。
2. 简述 25T 型客车集便器操作使用及性能检查作业的操作步骤。

【考核评价】

1. 综合评价表（见表 3–44）

表 3–44　综合评价表

序号	考核项目	总分	评分标准	自评分	互评分	教师评分	综合评分
1	作业时间	10	标定时间 20 min，每超过 20 s 扣 1 分，不足 20 s 按 20 s 计。				
2	作业过程	30	（1）未静态检查综合控制柜就开始测量绝缘，扣 2 分。 （2）未检查绝缘就开始供电，扣 5 分。 （3）通风、通电后未检查风压、三相电压及电源是否正常就使用真空集便器装置，扣 5 分。 （4）更换配件，未检查新配件是否良好就进行安装，扣 10 分。 （5）拆卸下来检查的部件未恢复完好，每处扣 2 分。 （6）处理故障过程中发生新故障，每处扣 5 分。 （7）处理完故障应做通风、通电（内、外电）试验，未做扣 5 分。 （8）未做到工完、料尽、场地清，扣 2 分。 （9）处理完故障后未按规定撤除单车、外接电源至指定位置，扣 2 分。 （10）作业程序混乱，扣 2 分。				
3	作业质量	50	（1）检查单车试验器并与车辆连接，关闭车辆另一端折角塞门，未做一项扣 2 分。 （2）电气绝缘检测，漏检一处扣 2 分。 （3）静态检查综合控制柜，漏检一处扣 2 分。 （4）检查车辆下部真空集便器装置及通风管路状态，各阀、悬吊、污物箱体、线管、管卡、线盒，未做一项扣 2 分。 （5）充风至 600 kPa 定压后，开启电源，检查真空集便器装置工作状态，未做扣 2 分。 （6）漏检一件故障，扣 10 分，回头作业发现故障不算。 （7）发现故障未处理，每件扣 5 分；处理不彻底，每件扣 2 分。				

续表

序号	考核项目	总分	评分标准	自评分	互评分	教师评分	综合评分
4	安全及其他	10	（1）未按规定穿戴个人防护用品，扣5分。 （2）作业中破皮出血，或出现不安全因素，每处扣5分。 （3）工具、仪表使用不当，每次扣2分。 （4）损坏、丢失工具、仪表，每项扣2分。 （5）防护红旗未展开、中途脱落或作业完毕未撤除，扣5分。				
5	合计	100					

否定项：若发生下列情况之一，则应及时终止实训，成绩记为零分。
（1）总作业时间超过 25 min。
（2）未插防护红旗就进行作业。
（3）出现不安全因素，不能继续作业。

2. 教师评价建议

任务 3.11 25T 型客车集便器常见故障处理

【任务描述】

铁路客车集便器在运用过程中会发生各种故障，因此检修人员需依据作业指导书的规范标准，进行客车集便器故障处理作业，确保集便器的正常使用。通过实训教学，学生需完成以下任务：

① 插设防护红旗。

② 通风、通电、通水。

③ 故障检查及处理。

④ 试验。

⑤ 撤除防护红旗。

在整个作业过程中，应遵循现场工作管理规范。

【学习目标】

知识目标	掌握 25T 型客车集便器常见故障处理作业的操作步骤
能力目标	掌握 25T 型客车集便器常见故障处理作业的操作方法
素质目标	1. 养成细致、认真的工作作风； 2. 养成自觉、规范执行作业标准的良好习惯

【导　入】

25T 型客车集便器常见故障分析及处理如表 3-45 所示。

表 3-45　25T 型客车集便器常见故障分析及处理

序号	故障现象	原因分析	处理方法
1	不产生真空，空气无法流入真空发生器	（1）气、水控制盘未接通电源。 （2）控制盘保险丝断掉。 （3）压力开关故障。（卡死在断开常态）。 （4）真空开关故障（卡死在断开常态）。 （5）电磁阀故障。 （6）LCU 故障。	（1）检查气、水控制盘，盘电压应为 DC 24 V。 （2）更换控制盘保险丝。 （3）更换新压力开关。 （4）更换新真空开关。 （5）更换真空发生器电磁阀。 （6）更换 LCU。

续表

序号	故障现象	原因分析	处理方法
2	真空度未达到最小值（−15 kPa）	（1）气压低。 （2）污物箱的排放、排气和冲洗阀打开。 （3）压力开关故障。 （4）真空开关失控。 （5）真空开关故障（开得较早）。 （6）单向阀泄漏。	（1）检查气压。 （2）关闭所有箱阀。 （3）更换压力开关。 （4）根据说明调试。 （5）更换真空开关。 （6）清洁或更换单向阀。
3	便器不冲水，但污物箱内真空度正常	（1）气水控制盘或控制盘未接通电源。 （2）气水控制盘或控制盘没有气压或气压太低。 （3）冲洗按钮有故障。	（1）检查气水控制盘或控制盘的电压是否为工作电压。 （2）检查气水控制盘气压，最小应为0.35 MPa （3）检查冲洗按钮（正常时打开，瞬间触点）。
4	污物箱已满，箱满指示灯不亮，但灯泡正常	（1）箱满指示灯开关有故障。 （2）线路有故障。	（1）从污物箱上将箱满指示灯开关拆下来，当开关在水平位置时，检查是否串联。检查控制板上的电流情况。若断路则更换液位指示开关（无串联）。 （2）检查控制板是否串联，检查灯座与控制器之间的线路是否有故障。
5	排放阀出现泄漏	阀未完全关闭。	清除阻塞物及碎渣。

【活 动】

活动 3.11.1　准备工作

1. 安全准备

① 设置作业牌。

② 确认脱轨器已设置，在脱轨器锁具位置上使用挂锁，锁好作业牌。

③ 用对讲机通知值班老师："××股道、××车次、××车号、××班组、××时间开始作业。"

2. 工具材料准备（见表3-46、表3-47）

表3-46　工具的准备

序号	名称	规格型号	单位	数量
1	电工工具	通用型	套	1
2	检点锤		把	1
3	手电筒		把	1
4	活扳手	200 mm、250 mm	把	2（各1把）
5	集便专用检修工具		套	1
6	万用表		只	1
7	兆欧表	500 V 级	只	1
8	防护红旗		面	1
9	秒表		只	1

表 3-47 材料的准备

序号	名称	规格型号	数量	备注
1	绝缘胶带		适量	
2	螺栓、螺母		适量	
3	平垫、弹簧垫圈		适量	
4	空气电磁阀		2只	真空集便器用，好、坏各一
5	单向阀		2只	真空集便器用，好、坏各一
6	便器喷嘴（冲水环）		2只	真空集便器用，好、坏各一
7	FCU		2块	真空集便器用，好、坏各一
8	逆变电源		2块	真空集便器用，好、坏各一
9	过滤调压阀		2只	真空集便器用，好、坏各一
10	排池阀		2只	真空集便器用，好、坏各一
11	冲洗阀		2只	真空集便器用，好、坏各一
12	排气阀		2只	真空集便器用，好、坏各一
13	空气开关		2只	真空集便器用，好、坏各一
14	水增压器		2只	真空集便器用，好、坏各一
15	冲洗按钮		2只	真空集便器用，好、坏各一
16	真空发生器		2只	真空集便器用，好、坏各一
17	指示灯		2只	真空集便器用，好、坏各一

3. 技术准备

① 按作业指导书标准化程序进行作业。

② 质量符合运用客车出库质量标准。

活动 3.11.2 25T 型客车集便器常见故障处理作业程序与要求

25T 型客车集便器性能检查及故障处理

25T 型客车集便器常见故障处理作业程序与要求如表 3-48 所示。

表 3-48 25T 型客车集便器常见故障处理作业程序与要求

序号	工步	作业内容与要求	图示
1	设置安全防护信号	（1）在来车方向左侧。 （2）防护红旗要展开，中途不得落地。	

序号	工步	作业内容与要求	图示
2	静态检查	（1）检查冲水组件盘各部件安装是否牢固。 （2）检查水阀、风阀是否置于全开位。	
3	接通水源、风源、电源	（1）检查过滤调压阀压力是否在（500±50）kPa 范围内。 （2）检查真空压力开关的压力是否在 −15～ −25 kPa 范围内。	
4	闭合空开	（1）闭合控制柜内便器电源空开 Q29。 （2）闭合 Q20、Q30、Q35 及 Q1、Q2、Q3、QM17、QM22。 （3）检查便器控制箱 24 V 电源指示灯、伴热加热灯是否工作正常。	
5	检查冲水循环，发现预设故障	按下冲洗按钮，观察一个冲水循环便器各部件工作状态，并注意便器控制箱状态指示灯亮灭情况，发现预设故障。	
6	处理故障	切断电源，根据故障现象找出故障原因并做相应处理。	
7	确认工作状态	（1）故障处理完毕，确认配线绝缘是否符合标准，不符合标准的须进行相应处理。 （2）接通电源，确认便器能正常工作。	
8	收工	收拾工具，撤除防护红旗。	

活动 3.11.3　思考练习

1. 污物箱已满，箱满指示灯不亮，但灯泡正常，可能是什么原因造成的？应如何处理？
2. 简述 25T 型客车集便器常见故障处理作业的操作步骤。

【考核评价】

1. 综合评价表（见表 3-49）

表 3-49　综合评价表

序号	考核项目	总分	评分标准	自评分	互评分	教师评分	综合评分
1	作业时间	10	标定时间 30 min，每超时 30 s 从总分扣 1 分，不足 30 s 按 30 s 计。				
2	作业过程	30	（1）未静态检查综合控制柜就开始测量绝缘，扣 2 分。 （2）未检查绝缘就开始供电，扣 5 分。 （3）通风、通电后未检查风压、三相电压及电源是否正常就使用真空集便器装置，扣 5 分。 （4）更换配件，未检查新配件是否良好就进行安装，扣 10 分。 （5）拆卸下来检查的部件未恢复完好，每处扣 2 分。 （6）处理故障过程中发生新故障，每处扣 5 分。 （7）处理完故障应做通风、通电（内、外电）试验，未做扣 5 分。 （8）未做到工完、料尽、场地清，扣 2 分。 （9）处理完故障未按规定撤除单车、外接电源至指定位置，扣 2 分。 （10）作业程序混乱，扣 2 分。				
3	作业质量	50	（1）检查单车试验器并与车辆连接，关闭车辆另一端折角塞门，少做一项扣 2 分。 （2）电气绝缘检测，漏检一处扣 2 分。 （3）静态检查综合控制柜，漏检一处扣 2 分。 （4）检查车辆下部真空集便器装置及通风管路状态，各阀、悬吊、污物箱体、线管、管卡、线盒，未做一项扣 2 分。 （5）充风至 600 kPa 定压后，开启电源，检查真空集便器装置工作状态，未做扣 2 分。 （6）漏检一件故障扣 10 分，回头作业发现故障不算。 （7）发现故障未处理，每件扣 5 分；处理不彻底，每件扣 2 分。				

序号	考核项目	总分	评分标准	自评分	互评分	教师评分	综合评分
4	安全及其他	10	（1）未按规定穿戴个人防护用品，扣 5 分。 （2）作业中破皮出血，出现不安全因素，每处扣 5 分。 （3）工具、仪表使用不当，每次扣 2 分。 （4）损坏、丢失工具、仪表，每项扣 2 分。 （5）防护红旗未展开、中途脱落或作业完毕未撤除，扣 5 分。				
5	合计	100					

否定项：若发生下列情况之一，则应及时终止实训，成绩记为零分。

（1）总作业时间超过 35 min。

（2）未设置安全防护信号就进行作业。

（3）出现不安全因素，不能继续作业。

2. 教师评价建议

任务 3.12　综合控制柜操作使用及性能检查

【任务描述】

　　铁路客车电气综合控制柜用于 DC 600 V 供电的客车，是集电源转换控制、空调机组控制、蓄电池欠压保护、照明控制等功能单元于一体的智能型综合控制柜，简称综合控制柜。检修人员需依据作业指导书的规范标准，进行综合控制柜操作使用及性能检查作业，确保综合控制柜的正常使用。通过实训教学，学生需完成以下任务：

1. 静态技术检查

① 综合控制柜外观检查。

② 静态检查综合控制柜上柜。

③ 静态检查综合控制柜下柜。

2. 动态技术检查

① 打开综合控制柜，依次闭合 Q20、Q30、Q19、Q35、Q36、Q1、Q2、Q3 空气开关。

② 旋转综合控制柜面板"照明选择"转换开关，分别置于"半灯""全灯"位。

③ 旋转 SA1 转换开关，置于"试验Ⅰ路"，进行Ⅰ路供电试验。

④ 旋转 SA1 转换开关，置于"试验Ⅱ路"，进行Ⅱ路供电试验。

⑤ 旋转 SA1 转换开关，置于"自动"位，进行自动供电试验，确认供电选择情况。

⑥ 手动调整 DC 600 V 在线绝缘检测装置漏电流设定数值，进行模拟漏电试验。

⑦ 分别点按触摸屏上的"全列监控""本车网络""车下电源"按钮，检查本车联网功能。

在整个作业过程中，应遵循现场工作管理规范。

【学习目标】

知识目标	掌握综合控制柜操作使用及性能检查作业的操作步骤
能力目标	掌握综合控制柜操作使用及性能检查作业的操作方法
素质目标	1. 养成细致、认真的工作作风； 2. 养成自觉、规范执行作业标准的良好习惯

【导　　入】

　　电气综合控制柜电气元件位置图及电气原理图，如图 3–4 所示。

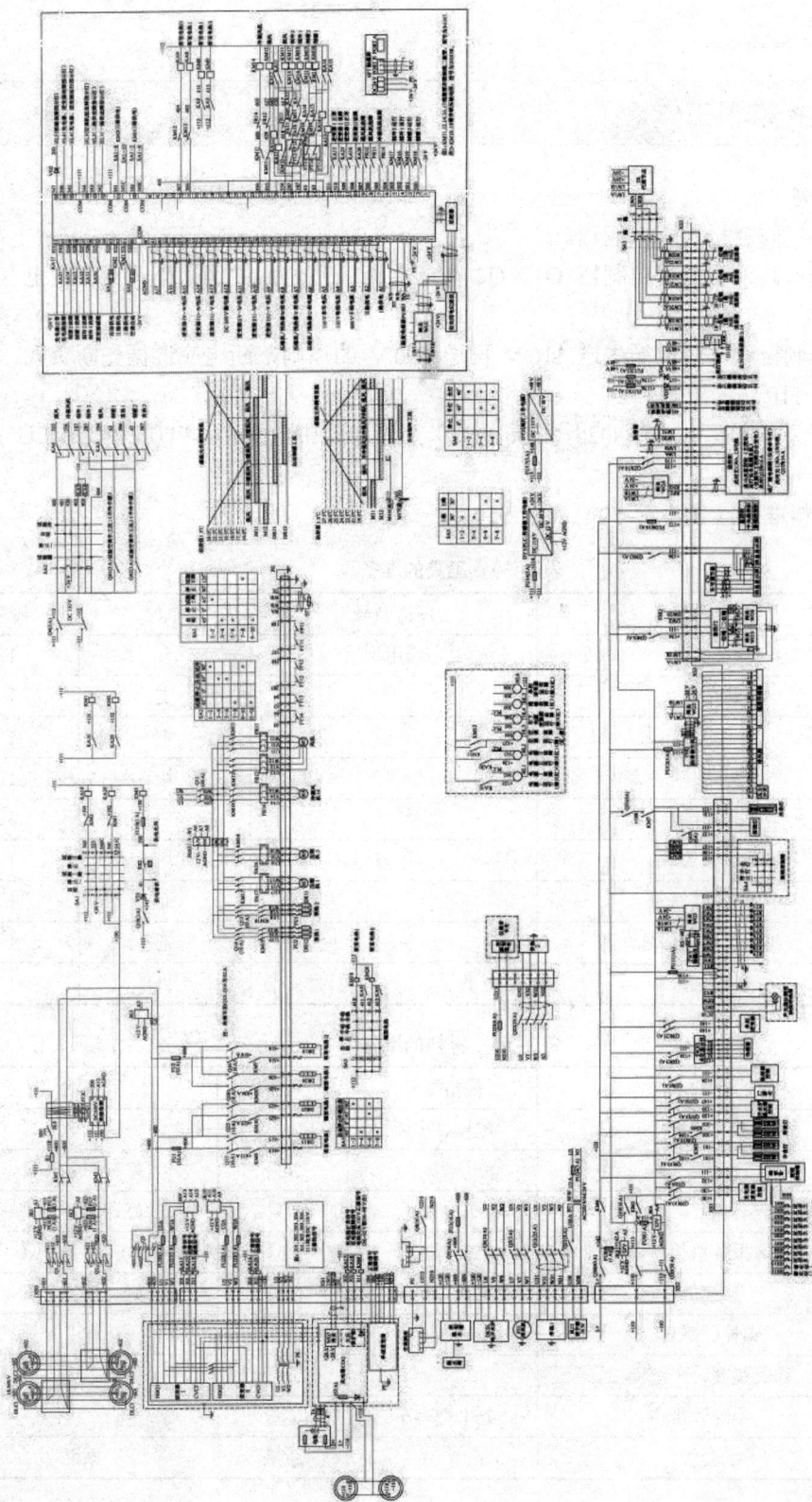

图 3-4　电气综合控制柜电气元件位置图及电气原理图

【活 动】

活动 3.12.1 准备工作

1. 安全准备

① 正确执行安全技术操作规程。

② 在检修前必须将综合控制柜 Q1、Q2 置于"断开"位，并确认车下电源箱电容已完全放电。

③ 综合控制柜送电应遵循先送 110 V 再送 600 V 的原则，断电应遵循先断负载、再断 600 V、最后断 110 V 的原则。

④ 隔离开关（Q15、Q16、Q25、Q26、Q7）严禁带载带电操作，FU1、FU2、FU3 严禁带载带电操作。

2. 工具材料准备（见表 3–50、表 3–51）

表 3–50 工具的准备

序号	名称	规格型号	单位	数量
1	电工工具	通用型	套	1
2	试电笔		支	1
3	手电筒		把	1
4	万用表	不限	块	1
5	供电牌		块	1
6	数字钳流表	不限	块	1
7	防护红旗		面	1
8	综合控制柜钥匙		把	1
9	秒表		只	1

表 3–51 材料的准备

序号	名称	规格型号	数量	备注
1	传感器（变送器）	电压、电流	2 只	好、坏各一只
2	网关		2 只	好、坏各一只
3	轴报仪、PLC、防滑器		2 只	好、坏各一只
4	烟雾报警器传感器	25T 型客车	2 只	好、坏各一只
5	触摸屏	电压、电流	2 只	好、坏各一只
6	螺栓、螺母		适量	
7	弹簧垫圈、平垫圈		适量	
8	绝缘胶带	25T 型客车	适量	
9	线套管		适量	原色

活动 3.12.2　综合控制柜操作使用及性能检查作业程序与要求

TKDT 型客车电气综合控制柜性能检查

综合控制柜操作使用及性能检查作业包含静态技术检查作业、动态技术检查作业。具体作业程序与要求如表 3–52、表 3–53 所示。

表 3–52　综合控制柜静态技术检查作业程序与要求

序号	工步	作业内容与要求	图示
1	综合控制柜外观检查	（1）检查外部木质柜门，要求： ① 表面平整、涂层光滑、无明显色差，贴面无裂纹。 ② 柜门开关灵活、无卡滞，开度不小于 90°，关闭严密，锁闭装置良好。 ③ 折页、插销安装牢固、无松脱，作用良好。 （2）检查控制柜柜门，要求： ① 表面平整、涂层光滑、无明显色差，无锈蚀、脱漆。 ② 柜门开关灵活、无卡滞，开度不小于 90°，关闭严密，锁闭装置良好；折页、插销安装牢固，作用良好。 ③ 指示灯灯罩无裂损，安装牢固、无松动。 ④ 触摸屏、轴温报警仪外观干净、整洁，无破损，安装牢固。 ⑤ 各转换开关、空气开关安装牢固，作用正常，位置处于正常位。 ⑥ 下柜门黄色警示牌齐全，粘贴牢固。 （3）检查柜体，要求：安装牢固，无腐蚀、破损、变形。	
2	综合控制柜上柜静态检查	（1）检查电气元件位置图及电气原理图，要求：电气元件位置图及电气原理图清晰、齐全、干净整洁，粘贴良好，各电气元件接线与其相符。 （2）检查柜内、柜顶穿线孔配线防护，以及各线排、线槽、电气元件，要求： ① 柜顶穿线孔处配线余量适当，线束、线管包扎良好；配线穿越金属板孔（或管）时须加绝缘护套，护套无老化、破损；线槽、穿线管出线口等处无磨、卡、压现象；配线绝缘层无老化、烧焦，无局部硬伤。 ② 配线接插牢固（可用手将导线在接线孔处压弯，侧面不能看到铜丝，使用多股线的不得分叉或铜丝外露），各接线端子螺栓紧固、无松动；各导线线号清晰、牢固；各接线热缩管无过热变色、老化失效，套接良好，不露压配线，色别符合规定（U 相黄色，V 相绿色，W 相红色，N 线浅蓝色，接地线条状黄绿相间色，直流电源正线棕色、负线蓝色，其余线白色）；配线示温贴片齐全、良好，粘贴牢固、无变色、翘起，示温贴片变色时须查明原因等处理。 ③ 各接线排固定良好，笼式端子压接良好，短接板接插到位。 ④ 线槽导线整齐，扣接牢固，盖板齐全；电气元件标识齐全、清晰，粘贴牢固，与图纸相符。线槽外的导线绑扎结实，整齐美观，用线卡固定在箱体或骨架上。	

序号	工步	作业内容与要求	图示
2	综合控制柜上柜静态检查	（3）检查部件，要求： ① 网关、代理节点安装牢固，接线无松动、老化、变色。 ② 熔断器座安装牢固，熔断器作用良好，容量符合要求。 ③ 网络转换开关作用良好，指示正确（正常编组和全列统一，反挂车相反）。 ④ SB2 供电试验开关作用良好，定期进行试验。 ⑤ 各接触器、欠压保护器、空气开关安装牢固，接线无松动，限位挡座齐全、牢固。电气元件定检不过期。 ⑥ 安全记录仪安装牢固，配线紧固、齐全。 ⑦ 各电源模块接线良好，安装牢固。 ⑧ 首尾车干线在线绝缘检测装置触摸屏及 PLC 主机固定牢固，接插件插接紧固、无松动。	
3	综合控制柜下柜静态检查	（1）检查电气元件位置图及电气原理图，要求：电气元件位置图及电气原理图清晰、齐全、干净整洁，粘贴良好，各电气元件接线与其相符。 （2）检查各接线排、线槽、配线、电气元件，要求： ① DC 600 V 电采暖空气隔离开关接线良好，外表无电弧烧痕，采暖期处于"闭合"位，其他时期处于"断开"位，并用 $\phi1.5$ mm 钢丝固定。 **注意：隔离开关严禁带载操作。** ② PLC 及扩展板配件齐全，接线良好，各插接件固定螺丝紧固，无变色。 ③ 各熔断器座安装牢固，容量符合要求，无烧损。 ④ 模拟漏电按钮作用良好，在线绝缘检测调整漏电值为 150 mA。 ⑤ 各中间继电器安装牢固，固定卡簧齐全、良好，指示正确。 ⑥ 主开关 Q1、Q2、Q3 接线牢固，电流整定值为 750 A。 ⑦ 各电热熔断器作用良好，主电路接触器安装牢固。 ⑧ 空调控制空气开关接线良好，接线无松动、变色；通风机、冷凝风机、压缩机接触器、热继电器作用良好，整定值符合规定。 ⑨ 配线、线槽及接线排质量符合标准。 ⑩ 电气元件定检不过期。	

表 3-53　综合控制柜动态技术检查作业程序与要求

序号	工步	作业内容与要求	图示
1	打开综合控制柜，依次闭合 Q20、Q30、Q19、Q35、Q36、Q1、Q2、Q3 空气开关	（1）打开柜门前须确认无"严禁供电"牌，避免触电伤害。各空气开关对应控制关系如下： Q20：母线 DC 110 V 电源空气开关； Q30：本车 DC 110 V 电源空气开关； Q19：本车供电试验空气开关； Q35：逆变器控制空气开关； Q36：充电机控制空气开关； Q1：Ⅰ 路供电空气开关； Q2：Ⅱ 路供电空气开关； Q3：车下电源箱空气开关。	

序号	工步	作业内容与要求	图示
1	打开综合控制柜，依次闭合 Q20、Q30、Q19、Q35、Q36、Q1、Q2、Q3 空气开关	（2）闭合空气开关时，同步目视检查空气开关状态： ① 无拉弧、跳闸故障。 ② 无卡滞。	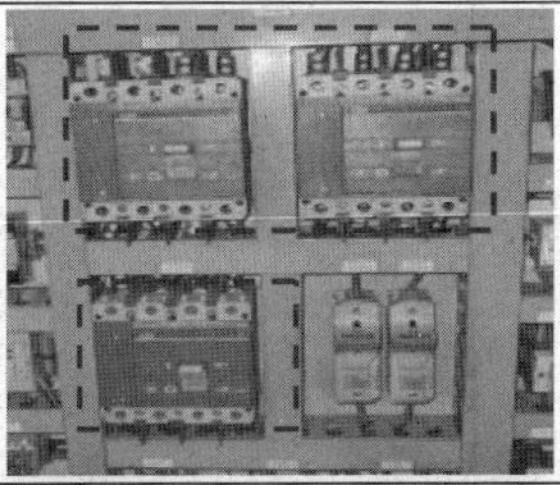
		（3）使用手电照射，目视检查代理节点状态： ①"电源"灯常亮。 ②"LSV"灯常灭。	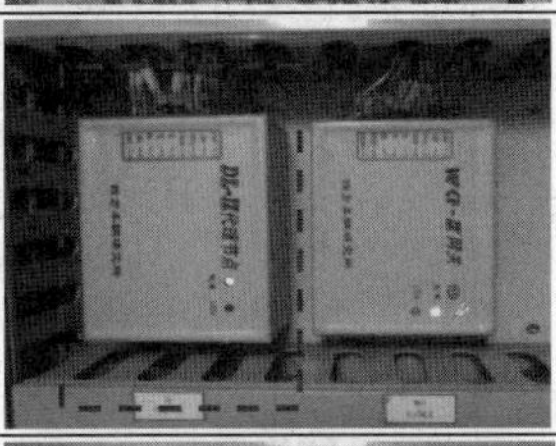
		（4）使用手电照射，目视检查网关状态： ①"电源"灯常亮。 ②"LSV"灯常灭。	
		（5）使用手电照射，目视、耳听检查 KM4 接触器状态： ①KM4 吸合。 ② 耳听无电磁噪声。 提示：KM4 是欠压保护接触器。	
		（6）使用手电照射，目视检查传感器状态。 ▲ 传感器指示灯应常亮。	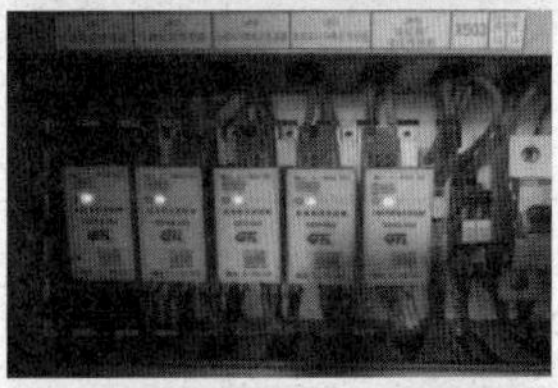  

序号	工步	作业内容与要求	图示
1	打开综合控制柜，依次闭合Q20、Q30、Q19、Q35、Q36、Q1、Q2、Q3空气开关	（7）目视检查 PLC 可编程控制器状态： ① "PWR" 电源指示灯常亮。 ② "RUN" 运行指示灯常亮。 ③ "COMM" 通信指示灯闪烁。 ④ "ERR" 故障指示灯不亮。	
		（8）使用手电照射，目视检查 DC 600 V 在线绝缘监测装置状态： ① "电源" 指示灯常亮。 ② 漏电流值设定在 100 mA 挡位。 注意：除漏电试验时，严禁改变漏电值调整挡位。	
		（9）目视检查触摸屏： ① 触摸屏显示正确、清晰。 ② 主画面上车厢号、车内温度、当前时间显示正确。 ③Ⅰ路电压、Ⅱ路电压范围：540～660 V。 ④110V 母线电压范围：92～125 V。 ⑤ 本车电压不低于 92 V。	
		（10）闭合 Q43 空气开关，目视检查检修灯状态： ① 空气开关无拉弧、跳闸故障。 ② 检修灯亮。 提示：Q43 是检修灯空气开关。	
2	旋转综合控制柜面板上的照明选择开关，分别置于"半灯"位、"全灯"位	照明选择开关	
		（1）"半灯"位时，使用手电照射，目视、耳听检查 KM5、KM6、KM7 接触器状态： ①KM5 不吸合。 ②KM6、KM7 吸合。 ③ 耳听无电磁噪声。 提示：各元器件对应控制关系如下： KM5：半夜灯接触器； KM6：终夜灯接触器； KM7：应急灯接触器。	

序号	工步	作业内容与要求	图示
2	旋转综合控制柜面板上的照明选择开关,分别置于"半灯"位、"全灯"位	(2)"全灯"位,使用手电照射,目视、耳听检查 KM5、KM6、KM7 接触器状态: ① KM5、KM6、KM7 吸合。 ② 耳听无电磁噪声。	
3	旋转 SA1"电源转换"开关,置于"试验Ⅰ路",进行Ⅰ路供电试验	元器件对应控制关系: SA1——电源转换开关。	
		(1)目视检查柜门各指示灯状态: ①"电源Ⅰ路"运行绿色指示灯常亮。 ②"车下电源箱"运行绿色指示灯常亮。	
		(2)使用手电照射,目视、耳听检查 KM1 接触器状态: ① KM1 吸合。 ② 耳听无电磁噪声。 **提示:** KM1 是Ⅰ路供电接触器。	
		(3)使用手电照射,目视检查 KA15、KA16(简配车型无)、KA17、KA10 继电器状态: ▲ KA15、KA16、KA17、KA10 绿色指示灯应常亮。 **提示:** 各元器件对应控制关系如下: KA15:逆变器Ⅰ正常继电器; KA16:逆变器Ⅱ正常继电器; KA17:充电器正常继电器; KA10:Ⅰ路供电继电器。	
		(4)目视触摸屏各参数: ① 充电总电流<70 A。 ② 充电电流<30 A。 ③ 逆变器电压范围:AC 380V(1±5%)。	
4	旋转 SA1"电源转换"开关,置于"试验Ⅱ路",进行Ⅱ路供电试验	元器件对应控制关系: SA1——"电源转换"开关。	

续表

序号	工步	作业内容与要求	图示
4	旋转 SA1 "电源转换" 开关，置于 "试验Ⅱ路"，进行Ⅱ路供电试验	（1）目视检查柜门各指示灯状态： ① "电源Ⅱ路" 运行绿色指示灯常亮。 ② "车下电源箱" 运行绿色指示灯常亮。	
		（2）使用手电照射，目视、耳听检查 KM2 接触器状态： ① KM2 吸合。 ② 耳听无电磁噪声。 提示：KM2 是Ⅱ路供电接触器。	
		（3）使用手电照射，目视检查 KA15、KA16（简配车型无）、KA17、KA20 继电器状态。 ▲ KA15、KA16、KA17、KA20 绿色指示灯应常亮。 提示：各元器件对应控制关系如下： KA15：逆变器Ⅰ正常继电器； KA16：逆变器Ⅱ正常继电器； KA17：充电器正常继电器； KA20：Ⅱ路供电继电器。	
		（4）目视检查触摸屏各参数。 ▲检查要求执行第3步骤中的（4）	
5	旋转 SA1 "电源转换" 开关，置于 "自动" 位，进行自动供电试验，确认供电选择情况	（1）奇数车厢号，选择Ⅰ路供电。检查要求执行第3步（1）~（4）。 （2）偶数车厢号，选择Ⅱ路供电。检查要求执行第4步（1）~（4）。	
6	模拟漏电试验	手动调整 DC 600 V 在线绝缘检测装置漏电流设定数值，进行模拟漏电试验： ▲ 设定值：50 mA。	
		（1）按下 SB1 模拟漏电开关。 按下 SB1 的同时，DC 600 V 电源被切断。	

序号	工步	作业内容与要求	图示
6	模拟漏电试验	（2）目视检查柜门指示灯状态，要求： ① "电源Ⅰ路" "电源Ⅱ路" 运行指示灯灭。 ② "本车绝缘故障" 红色指示灯亮起。	
		（3）使用手电照射，目视检查 DC 600 V 在线绝缘监测装置状态，要求： ▲ "漏电" 红色指示灯亮起。 如果漏电装置不动作，DC 600 V 电源未被切断，需判明原因并处理。	
		（4）断开 Q20 空气开关。	
		（5）手动恢复 DC 600 V 在线绝缘检测装置漏电流正常工况设定值： ▲ 正常工况设定值：100 mA。	
		（6）闭合 Q20 空气开关，恢复供电。	
7	检查本车联网功能	分别点按触摸屏上的 "全列监控" "本车网络" "车下电源" 按钮进行试验，要求： ① 首尾车信息完整。 ② 本车网络信息均在线，显示正常。 ③ 车下电源与控制柜通信正常，触摸显示屏为正常信息代码 "00"。 ④ 调取故障记录，对故障记录进行分析、判断、处理。	

活动 3.12.3 思考练习

1. 简述综合控制柜操作使用及性能检查作业的操作步骤。
2. 分析综合控制柜的主要功能。

【考核评价】

1. 综合评价表（见表 3–54）

表 3–54 综合评价表

序号	考核项目	总分	评分标准	自评分	互评分	教师评分	综合评分
1	作业时间	10	标定时间 40 min，每超过 40 s 扣 1 分，不足 40 s 按 40 s 计。				
2	作业过程	30	（1）静态断电检查未做，扣 10 分。 （2）绝缘测试未做，扣 10 分。 （3）通电检查不按顺序查找，扣 10 分。				
3	作业质量	50	（1）电气绝缘检测，漏检一处扣 2 分。 （2）静态检查综合控制柜，漏检一处扣 2 分。 （3）供电后检查电压及综合控制柜内配件工作状态，未做到扣 2 分。 （4）根据外温开启空调手动、自动位，采暖、制冷工作后，根据触摸屏显示判断故障，处理故障后检查其他电器电源及工作状态，未做每项扣 2 分。				
4	安全及其他	10	（1）未按规定穿戴个人防护用品，扣 5 分；作业中破皮出血，扣 5 分。 （2）防护红旗未展开、中途脱落或作业完毕未撤除，每项扣 3 分。 （3）工具、仪表使用不当，一处扣 5 分；工具材料遗留在现场，每件扣 1 分。				
5	合计	100					

否定项：若发生下列情况之一，则应及时终止实训，成绩记为零分。
（1）总作业时间超过 48 min。
（2）未设置安全防护信号就进行作业。
（3）出现不安全因素，不能继续作业。

2. 教师评价建议

任务 3.13　综合控制柜常见故障处理

【任务描述】

当客车入库、出库检查时，依据客车运用检修规程，检修人员需按作业指导书的规范要求，进行综合控制柜操作使用及性能检查作业，使之达到出库质量标准。通过实训教学，学生需完成以下任务：

① 进行综合控制柜操作使用及性能检查，判断其工作性能是否正常。

② 填写记录单。

在整个作业过程中，应遵循现场工作管理规范。

【学习目标】

知识目标	1. 熟悉 TKDT 型综合控制柜的结构组成； 2. 熟记 TKDT 型综合控制柜的各配件名称； 3. 掌握 TKDT 型综合控制柜的工作原理
能力目标	1. 能对 TKDT 型综合控制柜进行正确的操作和使用； 2. 掌握 TKDT 型综合控制柜常见故障的处理方法
素质目标	1. 工作要有责任心，工作态度要严谨； 2. 遵循工作管理规范，强化标准化作业意识； 3. 培养学生诚实、守信、吃苦耐劳的品德

【导　入】

1. TKDT 型综合控制柜

1）综合控制柜的作用

① 客车供电控制与转换功能：通过转换开关 SA1 实现"自动""试验冷""试验暖"转换。

② 蓄电池欠压保护功能：当蓄电池欠压时，车下电源给出信号，切断相应负载。

③ 照明控制功能：通过转换开关 SA4 实现为"半灯""全灯""停止"转换。

2）综合控制柜常见故障

① 电源故障指示灯亮。

② 本车 DC 11 V 欠压。

③ KM3 不吸合，综合控制柜不工作。

④ 车下电源箱故障指示灯亮。

⑤ Q1、Q2 跳闸。

⑥ 断路器、熔断器动作。

⑦ 机车跳闸或无法送电。

2. 运用客车综合控制柜出库质量标准

1）通电前检查

① 综合控制柜电器控制柜门锁状态良好、关闭严密。

② 触摸屏及指示灯正常，各开关、按钮操作灵活、接触良好。

③ 各传感器、热继电器、PLC、触摸屏、在线绝缘检测装置的设定值符合规定、作用可靠。

④ 各电气开关、接触器、继电器等电气元件安装牢固、作用良好。

⑤ 接线端子无松动、脱焊、烧损，测温胶贴齐全、无变色。

⑥ 各配线无外露、绝缘良好。

⑦ 各熔断器容量符合规定。

2）通电后检查

① 控制柜电源转换及空调控制电气动作及指示正常，各项功能符合要求。

② 各功能单元工作电流正常，DC 600 V 单车漏电流不超过 100 mA，AC 380 V 单车漏电电流不超过 150 mA。

③ 首尾车 DC 600 V 干线在线绝缘监测装置 CF 卡完好，触摸屏无故障或错误显示，任一路干线对地电压不得低于 130 V。

④ 充电机、逆变器输出电压、频率正常；充电机、逆变器与综合控制柜通信正常，触摸屏上显示正常信息代码；综合控制柜的车下电源箱指示灯显示为绿色。

⑤ 电子防滑器主机与综合控制柜的 PLC、行车安全监测装置的车厢级主机通信正确、可靠；综合控制柜触摸屏上防滑器的信息显示应为正常信息代码；与塞拉门联锁信号（小于 5 km/h）作用良好。

⑥ 轴温报警器、记录仪轴位显示准确，轴温及外温显示功能正常，声光报警可靠；同侧静态轴温温差小于 5 ℃；报警器车厢顺位号、记录仪时钟、记录时间间隔设置正确；记录仪通信功能正常；报警器与综合控制柜中的 PLC 通信正常，在综合控制柜触摸屏上无"故障"信息显示。

⑦ 烟火报警器主机声光报警功能良好，电源开关处于"工作"位，与综合控制柜中的 PLC 通信正常，在综合控制柜触摸屏上无"故障"信息显示。

⑧ 行车安全监测装置：车厢级电气设备监控网络网关、代理节点各指示灯显示正常；电气综合控制柜触摸屏显示本车电气设备信息正常，车厢顺位号与实际编组相符；列车级电气设备监控网络主控站触摸屏显示正常，无离线车辆及故障信息。列车级主机显示的列车编组数、车厢顺位号应与实际相符，防滑器、制动、转向架的"报警/故障"报告内容不得出现黄色标志。

【活　动】

活动 3.13.1　准备工作

1. 安全准备

① 掌握安全防护信号使用方法。

② 严格遵守外接动力电源插、撤规定。

③ 带电作业时严格遵守电工安全操作规程。

2. 工具材料准备（见表 3-55）

表 3-55 工具材料的准备

序号	名称	数量
1	电工工具	1 套
2	试电笔	1 支
3	手电筒	1 支
4	万用表	1 只
5	供电牌	1 块
6	数字钳流表	1 块
7	防护红旗	1 面
8	钥匙	1 把（综合控制柜用）
9	绝缘胶带、线套管	适量
10	传感器（变送器）	各一只（电压、电流）

3. 技术准备

① 按作业指导书标准化程序进行作业。

② 各部符合客车运用检修规程、限度要求及出库质量标准。

③ 发现故障须报出故障名称、所需配件名称并处理故障。

活动 3.13.2 综合控制柜常见故障处理作业程序与要求

TKDT 型客车电气综合控制柜故障处理

综合控制柜常见故障处理作业程序与要求如表 3-56 所示。

表 3-56 综合控制柜常见故障处理作业程序与要求

序号	工步	作业内容与要求	图示
1	设置安全防护信号	防护红旗要展开，工作中红旗不能落地。	

序号	工步	作业内容与要求	图示
2	静态检查	（1）柜门锁状态良好，关闭严密。 （2）触摸屏及指示灯正常。 （3）各开关、按钮操作灵活，接触良好。 （4）各传感器、热继电器、PLC、触摸屏、在线绝缘检测装置的设定值符合规定，作用可靠。 （5）各电气开关、接触器、继电器等电气元件安装牢固，作用良好。 （6）接线端子无松动、脱焊、烧损，测温胶贴齐全、无变色；各配线无外露，绝缘良好。 （7）各熔断器容量符合规定。 （8）测试绝缘，应符合规定。	
3	供电试验，性能检查	（1）综合控制柜电源转换及空调控制电气动作及指示正常。 （2）防滑器的信息显示为正常信息代码。 （3）轴温报警器、记录仪轴位显示准确，轴温及外温显示功能正常；声光报警可靠。 （4）烟火报警器主机声光报警功能良好。 （5）行车安全监测装置显示正常。	
4	本车 DC 110 V 欠压故障 处理	如果触摸屏出现电池电压过低警告画面，且蜂鸣器鸣叫，应进入"供电系统信息"画面，查看 110 V 本车电压显示是否正常。 　　如果显示值是"0.0 V"，应检查蓄电池、Q30、保险管 FU10（1 A）是否正常，用万用表直流挡检查上部 L+、−110 线间电压。	

序号	工步	作业内容与要求	图示
4	本车 DC 110 V 欠压故障 处理	（1）如果 L+、−110 线间电压是"0 V"，说明蓄电池电压没有引上车，应检查空开是否接通、保险是否熔断、蓄电池是否断路。	
		（2）如果 L+、−110 线间电压正常，则检查 Q30 空开是否接通，+142、−110 线间电压是否正常；FU10 保险是否熔断，DC 110 V 电压传感器（JK5）+142 A、−110 线间电压是否正常。如果以上电压显示正常，说明主回路无故障，需进一步检查 PLC、传感器工作电源。	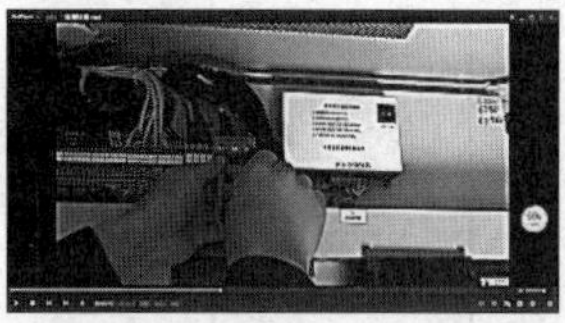 
		（3）检查 PLC、传感器工作电源（DY1）输入电压（正常为 92～120 V）。如果无电压，则测量 FU16 保险是否熔断，+24 V、−24 V 线间电压是否正常（正常为 24 V 左右），+12 V、−12 V 线间电压是否正常（正常 12 V 左右）。如果电压不正常，更换 DY1；如果电压正常，进一步检查传感器 JK5、PLC。	 
		（4）测量 JK5、PLC 输入电压，如果电压正常则更换 JK5，更换后故障不能排除则更换 PLC。	 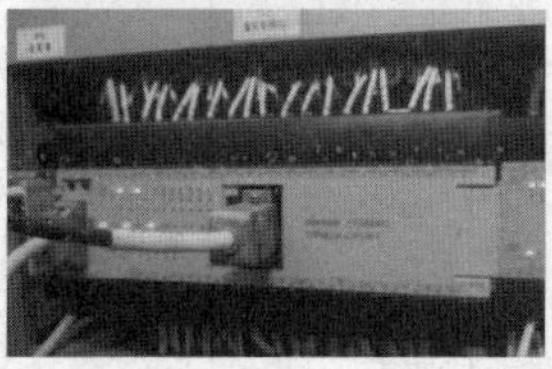

序号	工步	作业内容与要求	图示
4	本车DC 110 V欠压故障处理	（5）如果电压低于电池欠压保护设定值（90~92 V），KM4应断开；如果触摸屏上110 V本车电压显示值已低于90 V，但KM4仍闭合，则须检查触摸屏欠压保护设定值是否正确。	
		（6）如果欠压保护设定值正确，则测量 L+与−110 之间的电压是否低于90 V，如果低于90V则可判断问题出在欠压保护板上。	
5	电源故障指示灯亮故障处理	电源Ⅰ路（或电源Ⅱ路）故障指示灯红灯亮，表示该路供电有故障。如果供电转换开关 SA1 置于"自动"位，PLC会自动切断该路供电接触器，转换到另一路供电。	
		（1）如果供电转换开关 SA1 置于"试验"位，因不能自动切断该路供电接触器，指示灯将显示橙色。一般此故障由电源过压造成，可观察触摸屏上供电信息画面，查看 DC 600 V 供电电压是否超过 660 V。同时，可用万用表测量+601/−601，+602/−602 之间的电压，如果均已超过600V，应断开 Q1，Q2，并通知机车采取措施。	
		（2）如果触摸屏上显示 DC 600 V 供电电压超过 660 V，但实际测量电源电压正常，可用万用表直流挡测量电压传感器 JK1、JK2 的输出 A1/AGND、A2/AGND，如果输出大于8.8 V，可判断 PIC 有问题，应更换之。	
6	KM3 不吸合，综合控制柜不工作故障处理	（1）首先检查 Q20 是否闭合，然后用万用表测量 41 号供电请求线是否有 DC 110 V 电，如果没有则应检查随车工程师办公席车综合控制柜中的 Q18、Q20 是否合上。	

序号	工步	作业内容与要求	图示
6	KM3 不吸合，综合控制柜不工作故障处理	（2）如果 41 号线有电，再检查 198 号供电允许线是否有 DC 110 V 电，如果没有则检查 39 芯连接器是否连挂贯通、机车供电钥匙是否接通。 （3）如果 198 号线已有电，但 KM3 仍不吸合，应检查保险管 FU10 是否正常，判断 KM3 接触器是否损坏。如果确认 KM3 接触器损坏，可合上 Q19（本车供电试验开关）使综合控制柜工作，入库后更换损坏的器件。	
7	车下电源箱故障红灯亮故障处理	（1）当逆变器输出电压高于 437 V 时，触摸屏上将显示逆变输出过压。 （2）当三相电压最大值大于 323 V 而最小电压小于 230 V 时，触摸屏上将显示逆变缺相。逆变器自身给出的故障信号不能使空调停机，只有 PLC 自身根据逆变器 I 输出电压判断出故障时才能使空调停机，但此时不影响客室电热的正常运行。 （3）逆变故障信息可通过触摸屏查看。在主画面单击"逆变信息"按钮，进入"逆变器信息"画面，信息码"00"表示正常，如果信息码不是"00"，可单击"信息码注释"进入"故障代码注释"画面，查看对应的逆变器故障信息。	
8	Q1、Q2 跳闸故障处理	（1）Q1、Q2 跳闸一般由短路造成，此时一定不能立即合闸。必须首先观察 KM1、KM2 接触器是否因触头粘连而无法释放，并检查 +600/−600 之间有无短路。 （2）如果没有触头粘连或短路，则有可能是车下电源箱预充电电路失效，可断开 Q3、Q39，其他负载恢复供电。 （3）如果 KM1（或 KM2）接触器触头已粘连，则只能合与不粘连的接触器对应的供电开关（Q1 对应 KM1，Q2 对应 KM2），另一个供电开关必须断开，维持供电。 （4）如果 KMI、KM2 接触器触头均已粘连，则只能任意选择合一路供电开关，另一路供电开关必须断开，维持供电。车辆入库后，应立即更换接触器。	
9	断路器、熔断器动作故障处理	（1）断路器、熔断器动作后，应检查负载有无短路，相应的接触器有无粘连、烧损。如确认无异常，允许重新合闸一次。重新合闸后如果仍有问题，在排除故障前不允许重合闸。 （2）带剩余电流保护的断路器如果动作，还应检查负载对地绝缘是否正常。	

序号	工步	作业内容与要求	图示
10	机车跳闸或无法送电故障处理	**故障原因：** 除机车本身故障外，多由车辆接地故障引起。当出现配线短路或绝缘不良时，线路电流过大，会造成机车供电总闸跳闸。 **故障的检查与处理：** ① 随车乘务人员应与机车联系，确认是否属于车辆接地故障。如是则查看各车厢是否曾经发生绝缘故障，综合控制柜"本车绝缘故障"红灯是否亮。 ② 如果某车厢发生故障，应将该车综合控制柜的 Q1、Q2 断开，通知机车重新合闸，然后将该车的负载全部断开，待逆变器放电结束后，方可进行检查。 ③ 用万用表或摇表检查负载对地绝缘状况，发现故障后，将该路负载切除，恢复本车供电。 **说明：** 检查时，可在综合控制柜接线端子处用万用表或摇表检查负载对地及柜内配线的绝缘状况。各项负载配线的编号如下：电开水炉（U6、V6、W6）、温水箱（+609/−609）、排风机（U7、V7、W7）、客室电热（+615/−615、+616/−616、+625/−625、+626/−626）、车下电源箱（+603/−603、U1、V1、W1、U2、V2、W2）、空调负载（U11、V11、W11、U12、V12、W12、U14、V14、W14、U15、V15、W15、U16、V16、W16、U16、V16、W16、U17、V17、W17、U18、V18、W18、U19、V19、W19）。柜内配线应重点检查线配线+600/−600，在检查过程中注意相应接触器的吸合、释放状态对结果的影响。	
11	排除故障后再次检查	（1）确认"供电系统信息"。 （2）查看 110 V 本车电压，应显示正常。	
12	停止供电	所有负载置于"停止"位，断开 Q1、Q2、Q3，再断开 Q18、Q20、Q30。	
13	收工整理	收拾工具，撤除防护红旗。	

活动 3.13.3　思考练习

1. 简述 TKDT 型综合控制柜本车 DC 110 V 欠压故障排查方法。
2. TKDT 型综合控制柜常见故障有哪些？

【考核评价】

1. 综合评价表（见表 3–57）

表 3–57　综合评价表

序号	考核项目	总分	评分标准	自评分	互评分	教师评分	综合评分
1	作业时间	10	标定时间 40 min，每超 40 s，扣 1 分，不足 40 s，按 40 s 计。				
2	作业过程	30	（1）静态断电检查未做，扣 10 分。 （2）绝缘测试未做，扣 10 分。 （3）通电检查不按顺序查找，扣 10 分。				
3	作业质量	50	（1）漏检故障，每件扣 15 分。 （2）故障①报出正确名称即认可，不用处理。 （3）故障②或③，报出名称但未处理，每件扣 8 分。 （4）未试验确认，每项扣 5 分； （5）故障编号：（在发现的故障编号上面打钩） 　　①　　②　　③				
4	安全及其他	10	（1）未按规定穿戴个人防护用品，扣 5 分；发生破皮出血事故，扣 5 分。 （2）防护红旗未展开、中途脱落或作业完毕未撤除，每项扣 3 分。 （3）工具、仪表使用不当，每次扣 5 分；工具、材料遗留在现场，每件扣 1 分。				
5	合计	100					

否定项：若发生下列情况之一，则应及时终止实训，成绩记为零分。
（1）总作业时间超过 48 min。
（2）出现不安全因素，或不能继续作业。
（3）未设置安全防护信号就开始作业。
（4）发现故障不足 2 件。
（5）造成设备或配件损坏。

2. 教师评价建议

_____

_____

_____

项目 4

客车空调装置检修及常见故障处理技能训练

【项目构架】

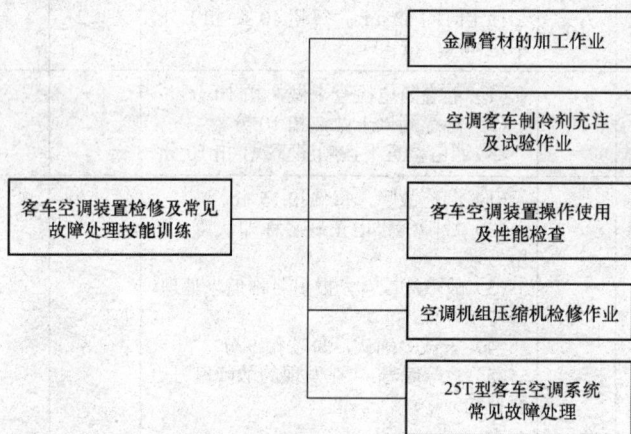

客车空调装置检修及常见故障处理技能训练
- 金属管材的加工作业
- 空调客车制冷剂充注及试验作业
- 客车空调装置操作使用及性能检查
- 空调机组压缩机检修作业
- 25T型客车空调系统常见故障处理

【项目引导】

目的要求

1. 掌握客车空调装置的种类、结构组成、工作原理。
2. 掌握客车空调装置各金属管材的加工作业基本技能。
3. 掌握客车空调装置操作使用、性能试验、常见故障处理技能。
4. 掌握空调客车制冷剂充注、试验、压缩机检修作业技能。

重点与难点

重点：

1. 客车空调装置的结构组成、工作原理。
2. 客车空调装置的操作使用、性能检查、维护保养。

难点：

1. 客车空调装置扩管、涨管、检漏、抽真空、充注制冷剂、压缩机检测基本操作、试验作业技能。
2. 客车空调机组检修、常见故障处理作业技能。

【项目内容】

任务 4.1　金属管材加工作业

【任务描述】

当前，车辆空调制冷系统中多为用金属管材制成的各种部件，这些部件之间也都用金属管件相连接，如车辆空调的蒸发器、冷凝器都使用铜管或铝管制成。检修人员需依据行业规范标准，进行金属管材的检修、加工作业。确保行车安全。

通过实训教学，需完成以下任务：

① 掌握金属管材切割、扩口、胀口的加工方法。

② 熟练掌握弯管的操作方法。

③ 填写记录单。

在整个作业过程中，应遵循现场工作管理规范。

【学习目标】

知识目标	1. 了解制冷管路所用材料与规格； 2. 掌握金属管材切割、扩口、胀口的加工方法； 3. 熟练掌握弯管的操作方法
能力目标	1. 培养学生的动手能力； 2. 能够根据实际情况安装、连接制冷管路； 3. 培养学生理论与实践相结合的运用能力
素质目标	1. 培养学生的安全意识及吃苦耐劳的素质； 2. 培养学生形成独立思考、认真负责、勤奋创新的工作习惯； 3. 强化学生的社会责任感，培养学生的团队合作精神

【导　入】

金属管材的切割分为软金属切割和硬金属切割。软金属主要指铜、铝等金属，这类金属的特点是塑性大、韧性高、强度小、硬度低，在加工中装夹工件时应防止其变形，加工中用力要适当。硬金属主要指钢铁类的金属，这类金属塑性小、韧性低、强度大、硬度高，在加工中要用到专用的设备和工具，如切管器、切割机等。

在制冷设备中，冷凝器、蒸发器等热交换装置通常都是用金属管制成的，它们通过弯曲加工成为不同形式的热交换器。在弯曲过程中，金属管的外圆材料伸长，内圆材料压缩，中间有一层材料在弯曲前后其长度保持不变，称为中性层。在金属管材弯曲过程中，其外圆伸长变形和内圆压缩变形的大小与管材的弯曲半径 R、管材的直径 d、弯曲中心角 α 有关系。

R/d 越小，变形越大；R/d 越大，则变形越小。弯曲的中心角 α 越小，变形越小；弯曲的中心角 α 越大，变形越大。只有中性层在弯曲过程中不变形。金属管弯曲变形如图 4-1 所示。

图 4-1　金属管弯曲变形

由于金属管在弯曲后只有中性层长度不变，因此在计算弯曲管件毛坯长度时，可以按照中性层的长度计算。中性层一般偏向内径一侧，中性层的实际位置与材料的弯曲半径和管材的直径有关。在一般情况下，为简化计算，中性层可放在中间的位置进行计算。

图 4-2 为管材弯曲形式。该管材在长度方向由五部分组成，三部分直管长度和两个圆弧部分的长度。

计算圆弧部分长度时，可计算中性层的圆弧长度，计算公式如下：

$$A=\pi（R+d/2）\alpha/180 \tag{4.1}$$

式中：A——圆弧部分中性层长度，mm。

R——内弯曲半径，mm。

d——管材直径，mm。

α——弯曲中心角，（°）。

管材的总长度：$L=L_1+L_2+L_3+A_1+A_2$

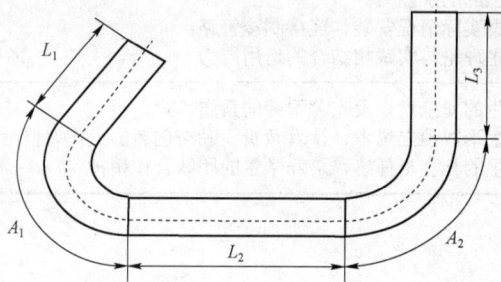

图 4-2　管材弯曲形式

【活 动】

活动 4.1.1　准备工作

1. 安全准备

穿戴好个人防护用品，做好安全准备。

2. 工具材料准备（见表 4-1、表 4-2）

表 4-1　工具的准备

序号	名称	规格	数量	备注
1	大割刀		1 把	
2	切管器		1 把	
3	倒角器		1 把	
4	胀口器		1 套	
5	扩口器		1 套	
6	杠杆式弯管器		1 把	
7	量具		1 把	

表 4-2　材料的准备

序号	名称	规格	数量	备注
1	铜管	$\phi 6\,mm$	10 m	
2	铜管	$\phi 8\,mm$	10 m	
3	铜管	$\phi 10\,mm$	10 m	

3. 技术准备

要求学生了解切割、扩口、胀口、弯曲的加工工具；掌握管材切割、扩口、胀口、弯曲的加工方法。

活动 4.1.2　作业过程

1. 割管的作业程序及技术要求（见表 4-3）

表 4-3　割管的作业程序及技术要求

序号	作业内容与要求	图示
1	在管子的外壁上根据切割长度要求，刻画上切割处记号。	

序号	作业内容与要求	图示
2	选择合适的割刀，逆时针旋转割刀的进给手轮，使得导轮与滚轮张开，张开的距离要大于管子的直径，保证管子能够进入。	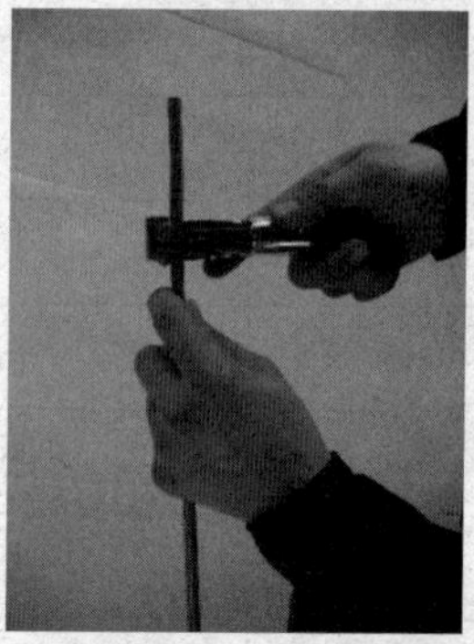
3	（1）将管子放入到割刀的切口处，并使得割刀支架开口朝外，将滚轮刀片对齐所画的切口标记。 （2）在滚轮刀片对准切割处后，让管子一侧靠在导轮上，然后顺时针旋转进给手轮，使滚轮刀片逐渐靠近并轻微抵住管子。	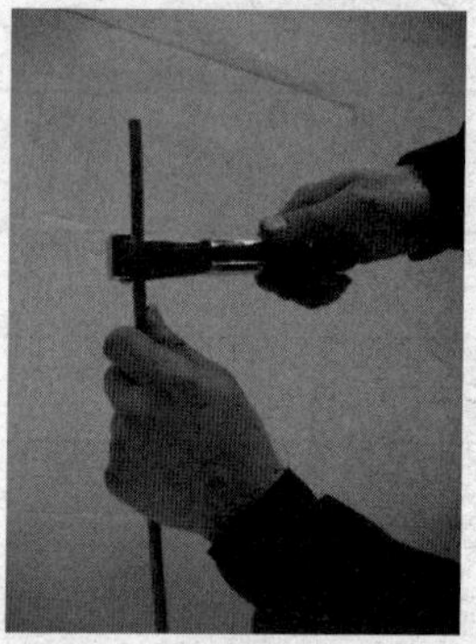
4	（1）将割刀绕管子一圈，压出一圈痕迹，检查压痕与所画标记是否有偏移。若没有偏移，则顺时针旋转进给手轮 1/4～1/2 圈，再将割刀绕管子转动 2～3 圈。 （2）重复若干次这样的步骤。	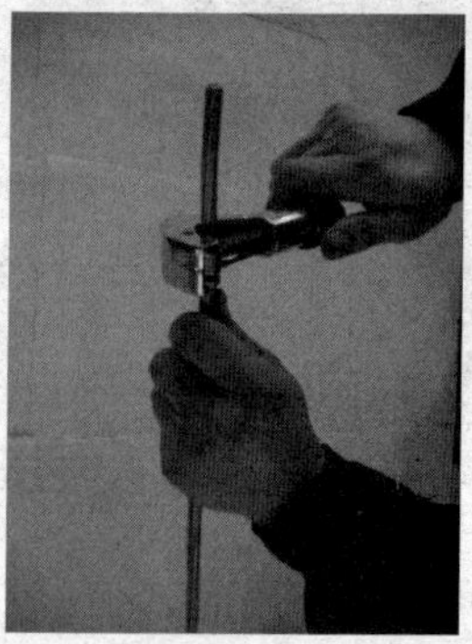
5	（1）管子将要割断时，进给手轮每次旋转1/4 圈，进刀要少，防止管口因压力过大而变形，同时转动割刀要慢。 （2）管子切断后，取下割刀。	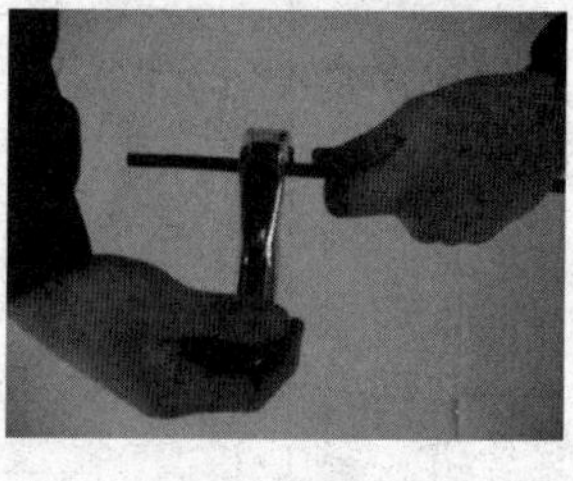

序号	作业内容与要求	图示
6	经割刀切割后的切口处常会发生向内收缩、内外径都变小的卷边现象。多数割刀上都附带有片状的刮刀，可以用这个刮刀对切口进行简单的修整。 　修整时，将片状刮刀插入管内，以刀片对称轴线左右旋转倒角，锉去内卷边。	
注意事项	① 割管时滚轮刀片一次进刀不可过多，否则会造成管子变形。 ② 当滚轮刀片磨损严重或有缺口、破损时，应立即更换。 ③ 不能用铜管割刀去切割铁管、不锈钢管等硬金属。 ④ 直径小于 3mm 的铜管不能用割刀切割，可用专用的毛细管剪刀进行切割。 ⑤ 用割刀上的简易刮刀修整时，注意不要让金属铜屑掉进管内。	

2. 胀口加工的作业程序及技术要求（见表 4–4）

表 4–4　胀口加工的作业程序及技术要求

序号	作业内容与要求	图示
1	对铜管端口进行适当的处理，去除内卷边，锉平管端口，并且使端口平面与管子轴线垂直。	
2	将待加工的铜管夹持在夹板相应的圆槽中，要求铜管端口超出夹板工作面 10mm 左右。注意，可根据不同的管径适当调整露出部分的尺寸。	
3	（1）在顶压器丝杆端部换上相应直径的胀口顶锥。 （2）把夹具装卡到顶压器上，让顶锥尖头部对准待加工的管端口，使顶锥轴线与管子轴线相重合，用手握紧夹具，同时用拇指、食指、中指压紧顶压器支架，保持它们的相对位置固定不变。	

序号	作业内容与要求	图示
4	左手握住夹具并压紧顶压器，右手顺时针用力旋转顶压器的扳手，直到胀口深度达到要求为止。	
5	胀口完毕，左手继续握住夹具并压紧顶压器，右手则逆时针旋转顶压器的扳手，退出顶锥，拆卸顶压器和夹具。	
注意事项	① 胀口的铜管切口内卷边必须先处理掉，再进行倒角。 ② 胀口用的顶锥其工作外径要略大于被加工铜管的外径。 ③ 铜管端口超出的部分不能过大，否则易出现加工不良、歪斜情况。 ④ 胀口完毕，退出顶锥时左手仍需压住夹具，与顶压胀口时的做法一样，不得松动，否则顶压器会脱出夹具而让顶锥卡在铜管内难以脱出。	

3. 扩口加工方法

1）与胀口加工方法的区别

扩口加工方法与胀口加工方法相似，不同之处如下：

① 在顶压器上安装扩口用的顶锥。

② 将待加工的铜管用夹具夹持，并要求端口超出工作平面 2～4 mm（根据铜管直径的大小和要求而定）。

③ 在顶压器上安装夹具，对铜管端部进行加工，加工的喇叭口面要光滑、均匀、不歪斜。加工方法与胀口加工相似。

2）扩口加工注意事项

由于喇叭口的内圆锥面就是工作面，它需要与穿孔螺钉的外圆锥面进行无间隙接合，所以对其加工要求比较高，注意事项如下：

① 切管时减小铜管端口的变形，如有变形，则用板锉将变形部分锉去。

② 铜管端口处的毛刺必须全部清理干净后方可进行扩口操作。

③ 铜管装夹时，保证扩口顶锥的轴线与铜管的轴线重合，否则易出现喇叭口歪斜的现象。

④ 端口超出工作面的量要严格控制在规定的范围内。过少则制作的喇叭口太小，其受力面积小，容易从固定螺母中滑出；过大则制作的喇叭口太大，其边沿易被螺母卡住而扭曲变形，使得接合不好、密封不严。

4. 弯制铜管的作业程序及技术要求（见表 4-5）

表 4-5　弯制铜管的作业程序及技术要求

序号	作业内容与要求	图示
1	根据要求计算出铜管毛坯的长度并做好记号，然后切割管材。	
2	把铜管弯曲的起点置于固定钩处。	
3	通过活动杆带动活动弯管槽压弯铜管。	
4	用力将活动杆顺时针转过所要求的弯制角度。	
5	将活动杆退回原先位置，取出弯管。	
注意事项	① 加工不同管径的弯管，必须在相应直径的管槽中进行。 ② 加工中应该注意加工管路的方向，加工起点应置于弯曲起点。	

活动 4.1.3　思考练习

1. 铜管端口的加工分为_____和_____。
2. 胀管时，要求铜管端口超出夹板工作面_____mm 左右。
3. 简述扩口加工注意事项。
4. 简述弯制铜管加工方法及步骤。

【考核评价】

1. 综合评价表（见表4-6）

表4-6　综合评价表

序号	考核项目	总分	评分标准	自评分	互评分	教师评分	综合评分
1	作业时间	10	标定时间60 min，每超过1 min从总分扣1分，不足1 min按1 min计。				
2	作业过程	30	（1）铜管矫正平直度，要求误差≤1 mm，超出不平直度要求，每处扣1分。 （2）与规定尺寸误差不超过1 mm，每处超差扣3分。 （3）铜管制作喇叭口（2个），喇叭口外径13～13.5 mm，超差每处扣2分；有翻边、毛刺，每处扣3分；表面不光洁，每处扣3分。 （4）铜管弯曲半径符合要求，要求平滑、管外形不瘪，外形美观，弯曲半径R50 mm，超差扣1～5分；管外形瘪，扣3分；不平滑、不美观，扣2分。				
3	作业质量	50	（1）铜管弯曲半径符合要求，要求平滑、管外形不瘪，外形美观。弯曲半径R30 mm超差扣1～5分；管外形瘪，扣3分；不平滑、不美观，扣2分。 （2）铜管外形平直，管径在同一个平面，外形整体美观。铜管直线部分不平直，每处扣2分；管径不在同一个平面，扣4分。				
4	安全及其他	10	（1）未按规定穿戴个人防护用品，每件扣5分。 （2）制作中工具使用正确，不损坏工具、材料，不出现安全事故。工具、材料损坏，扣5分；碰伤、出血，扣10分。 （3）工具、材料遗留现场，每件扣1分。				
5	合计	100					

否定项：若发生下列情况之一，则应及时终止实训，成绩记为零分。
（1）总作业时间超过72 min。
（2）出现不安全因素，不能继续作业。

2. 教师评价建议

_____

_____

_____

_____

任务 4.2　空调客车制冷剂充注及试验作业

【任务描述】

在客车空调系统的日常维修中，制冷剂泄漏问题非常普遍。掌握制冷系统的检漏、抽真空及充注制冷剂操作技能，是对车辆制冷维修人员的基本要求。

通过实训教学，需完成以下任务：

① 工长组织作业人员做好空调机组制冷剂充注及试验准备。

② 车辆定位。

③ 登顶作业。

④ 开启空调机组盖板（通风机侧）。

⑤ 连接制冷剂充注管。

⑥ 充注制冷剂。

⑦ 通电试验。

⑧ 关闭电源，恢复空调机组盖板。

⑨ 完工检查。

⑩ 作业完毕后，撤除安全防护号志，并通知值班老师作业完毕。

⑪ 填写记录单。

在整个作业过程中，应遵循现场工作管理规范。

【学习目标】

知识目标	1. 熟练掌握常用的制冷维修工具使用方法； 2. 掌握制冷系统检漏、抽真空及充注制冷剂的操作技能
能力目标	1. 培养学生的动手能力； 2. 学会分析客车空调系统的泄漏原因； 3. 培养学生理论与实践相结合的运用能力
素质目标	1. 培养学生的安全意识及吃苦耐劳的素质； 2. 培养学生形成独立思考、认真负责、勤奋创新的工作习惯； 3. 强化学生的社会责任感，培养学生的团队合作精神

【导　　入】

1. 制冷系统的检漏操作

制冷设备检漏的方法：观察油迹法、卤素检漏灯检测法、电子检漏仪检测法、高压检漏法、真空检漏法。各种检漏方法都有各自的特点及适用范围，在检漏过程中，要针对不同的系统、不同的部位、不同的条件选用合适的检漏方法。要灵活应用，相互结合，才能快速、准确、省时检测到泄漏的部位。

2. 制冷系统的抽真空操作

制冷系统在充注制冷剂前必须进行抽真空操作，其目的就是排除制冷系统内的不凝性气体和湿蒸汽。抽真空后制冷系统内残留的气体绝对压力要求不高于 133 Pa。制冷设备在整体打压、保压 24h 以上并且没有泄漏的前提下，方可进行抽真空操作。

抽真空操作有两种方法，一种是采用真空泵对制冷系统进行抽真空操作，这种方法普遍采用，适用于所有的制冷设备抽真空操作；另一种是利用制冷系统中的压缩机进行抽真空操作，这种方法适用于开启式或半封闭式压缩机制冷系统中，操作较为复杂，使用中受到一定的限制。

采用真空泵进行抽真空操作又可分三种方法：低压单侧抽真空、高低压双侧抽真空、二次抽真空。

3. 充注制冷剂

经过检漏、抽真空后的制冷系统即可充注制冷剂。制冷剂的充注量要严格控制，充注量要准确，防止多充或少充。

1）充注制冷剂的方式

（1）充注制冷剂气态方式。

制冷剂钢瓶直立向上，制冷剂以气态形式充注入制冷系统。其优点是可以防止压缩机出现"液击"事故；缺点是充灌时容易混入制冷剂钢瓶中的水分和不凝性气体；气温低时，由于充注时制冷剂吸收热量，还须给制冷剂钢瓶加热；另外一个缺点是充注时间较长。

（2）充注制冷剂液态方式。

将制冷剂钢瓶倒立（即钢瓶阀门向下），这时向制冷系统加入的制冷剂均为液态。液态制冷的剂含水量大大低于气态制冷剂，故充注入系统内的制冷剂含水量和不凝性气体均比气态方式少得多。另外，充注速度快了很多。其缺点是，由于充注的是液态制冷剂，尤其对于活塞式压缩机制冷系统来说，容易因"液击"现象而造成事故。因此，如采用此方式充注制冷剂，最好是在停机状态下进行充注，充注结束数分钟后再开启压缩机。

2）充注制冷剂的方法

① 定量充注制冷剂法，包括量筒定量充注制冷剂法和电子台秤定量充注制冷剂法。

② 控制低压（表压）充注制冷剂法。

③ 电流测量充注制冷剂法。

④ 综合观察法充注制冷剂。

由于制冷设备的工作环境、工作状态不同，在维修过程中，压缩机等部件存在一定的离散性。同一铭牌、同一型号的制冷系统，其工作环境不同，表现出的工作特性也不同。所以要求我们要把已有充注制冷剂方法综合起来进行应用，同时还需要通过观察制冷系统主要部件上的温度及结霜等情况才能准确地控制充注制冷剂量。

【活　动】

活动 4.2.1　准备工作

1. 安全准备

① 作业前设置安全防护号志。

② 按规定穿戴个人防护用品，带好作业工具。

③ 严禁带电作业。

2. 工具材料准备（见表 4–7、表 4–8）

表 4–7　工具的准备

序号	名称	规格	数量	备注
1	防护红旗		1 面	
2	真空泵		1 台	
3	万用表		1 块	
4	检漏仪		1 套	
5	带表三通阀		1 套	
6	焊枪		1 把	
7	电动扳手或棘轮扳手		1 把	
8	定扭矩电扳手		1 把	
9	兆欧表		1 块	
10	电工工具		1 套	
11	停电警示牌		1 块	
12	流量计		1 支	
13	氧焊作业工具		1 套	
14	压力表		1 块	
15	点温仪		1 台	
16	油漆笔		1 支	
17	毛刷		1 把	

表 4–8　材料的准备

序号	名称	规格	数量	备注
1	肥皂水		若干	
2	制冷剂	R22	若干	

3. 技术准备

① 作业股道具备地面电源。

② 检修平台、止轮器。

活动 4.2.2　空调客车制冷剂充注及试验作业程序与要求

空调客车制冷剂充注及试验作业程序与要求如表 4-9 所示。

表 4-9　空调客车制冷剂充注及试验作业程序与要求

序号	工步	作业内容与要求	图示
1	做好空调机组制冷剂充注及试验准备工作	（1）设置安全防护号志： ① 前往作业股道，设置脱轨器。 ② 在移动脱轨器上挂设防护红旗。	
		（2）充注制冷剂工具的准备： ① 检查制冷剂储存罐、充注制冷剂流量计、压力表、万用表、检漏仪、肥皂水、电工工具、氧焊作业工具（全封闭式空调机组）。 **要求：** a）制冷剂储存罐剩余量不得少于检修空调机组的额定充注量的 1.5 倍。 b）制冷剂充注流量计、检漏仪、万用表须进行定期校验。 c）全密封式空调机组充注制冷剂须携带氧焊作业工具。 ② 制冷剂储存罐需放置稳妥，防止运行中倾倒。 ③ 使用电瓶升降车，将充注制冷剂工具送至故障车。 **注意：** a）运送期间，须减速慢行，注意人身安全。 b）氧焊作业工具转运时，氧气、乙炔瓶不得剧烈碰撞。	
2	车辆定位	（1）用对讲机通知值班老师将进行登顶作业。 **注意：** 库检班组不得进行试风作业。	
		（2）检查车辆"缓解显示器"，确认车辆处于制动位。	
		（3）在故障车转向架两轮对外侧设置止轮器。 **注意：** 作业完毕后，止轮器必须撤除，收回。	

序号	工步	作业内容与要求	图示
3	登顶作业	检查登顶作业安全防护用品穿戴情况。 **注意：** ① 登顶作业须穿防滑鞋。 ② 安全带穿戴规范，松紧度适中，悬挂绳索不得打结，影响行走。	
4	开启空调机组盖板（通风机侧）	（1）关闭电源，设置停电警示牌。具体工作如下： ① 依次关闭本车电源柜供电转换开关、电源主空开、空调工况开关、空调电源空开。 ② 锁闭电源柜、空调控制柜。 ③ 在电源柜粘贴（或悬挂）停电警示牌。 ④ 指定专人负责防护。	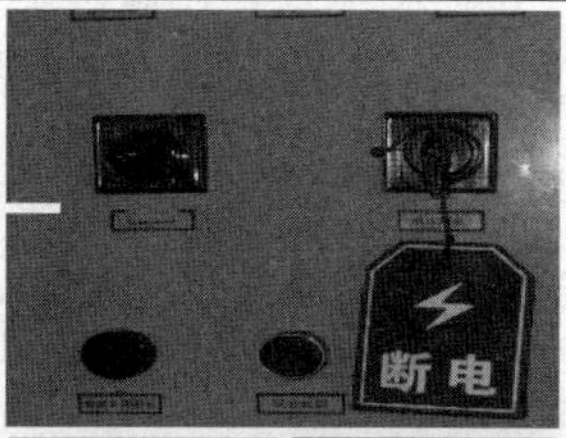     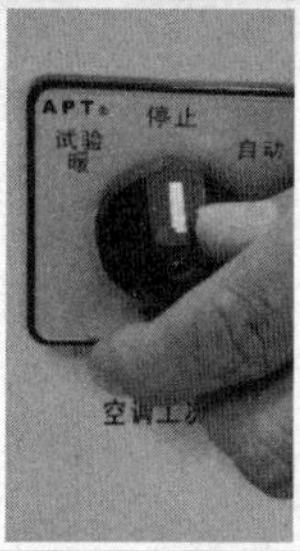
		（2）使用棘轮扳手（或电动工具），拆除空调机组盖板，要求如下： ① 拆除时，机组盖板螺丝需妥善放置，避免螺丝坠落、丢失或影响其他作业。 ② 空调机组两侧防护板安装螺丝须拧松，可不用拆除。 （3）抬起空调机组盖板，放置于车顶非空调机组处，要求如下： ① 机组盖板妥善放置，不得从车顶上滑落。 ② 严禁将盖板覆盖在冷凝风机侧盖板上。 ③ 抬起空调机组盖板时，须注意盖板抬起位置，防止割伤手指。	 

序号	工步	作业内容与要求	图示
5	连接制冷剂充注管	（1）组装制冷剂充注流量计、压力表、储存罐以及连接胶管，要求： ① 连接时，需检查密封胶圈，应齐全，并拧紧。 ② 制冷剂充注手柄需顺时针拧紧。 ③ 制冷剂储存罐放置稳妥，不得坠落或影响其他作业。	
		（2）用工具逆时针拧下制冷系统检修工艺管堵帽。要求：操作时，不得随意摆动制冷系统检修工艺管，防止检修工艺管变形、裂损。	
		（3）将充注制冷剂胶管连接在检修工艺管上，要求如下： ① 连接充注制冷剂胶管时，检查制冷系统是否存在漏泄故障。 ② 操作迅速，防止制冷剂大量泄漏。 ③ 连接完毕后，检查各部制冷剂漏泄情况。 ④ 若制冷系统制冷剂漏光，应对制冷系统充注氮气（压力为 2.2 MPa 后），用肥皂水进行检漏。 ⑤ 系统存在漏泄故障时，须先对漏泄故障进行处理，抽真空，最后进行充注制冷剂作业。	
		（4）排出制冷剂充注胶管内空气，操作要点如下： ① 拧松与制冷剂储存罐连接端的胶管接头。 ② 稍微开启充注操作手柄，利用制冷系统内的压力将连接管路内的空气排出。注意排放时间，应彻底排尽胶管内空气。 ③ 排尽空气后，关闭充注操作手柄，并迅速拧紧与制冷剂储存罐的接头。 ④ 再次开启充注操作手柄，检查确认连接胶管无漏泄后拧紧。	
6	充注制冷剂	（1）开启制冷剂储存罐。逆时针拧开制冷剂储存罐阀门，检查连接胶管接头，二者均应无泄漏。 **注意**：制冷剂可采取气态、液态两种方式进行充注，液态充注时，需将储存罐倒置。	

序号	工步	作业内容与要求	图示
6	充注制冷剂	（2）启动空调机组，操作要点如下： ① 在压缩机接线盒处，用万用表检测压缩机工作电流。 ② 通知电器柜防护员撤除供电警示牌，启动空调机组。 注意： ① 空调机组启动前，需清理工具材料，防止异物吸入通风机、冷凝风机。 ② 外温较低时，需用空调机组盖板遮住通风机侧，保证蒸发器热交换正常。	
		（3）充注制冷剂，操作要点如下： ① 当充注胶管压力表显示制冷循环低压侧压力低于正常值（0.3～0.4 MPa）时，逐步开启制冷剂充注手柄，向制冷循环中充注制冷剂。 ② 充注过程中观察制冷循环低压侧压力和压缩机工作电流。 ③ 待各参数正常后，拧紧充注操作手柄，停止向系统充注制冷剂。 注意： ① 充注液态制冷剂时，须严格控制制冷剂充注流量，防止液态制冷剂进入压缩机。 ② 在充注制冷剂的过程中，压缩机吸排气温度正常，运转无过载声；吸气管结霜不得过多，以防止"液击"。 ③ 压缩机排气管温度较高，需做好防护，以防烫伤。	
		（4）拆除连接胶管，操作要点如下： ① 关闭制冷剂储存罐阀门。 ② 开启充注操作手柄，将胶管内剩余制冷剂充注进制冷系统中。 ③ 拧下与制冷系统连接的胶管，并拧紧堵帽。 注意： ① 制冷剂储存罐放置稳妥，防止坠落，影响其他作业。 ② 检修工艺管堵帽拧紧后须进行检漏。	
7	通电试验	（1）清理空调机组内的工具及材料。将空调机组盖板盖好，可只拧上少数固定螺丝。 （2）用万用表在空调控制柜测量空调机组压缩机电流值，要求： ① 该压缩机三相电流值须平衡，误差不得大于 15%。 ② 测量同一台空调机组另一台压缩机的电流值，电流值不得大于 10%。 （3）检查电源参数，操作要点如下： ① 取下停电警示牌。 ② 开启电源柜，合上主电源空开。 ③ 开启空调柜，合上空调电源空开。 ④ 将电源选择开关置于"I 路"供电或"自动位"。 ⑤ 检查电源参数（三相电源电压、频率等参数）。	
		（4）启动空调，检查制冷工况，操作要点如下： ① 将空调工况选择开关置于"制冷"位。 ② 检查压缩机运转情况，应声音正常、工作电流良好。 ③ 点温仪测量空调回风口和送风口温差，应不小于 8℃。	

序号	工步	作业内容与要求	图示
8	关闭电源，恢复空调机组盖板	（1）将空调工况选择开关置于"停止"位，关闭空调电源空开。 （2）将空调机组盖板放置到正确位置，拧上机组所有固定螺丝并紧固，要求： ① 各部螺栓要齐全。 ② 使用扭矩扳手对空调机组顶盖、侧板固定螺栓逐一进行扭矩值校验，扭矩为 15 N·m（固定螺栓材质为不锈钢），扭矩值校验完毕后，每条固定螺栓与被连接件表面须使用白色油漆笔涂打防松标记。 ③ 车间验收人员（副工长以上）进行验收，并在机组顶盖上填写车号、检修日期、姓名，拍照存档，留存期为 3 个月。 **注意：** 如果螺栓紧固不到位，易造成配件脱落。	
9	完工整理	（1）清点工具，回收材料。 （2）撤除安全防护信号，并通知值班老师作业完毕。 （3）填写记录单。	

活动 4.2.3　思考练习

1. 简述制冷设备检漏的方法有哪些。
2. 简述充注制冷剂作业的操作步骤。

【考核评价】

1. 综合评价表（见表 4-10）

表 4-10　综合评价表

序号	考核项目	总分	评分标准	自评分	互评分	教师评分	综合评分
1	作业时间	10	标定时间 60 min，每超过 1 min 从总分扣 1 分，不足 1 min 按 1 min 计。				
2	作业过程	30	（1）充注制冷剂工具准备不合格，扣 2 分。 （2）连接制冷剂充注管操作不规范，扣 5 分。 （3）充注制冷剂方法不正确，扣 10 分。 （4）通电试验操作不规范，扣 5 分。 （5）关闭电源，恢复空调机组盖板操作不规范，扣 5 分。 （6）真空泵管路连接不正确，扣 3 分。 （7）真空泵使用方法不正确，扣 5 分。 （8）关闭真空泵，操作错误的扣 5 分。				

续表

序号	考核项目	总分	评分标准	自评分	互评分	教师评分	综合评分
3	作业质量	50	（1）储存罐放置不稳妥，坠落或影响其他作业，扣 3 分。 （2）操作时，随意摆动制冷系统检修工艺管，致使检修工艺管变形、裂损，扣 2 分。 （3）要求制冷系统全面检漏，在焊点处、连接处、密封处必须用肥皂水检查，可见范围内每漏检一处扣 1 分。 （4）制冷系统抽真空必须达到−0.1 MPa 以下，不达标扣 5 分。 （5）充注制冷剂时不排除修理阀、输液管内的空气，扣 3 分。 （6）制冷剂充注要定量，充注过多或过少扣 5 分。				
4	安全及其他	10	（1）未按规定穿戴个人防护用品，每件扣 5 分。 （2）作业中破皮流血，扣 5 分。 （3）防护红旗未展开、中途脱落或作业完毕未撤除，每项扣 5 分。 （4）工具、材料遗留现场，每件扣 1 分。				
5	合计	100					

否定项：若发生下列情况之一，则应及时终止实训，成绩记为零分。
（1）总作业时间超过 72 min。
（2）未设置安全防护号志就进行作业。
（3）出现不安全因素，不能继续作业。

2. 教师评价建议

_____

_____

_____

_____

_____

_____

_____

_____

_____

_____

_____

任务 4.3　客车空调装置操作使用及性能检查

【任务描述】

目前，空调已被大量应用在铁路客车车辆上，车辆客室内的空气调节已经成为车辆乘坐环境舒适与否的标志。因此，检修人员需依据作业指导书的规范标准，进行客车空调装置操作使用及性能检查作业，确保空调装置的正常使用，保证车内良好的乘车环境。通过实训教学，学生需完成以下任务：

① 客车空调装置静态技术检查。

② 客车空调装置动态技术检查。

在整个作业过程中，应遵循现场工作管理规范。

【学习目标】

知识目标	掌握客车空调装置操作使用及性能检查作业的操作步骤
能力目标	掌握客车空调装置操作使用及性能检查作业的操作方法
素质目标	1. 使学生养成细致、认真的工作作风； 2. 使学生养成自觉、规范执行作业标准的良好习惯

【导　入】

1. 客车空调装置的作用

客车空调装置的作用是将一定量的车外新鲜空气和车内再循环空气混合后，经过过滤、冷却或加热、减湿或加湿等处理后，以一定的流速送入车内，并将车内一定量的污浊空气排出车外，从而控制客室内温度、湿度、风速、洁净度及噪声等参数，使之达到规定标准，以提高车内的舒适性，改善乘车环境。

2. 客车空调系统的组成

客车空调系统主要由通风系统、制冷系统、加热系统、加湿系统、自动控制系统五大系统组成。

（1）通风系统：通风系统的作用是将车外新鲜空气吸入并与车内再循环空气混合，滤清灰尘和杂质后，再压送分配到车内，同时排出车内多余的污浊空气，以保证车内空气的洁净度及合理的流动速度和气流组织。通风系统一般由通风机组、空气过滤器、新风口、送风道、回风口、回风道及排废气口等组成。

（2）制冷系统：制冷系统的作用是对车内的空气进行降温、减湿处理，使车内空气的温度与相对湿度保持在规定的范围内。

（3）加热系统：加热系统的作用是在低温时对进入车内的空气进行预热和对车内的空气

进行加热，以保证车内空气的温度在规定的范围内。加热系统通常包括空气预热器和地面空气加热器两部分。在空气温度较低时，在通风系统向车内送风的过程中，由预热器对空气进行加热，然后再送入车内，而车内的地面式加热器对车内空气加热，以补偿车体和门窗的热损失。

（4）加湿系统：加湿系统的作用是在车内空气相对湿度较低时，对空气进行加湿处理，以保证车内空气的相对湿度在规定的范围内。加湿最简单的方法是采用电极加湿器。

（5）自动控制系统：自动控制系统的作用是控制各功能系统按给定的方案协调、有序地工作，以使车内的空气参数控制在规定的范围内，并同时对空调制冷装置起自动保护作用。电气控制系统一般由各设备的控制电器、保护元件及相关仪表和电路等组成。

【活　动】

活动 4.3.1　准备工作

1. 安全准备

① 设置作业牌。

② 确认脱轨器已设置，在脱轨器锁具位置上使用挂锁锁好作业牌。

③ 用对讲机通知值班老师："××股道、××车次、××车号、××班组、××时间开始作业。"

2. 工具材料准备（见表 4-11、表 4-12）

表 4-11　工具的准备

序号	名称	规格型号	单位	数量
1	电工工具	通用型	套	1
2	手电筒		把	1
3	活扳手	200 mm、250 mm	把	2（各 1 把）
4	万用表		只	1
5	兆欧表	500 V 级	只	1
6	防护红旗		面	1
7	秒表		只	1
8	点温仪		台	1
9	钳形电流表		支	1

表 4-12　材料的准备

序号	名称	规格型号	单位	数量
1	绝缘胶带			适量
2	螺栓、螺母			适量

3. 技术准备

① 按作业指导书标准化程序进行作业。

② 质量符合运用客车出库质量标准。

活动 4.3.2　客车空调装置操作使用及性能检查作业程序与要求

客车空调装置操作使用及性能检查作业包含静态技术检查作业、动态技术检查作业，具体作业程序与要求如表 4–13、表 4–14 所示。

表 4–13　客车空调装置静态技术检查作业程序与要求

作业程序与要求	图示
（1）设置安全防护信号： ① 在来车方向左侧。 ② 防护红旗要展开，不得落地。	
（2）检修前，在空调控制柜上悬挂"断电"警示牌，"Ⅰ、Ⅱ路选择"开关（SA1）处于"断开"位置，各设备空气开关处于"关断"位置。	
（3）从车外侧检查空调机组各盖板、护板，应无翘起、破损，发现不良或无法判断时，需登顶进行确认。 **注意**：当带有接触网线路时，应按照段接触网线路作业管理内容执行。	
（4）检查空调排水管，要求： ① 排水管应固定牢靠，各焊接点无开焊，管卡无松动。 ② 连接软管无破损。 ③ 排水管无腐蚀。	

续表

检查作业程序与要求	图示
（5）检查空调机组各出风口及百叶窗（密网式透气孔及板），要求： ① 各部件齐全，无松动。 ② 带风量调节装置的车辆，其风量调节作用可靠。	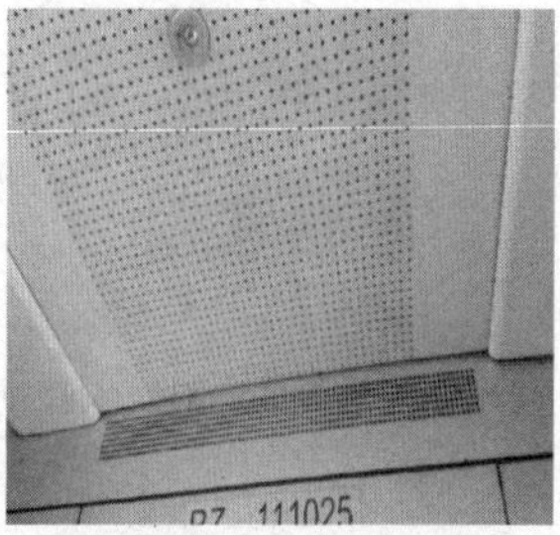
（6）检查空调机组回风网、回风传感器、空调航空插头，要求： ① 空调机组回风网，应无堵塞、脱落、变形，清洁度符合要求。 ② 空调回风温度传感器固定牢固，表面清洁，作用良好。 ③ 空调航空插头固定良好，表面干燥，蛇皮管无破损，回风口无渗水现象。 **注意：** ① 列车运行交路在 3 天及以上的，每趟必须清洗空调回风网。 ② 列车运行交路在 3 天以下的，间隔 4 天必须清洗空调回风网。 ③ 间隔 8～15 天必须对蒸发器过滤网进行彻底清洗。	 
（7）检查空调风道可视部位，要求： ① 风道应无变形、脱落、翘起。 ② 各部密封严密。	
（8）检查空调装置配电柜，要求： ① 柜内各电器元件应作用良好、安装牢固、动作可靠。 ② 配线无松动，测温贴无变色。	

表4-14　客车空调装置动态技术检查作业程序与要求

作业程序与要求	图示
（1）静态检查后，对空调控制柜进行检查，完毕后对车辆进行供电。	 
（2）检查各电气设备运行情况。	 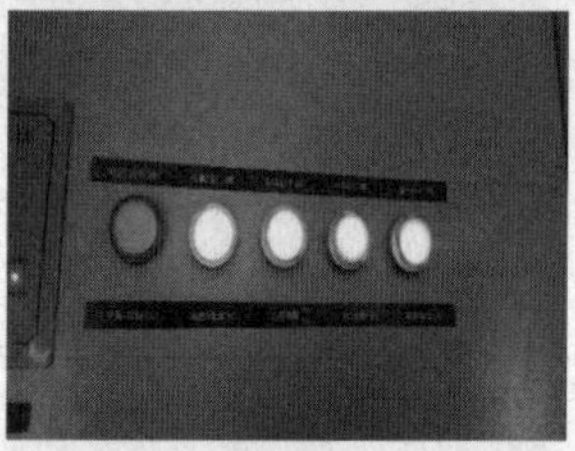
（3）检查各风机，应运转无异音、无异常震动。	
（4）使用点温仪测量空调回风口和送风口温度，二者温差应不小于 8 ℃。新厂修、段修客车的回风口和送风口温差应不小于 10 ℃。同时对测温结果进行记录。	

作业程序与要求	图示
（5）在库内必须进行 1h 通电全负荷制冷试验，库检人员使用钳形电流表（或从显示屏）检查压缩机工作电流，判断制冷剂加注量是否欠缺，以及冷凝器、蒸发器是否存在脏堵情况。	
（6）在回风口处，使用 A4 纸张，进行回风性能测试，纸张应能够平稳地吸附在回风口百叶窗上，不良时应查找原因并处理。	
（7）检修试验完毕，关闭空调装置，断开电源。	
（8）收拾工具，撤除安全防护信号。	

活动 4.3.3　思考练习

1. 简述客车空调装置静态技术检查作业的操作步骤。
2. 简述客车空调装置动态技术检查作业的操作步骤。

【考核评价】

1. 综合评价表（见表 4-15）

表 4-15　综合评价表

序号	考核项目	总分	评分标准	自评分	互评分	教师评分	综合评分
1	作业时间	10	标定时间 15 min，每超过 15 s 从总分扣 1 分，不足 15 s 按 15 s 计。				
2	作业过程	30	（1）静态断电检查未做，扣 10 分。 （2）绝缘测试未做，扣 10 分。 （3）通电检查不按顺序查找，扣 10 分。				
3	作业质量	50	（1）未检查柜门、门锁、指示灯罩、仪表、转换开关等，少检一项扣 5 分。 （2）电气元件要求安装牢固、外观状态良好，漏检一处扣 3 分。 （3）整定值不符要求要调整。漏检一处扣 10 分；调整后整定值不符合要求，每处扣 8 分。 （4）检查三相电源电压是否平衡，电压值是否正常。漏检一项扣 5 分。 （5）未检查温控仪设定值，扣 5 分。 （6）温控仪设定顺序错误，扣 10 分；不会设定，扣 15 分。 （7）开机顺序错误，扣 10 分。 （8）未确认通风机、压缩机工作正常，扣 10 分。 （9）关机操作顺序混乱，扣 10 分。 （10）将"Ⅰ、Ⅱ"路转换开关置"0"位，断开配电柜内空气开关，漏错一处扣 5 分。				
4	安全及其他	10	（1）未按规定穿戴个人防护用品，扣 5 分；作业中破皮出血，扣 5 分。 （2）防护红旗未展开、中途脱落或作业完毕未撤除，每项扣 3 分。 （3）工具、仪表使用不当，每次扣 5 分；工具材料遗留在现场，每件扣 1 分。				
5	总分	100					

否定项：若发生下列情况之一，则应及时终止实训，成绩记为零分。
（1）总作业时间超过 18 min。
（2）出现不安全因素，不能继续作业。
（3）未设置安全防护信号就开始作业。
（4）空调机组控制柜不会操作与调试

2. 教师评价建议

_____

_____

_____

任务 4.4　空调机组压缩机检修作业

【任务描述】

制冷压缩机是客车空调装置的一个重要部件，起着压缩和输送制冷剂蒸气的作用，它是推动制冷剂在制冷系统中不断循环的动力。检修人员需依据作业指导书的规范标准，进行压缩机检修作业。通过实训教学，学生需完成以下任务：

① 检查压缩机及接线盒、接线端子。

② 安装三爪保持器。

③ 测试压缩机绝缘电阻值。

④ 完成油漆喷涂。

⑤ 检查密封情况。

⑥ 填写记录单。

在整个作业过程中，应遵循现场工作管理规范。

【学习目标】

知识目标	1. 熟练掌握常用的电工工具使用方法； 2. 掌握压缩机检修操作技能
能力目标	1. 培养学生的动手能力； 2. 让学生掌握压缩机检修的方法； 3. 培养学生理论与实践相结合的运用能力
素质目标	1. 培养学生的安全意识及吃苦耐劳的素质； 2. 培养学生形成独立思考、认真负责、勤奋创新的工作习惯； 3. 强化学生的社会责任感，培养学生的团队合作精神

【导　入】

1. 制冷压缩机的分类

制冷压缩机按工作原理不同可分为容积型和速度型两大类。

容积型压缩机是通过改变工作容积来完成气体的压缩和输送的。在容积型压缩机中，低压气体直接受到压缩，体积被强制缩小，从而达到提高压力的目的。容积型压缩机主要有活塞式、螺杆式、旋转式（又称滚动转子式）和涡旋式。

速度型压缩机首先使气体在高速转动的叶轮中提高速度，而后通过导向器使气体的动能转化为压力能，进而完成气体的压缩和输送任务。进度型压缩机主要有离心式和轴流式两种，目前常采用的速度型压缩机是离心式压缩机。

2. 影响蒸气压缩式制冷机性能的主要因素

影响蒸气压缩式制冷机性能的主要因素如下：

① 蒸汽压缩式制冷机的工况；

② 冷凝温度；

③ 蒸发温度。

3. 活塞式制冷压缩机

1）活塞式压缩机的工作过程

压缩机的工作是靠压缩机电机输入功率后，电机的轴带动压缩机的曲轴转动，曲轴通过连杆带动活塞在气缸中做往复运动，同时气缸顶部的吸排气阀片配合输送作用。曲轴每旋转一周，活塞就做一次往复运动，压缩机就完成一次工作循环。

2）活塞式制冷压缩机的特点

活塞式制冷压缩机具有使用温度范围广、技术成熟可靠、有良好的使用性能和能量指标等优点，所以应用较广。但由于振动的存在和结构的复杂性，限制了它的转速及制冷量的扩大，使用领域也逐渐被结构简单、性能优越的其他型式压缩机所替代。

4. 涡旋式制冷压缩机

1）涡旋式制冷压缩机的基本构成

涡旋式制冷压缩机的结构如图4-3所示。它由运转涡旋盘（动盘）、固定涡旋盘（静盘）、机体、防自转环、偏心轴、进气口、排气口等零部件组成。

动盘和静盘的涡线呈渐开线形状，安装时使两者中心线距离一个回转半径的相位差为180°。这样，两盘啮合时，与端板配合，形成一系列月牙形柱体工作容积。

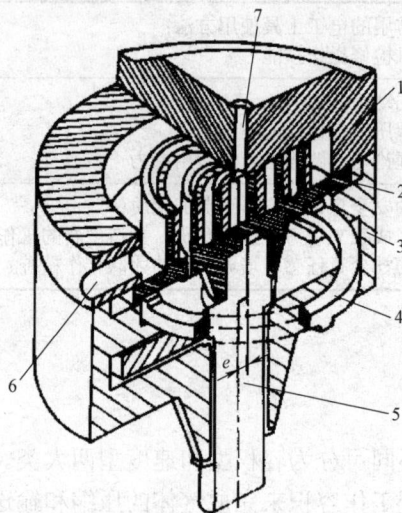

1—动盘；2—静盘；3—机体；4—防自转环；5—偏心轴；6—进气口；7—排气口。

图4-3　涡旋式制冷压缩机的结构

2）涡旋式制冷压缩机的工作原理

涡旋式制冷压缩机的工作过程仅有进气、压缩、排气三个过程，而且是在主轴旋转一周内同时进行的，外侧空间与吸气口相通，始终处于吸气过程；内侧空间与排气口相通，始终处于排气过程；上述两个空间之间的月牙形封闭空间则一直处于压缩过程。因此，可以认为吸气和排气过程都是连续的。

3）涡旋式制冷压缩机的特点

① 相邻两室的压差小，气体的泄漏量少。

② 由于吸气、压缩、排气过程是同时连续地进行的，所以压力上升速度较慢，转矩变化幅度小、振动小。

③ 没有余隙容积，故不存在引起输气系数下降的膨胀过程。

④ 无吸气阀、排气阀，效率高，可靠性高，噪声低。

⑤ 由于采用气体支承机构，故允许带液压缩，一旦压缩腔内压力过高，可使动盘与静盘端面脱离，压力立即得到释放。

⑥ 机壳内腔为排气室，减少了吸气预热，提高了压缩机的输气系数。

⑦ 涡线体型线加工精度非常高，必须采用专用的精密加工设备。

⑧ 密封要求高，密封机构复杂。

【活　　动】

活动 4.4.1　准备工作

1. 安全准备

按规定佩戴个人防护用品，做好安全准备。

2. 工具材料准备（见表 4-16、表 4-17）

表 4-16　工具的准备

序号	名称	规格	数量	备注
1	电工工具		1 套	
2	兆欧表	500 V 级	1 块	
3	注油壶		1 把	
4	铁剪		1 把	
5	毛刷		1 把	
6	胶枪		1 把	

表 4-17　材料的准备

序号	名称	规格	数量	备注
1	砂纸		若干	
2	胶带		若干	

3. 技术准备

要求学生了解常用的制冷维修工具使用方法、掌握压缩机检修操作技能。

活动 4.4.2　空调机组压缩机检修作业程序与要求

空调机组压缩机检修作业程序与要求如表 4–18 所示。

表 4–18　空调机组压缩机检修作业程序与要求

序号	工步	作业内容与要求	图示
1	作业准备	（1）佩戴个人防护用品，做好安全防护。 （2）检查工装设备，要求： ① 各工具、工装及设备状态良好。 ② 仪表计量检定不过期。	
2	压缩机检修	（1）清扫检查，操作要点如下： ① 打开压缩机接线盒盖，彻底清扫，配件齐全、无裂损、无变形，当接线盒腐蚀严重时，压缩机应更新。 ② 接线端子及接线柱应无烧损、无虚焊、无脱焊、无松动、无变色，若接线端子锈蚀、氧化，用砂纸清除氧化层。 ③ 更新压缩机时，须与原型号一致，无法找到原型号产品时，可替换为同类型产品，但必须保证与制冷系统使用的制冷剂相匹配。	
		（2）检查压缩机接线插头标识，对标识为"SCR"的按右图指示进行更换。	
		（3）对 KLD9、KLD29、KLD35 等型号的空调机组，使用三爪保持器防止插头脱落，具体安装方法如下： 安装前检查 ① 压缩机防护圈检查。保证压缩机防护圈外观完好，没有变形或破损；内部没有杂质异物，没有水滴和锈蚀。 ② 模塑插头检查。保证插头没有破损，外观完整；黄色橡胶圈没有割破或者断裂现象；各相电线（包括地线）无破损、无异常连接存在。 ③ 三爪保持器检查。保证外形正常，无破损、无断裂现象。	

序号	工步	作业内容与要求	图示
2	压缩机检修	**安装过程** ① 握住模塑插头，校正插头方向，确保插头孔和防护圈内线柱方向相一致。 ② 将模塑插头底部放进防护圈。在此做如下定义：规定插头靠近电线一侧为下侧。 ③ 将插头倾斜放入防护圈，倾斜角度大概为 20°。 ④ 均匀用力将模塑插头推进防护圈。 ⑤ 安装后外观检查，保证防护圈和模塑插头之间无缝隙，没有黄色橡胶圈暴露于外面。 ⑥ 安装三爪保持器。将保持器套住模塑插头两侧，从上至下缓慢推下。	

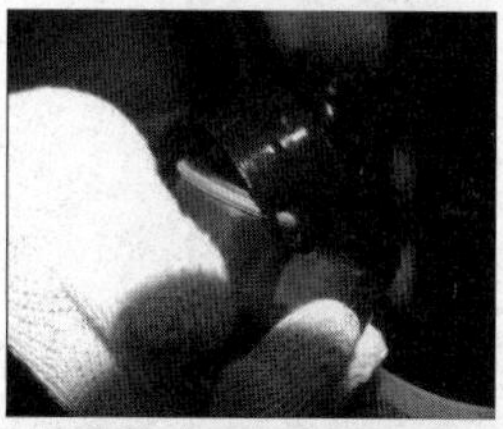

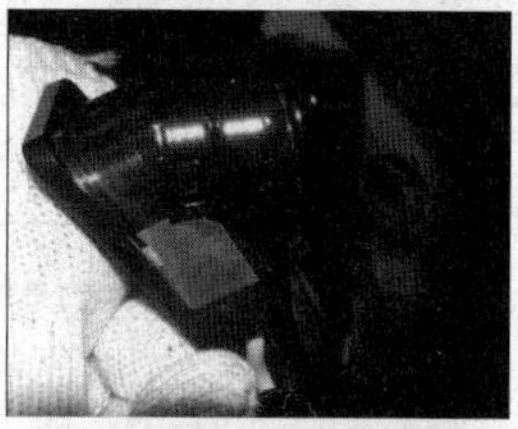

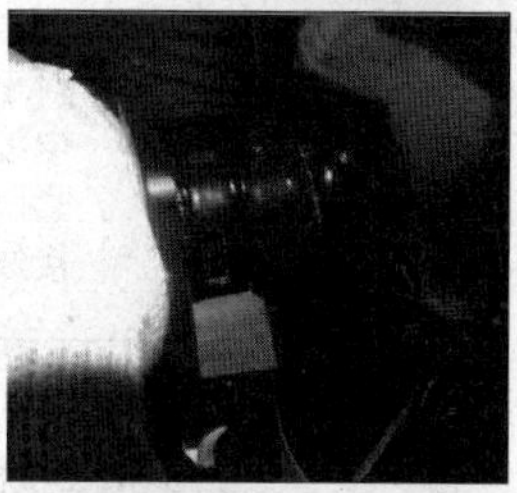

序号	工步	作业内容与要求	图示
2	压缩机检修	⑦ 检查保持器的安装，确保保持器的左右两爪进入相应的防护圈凹槽里。 ⑧ 安装完毕。	
		注意事项： ① 安装过程中，应该采用手工操作，避免用锤头等物体敲击、锤打模塑插头。应该避免在酸、碱或者潮湿环境中安装。 ② 对于 KLD45TD、KLD40GD、KLD40 空调机组压缩机电缆插头，主要是依靠插头的限位装置来保证其安装紧固性，接线盒安装到位后，检查确认限位装置紧贴接线盒盖，防止其脱落。	
		（4）检测压缩机绕组对机体绝缘电阻，阻值应不小于 5 MΩ；绕组线圈应电阻平衡，相差≤10%；对 522 系列压缩机，当绝缘电阻值≥5 MΩ时，对接线盒周围及进线孔进行密封，密封前清理旧的胶泥；当绝缘电阻值 5 MΩ时，对压缩机接线盒内部及接线端子去除可见锈迹并烘干。烘干后再次测试压缩机绝缘电阻值： ① 当绝缘电阻值≥5 MΩ时，对接线盒周围及进线孔进行密封，密封前清理旧的胶泥。 ② 当绝缘电阻值＜5 MΩ时，由 A5 修厂家按照（运辆客车函〔2016〕387 号文件附件）进行整治，整治过程中若压缩机接线端子出现裂纹，应将原 522 系列压缩机更新为 622 系列压缩机。	
		（5）检查压缩机安装固定螺栓，应齐全、固定良好；检查、减震垫应齐全、性能良好，老化、破损不良者更新。机体无锈蚀，机体外壳无漏泄，无裂损，否则更换。	
		（6）清除干净压缩机表面的剥离油漆层和锈垢，涂刷原色油漆。	

续表

序号	工步	作业内容与要求	图示
3	完工整理	（1）切断电源，清点工具，确认状态良好并擦拭干净后放入工具箱内，做好设备保养。 （2）离岗前，确认电闸关闭、周围无杂物、无火源，之后方可退岗。	

活动 4.4.3　思考练习

1. 简述三爪保持器的安装方法。
2. 简述空调机组压缩机检修作业程序与质量要求。

【考核评价】

1. 综合评价表（见表 4–19）

表 4–19　综合评价表

序号	考核项目	总分	评分标准	自评分	互评分	教师评分	综合评分
1	作业时间	10	标定时间 30 min，每超过 15 s 从总分扣 1 分，不足 15 s 按 15 s 计。				
2	作业过程	30	（1）压缩机检查工具准备不合格，扣 2 分。 （2）接线盒周围及进线孔密封不严，扣 10 分。 （3）作业过程未到位，扣 2 分；作业过程混乱，扣 5 分。 （4）按作业过程检查，简化或重复作业过程每次扣 2 分。 （5）更换配件，未检查新配件是否良好就进行安装，扣 5 分。 （6）压缩机绝缘电阻值测试不正确，扣 10 分。 （7）作业程序混乱，扣 2 分。 （8）清除压缩机表面油漆层和锈垢，操作不规范扣 10 分。				
3	作业质量	50	（1）检查过程不规范，扣 5 分。 （2）拆卸检查的部件未恢复完好，每处扣 2 分。 （3）安装过程不正确，扣 10 分。 （4）压缩机检查操作不正确，扣 10 分。 （5）未做到工完、料尽、场地清，扣 2 分。				

序号	考核项目	总分	评分标准	自评分	互评分	教师评分	综合评分
4	安全及其他	10	（1）未按规定穿戴个人防护用品，每件扣 5 分。 （2）工具、仪表使用不当，每次扣 2 分。 （3）损坏、丢失工具、仪表，每项扣 2 分；工具、材料遗留现场，每件扣 1 分。 （4）作业中破皮流血，扣 5 分。 （5）防护红旗未展开、中途脱落或作业完毕未撤除，每项扣 5 分。				
5	合计	100					

否定项：若发生下列情况之一，则应及时终止实训，成绩记为零分。

（1）总作业时间超过 36 min。

（2）出现不安全因素，不能继续作业。

2. 教师评价建议

任务 4.5　25T 型客车空调系统常见故障处理

【任务描述】

空调系统正常运行，才能保证客车具有舒适的乘坐环境。在运用中，遇到空调系统不正常的情况时，检修人员需依据作业指导书的规范标准，按步骤检查、判断并安全、正确地处理各类故障。通过实训教学，学生需完成以下任务：

① 设置安全防护信号。

② 车内温度显示异常故障的检查及处理。

③ 空调自动位不启动、机组不运行故障的检查及处理。

④ 压缩机过流保护故障的检查及处理。

⑤ 撤除安全防护信号。

在整个作业过程中，应遵循现场工作管理规范。

【学习目标】

知识目标	掌握 25T 型客车空调常见故障处理作业的操作步骤
能力目标	掌握 25T 型客车空调常见故障处理作业的操作方法
素质目标	1. 养成细致、认真的工作作风； 2. 养成自觉、规范执行作业标准的良好习惯

【导　入】

25T 型客车空调系统常见故障及分析处理方法如表 4-20 所示。

表 4-20　25T 型客车空调系统常见故障及分析处理方法

序号	故障	原因	修理措施
1	风机不工作	没有供电	检查电源
		送风机发生故障	检查风机（电机）
2	制冷模式下，冷凝风机和送风机开始工作，压缩机不工作	没有为压缩机供电	检查压缩机控制电路
		压缩机高压保护发生故障	检查压缩机高压开关是否发生故障： ① 若接线错误或接线松动，则检查接线； ② 若高压开关没有复位或已经损坏，则等待复位或更换。
		压缩机低压保护发生故障	检查压缩机低压开关是否发生故障： ① 若接线错误或接线松动，则检查接线； ② 低压开关没有复位或已经损坏，则等待复位或更换。

序号	故障	原因	修理措施
2	制冷模式下，冷凝风机和送风机开始工作，压缩机不工作	压缩机过流保护	检查压缩机是否过流，查出故障原因，并把它们复位。
		压缩机排气温度保护	（1）接线错误或接线松动：检查接线。 （2）排气温度开关损坏则更换或修复。
		压缩机发生故障	（1）接线错误或接线松动：检查接线。 （2）压缩机损坏则更换。
		温度传感器故障	（1）接线错误或接线松动：检查接线。 （2）传感器断路或短路：更换。
3	制冷模式下，压缩机突然停机	电源发生故障	检查电源
		压缩机高压保护发生故障	（1）检查压缩机高压开关是否发生故障： ① 接线突然松动：检查接线； ② 高压开关已经损坏：更换。 （2）高压过高，检查高压过高原因： ① 冷凝器太脏：清洗冷凝器； ② 冷凝风机发生故障：检查冷凝风机； ③ 冷凝风机反转：调整冷凝风机相序； （3）制冷剂充注量过多； （4）制冷系统中有空气：抽空系统，更换制冷剂； （5）液路电磁阀故障：更换电磁阀； （6）环境温度过高，这是正常情况，不需修理。
		压缩机低压保护发生故障	（1）检查压缩机低压开关是否发生故障： ① 接线突然松动：检查接线。 ② 低压开关已经损坏：更换。 （2）低压过低，检查低压过低原因： ① 制冷剂不足：重新充注制冷剂； ② 滤网或蒸发器太脏：清洗滤网和蒸发器； ③ 膨胀阀中冰堵或脏堵：更换干燥过滤器及相关部件，更换制冷剂； ④ 送风机发生故障：检查送风机； ⑤ 送风机反转：调整送风机相序； ⑥ 环境温度或室内温度过低，这是自然情况，不需修护，在这种情况下，没有必要打开制冷系统。
		压缩机过流保护	压缩机过流，复位过流保护，然后检查原因： ① 电机堵转，压缩机气缸被卡：更换压缩机或修理压缩机； ② 环境温度过高，复位过流保护，这是一个自然条件，不需要维修。
		压缩机故障	（1）接线突然松动：检查接线。 （2）压缩机被损坏：更换压缩机。
4	制冷量不足	制冷系统发生泄漏	（1）系统泄漏：维修漏点。 （2）制冷剂不足：重新充注制冷剂。
		膨胀阀或干燥过滤器异常	发生轻微堵塞或损坏：更换。
		送风量不足	（1）滤网或蒸发器脏堵：清洗。 （2）送风机叶轮损坏：更换。
		冷凝风量不足	2台冷凝风机中的1台不工作：维修或更换。

序号	故障	原因	修理措施
5	制热模式下，不制热或制热量不足	加热器电热管故障	（1）接线突然松动：检查接线。 （2）检查加热器相电阻，如有短路或短路，则更换。
		自动复位温度保护异常动作，造成控制器禁止启动加热器	检查原因，排除隐患后即可恢复。
		自动复位温度保护损坏	检查线路，维修或更换。
		手动复位温度保护被触发	查明原因，排除隐患后手动复位该保护开关；如有必要，则更换。
6	异常噪声	紧固螺栓松动	（1）紧固空调机组的安装螺栓松动：重新拧紧螺栓。 （2）紧固电机（压缩机、风机）的螺栓松动：重新拧紧螺栓。
		压缩机故障	如果压缩机性能不好，可由万用表检测到，确定压缩机故障后应更换压缩机。
		电源故障	电源电压不稳定，用万用表可以检测到。在此情况下应关闭机组，并寻找原因，因为电机不能长时间工作在不稳定电压状态下。
		风机故障	（1）风机叶轮扭曲：更换新的叶轮。 （2）风机电机出现异常噪声：维修或更换电机。

【活　动】

活动 4.5.1　准备工作

1. 安全准备

① 设置作业牌。

② 确认脱轨器已设置，在脱轨器锁具位置上使用挂锁锁好作业牌。

③ 用对讲机通知值班老师："××股道、××车次、××车号、××班组、××时间开始作业。"

2. 工具材料准备（见表 4–21、表 4–22）

表 4–21　工具的准备

序号	名称	规格型号	单位	数量
1	电工工具	通用型	套	1
2	试电笔		支	1
3	手电筒		把	1

续表

序号	名称	规格型号	单位	数量
4	万用表	不限	块	1
5	供电牌		块	1
6	数字钳流表	不限	块	1
7	防护红旗		面	1
8	综合控制柜钥匙		把	1
9	秒表		只	1
10	兆欧表	500 V 级	只	1

表 4-22　材料的准备

序号	名称	规格型号	数量	备注
1	传感器（变送器）	电压、电流	2 只	好、坏各一只
2	网关		2 只	好、坏各一只
3	轴报仪、PLC、防滑器		2 只	好、坏各一只
4	烟雾报警器传感器	25T 型车	2 只	好、坏各一只
5	触摸屏	电压、电流	2 只	好、坏各一只
6	螺栓、螺母		适量	
7	弹簧垫圈、平垫圈		适量	
8	绝缘胶带	25T 型车	适量	
9	线套管		适量	原色

3. 技术准备

① 按作业指导书标准化程序进行作业。

② 质量符合运用客车出库质量标准。

活动 4.5.2　25T 型客车空调系统常见故障处理作业程序与要求

客车空调装置操作使用及故障处理

25T 型客车空调系统常见故障处理作业程序与要求如表 4-23 所示。

表 4-23　25T 型客车空调系统常见故障处理作业程序与要求

序号	工步	作业内容与要求	图示
1	设置安全防护信号	（1）在来车方向左侧。 （2）防护红旗要展开，不得落地。	

序号	工步	作业内容与要求	图示
2	车内温度显示异常故障	**故障现象：** 主电源已供电，空调已启动，发现车内温度显示 0℃，温度显示异常。 **推测原因：** 推测感温探头出现故障。	
		处理方法： （1）检查主接线排 wa、wb 是否有脱落、虚接、错接现象。 （2）通过检查发现 wb 线脱落，进行安装处理。 （3）安装完毕后，触摸屏显示车内温度为 23.8 ℃，故障处理完毕。	
3	空调自动位不启动，机组不运行	**故障现象：** 车内温度显示 24.2 ℃，半冷设定温度 22 ℃，空调不起自动位，空调机组不运行。	
		处理方法： （1）首先空调处于自动位，用万用表查找故障点，检查 SA2 转换开关（3-4）端子是否有 110 V 输出电压，（5-6）端子是否有 24 V 输出电压，检查正常。	

序号	工步	作业内容与要求	图示
3	空调自动位不启动，机组不运行	（2）继续检查，发现扩展单元 00 号端子 520 号线脱落，进行故障处理：	
		① SA2 置"停止"位，将 520 号线安装紧固。	
		② SA2 置"自动"位，观察触摸屏，查看空调信息：自动位启动，运行状态强风，车内温度 22.8℃，启动空调自动半冷，制冷 1–2 启动，2–1 启动，空调自动位启动、处理完毕后，空调恢复正常。	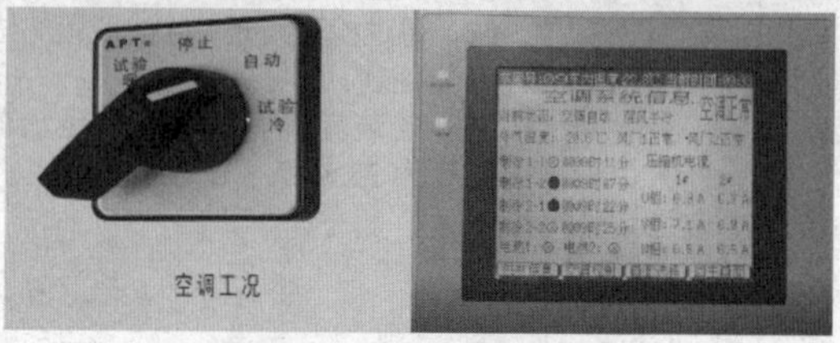
4	压缩机过流保护	**故障现象**：制冷 1–2 过流，空调机组运行灯亮橙色灯。	
		处理方法：（1）SA2 置"停止"位。切断 Q3 主断路器。	
		（2）发生过流保护后，检查主电路接线是否松动，检查 Q11 主电路接线是否松动，过流保护器 QF17 主电路接线是否松动。	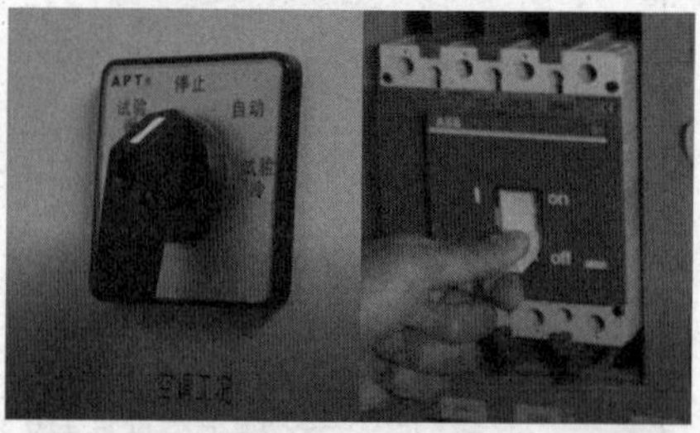 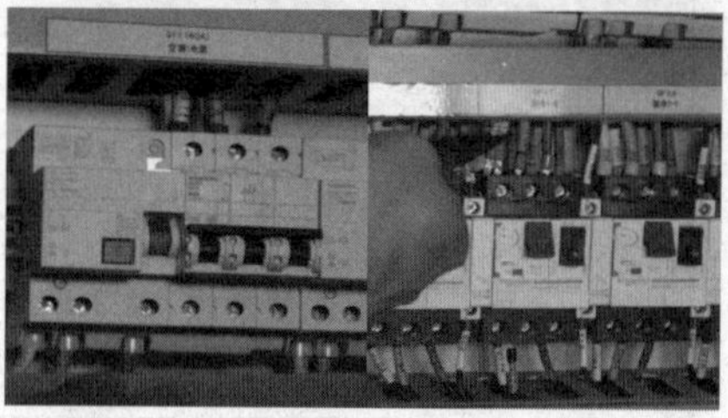

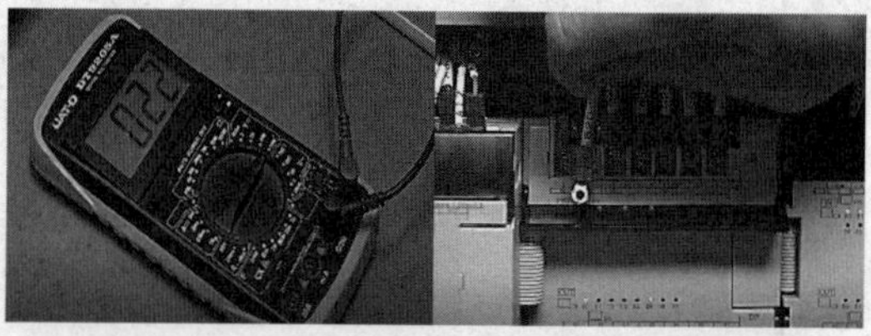

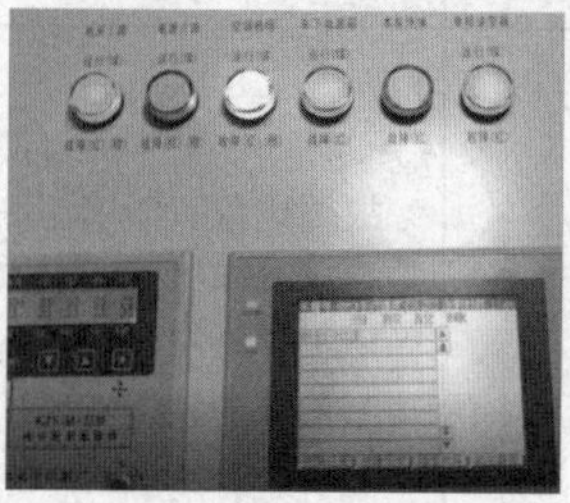

续表

序号	工步	作业内容与要求	图示
4	压缩机过流保护	（3）发现 QF17 主电路接线松动，继续查找 KM17 主电路接线是否松动，无松动，将脱线端子紧固。 （4）SA2 至自动位，闭合 Q3，故障处理完毕。	
5	完工整理	收拾工具，撤除安全防护信号。	

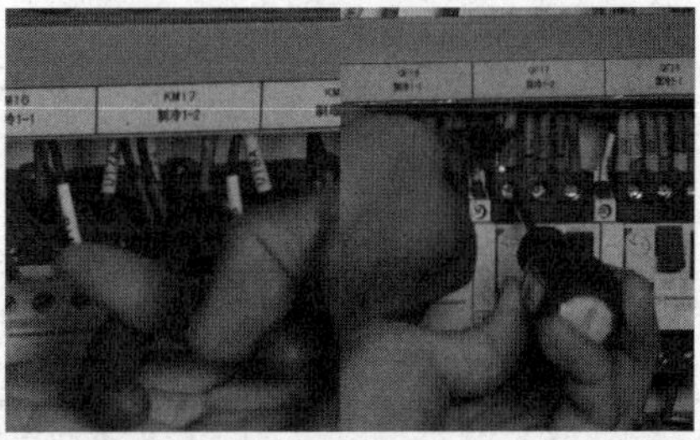

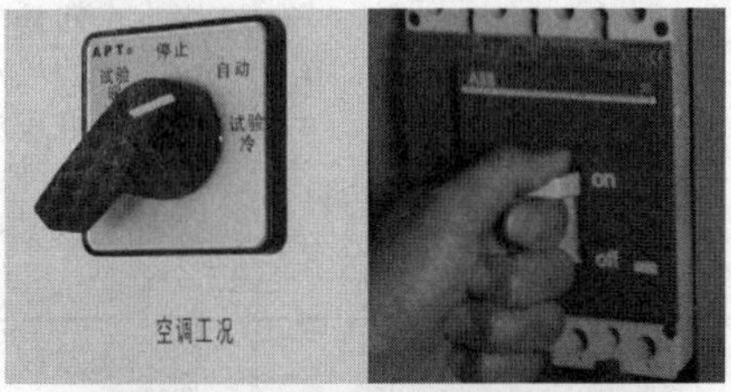

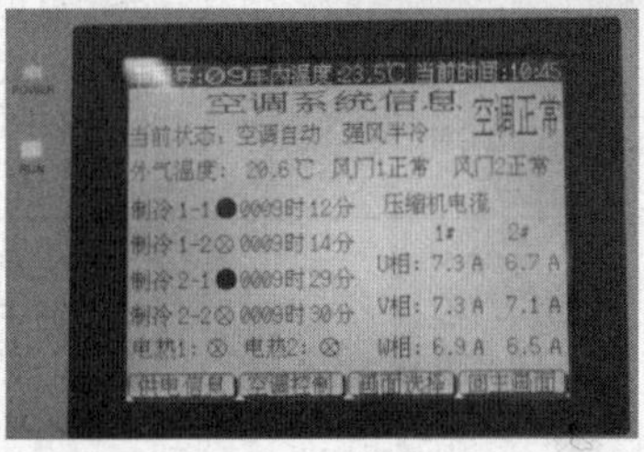

活动 4.5.3　思考练习

1. 简述制冷量不足的故障原因及处理办法。
2. 简述车内温度显示异常故障处理作业的操作步骤。

【考核评价】

1. 综合评价表（见表 4-24）

表 4-24　综合评价表

序号	考核项目	总分	评分标准	自评分	互评分	教师评分	综合评分
1	作业时间	10	标定时间 20 min，每超过 20 s 从总分扣 1 分，不足 20 s 按 20 s 计				
2	作业过程	30	（1）拆卸部件未恢复，每项扣 4 分。 （2）损坏、丢失工具、配件，每次 5 分。 （3）电气元件安装不牢固，每件扣 5 分。 （4）配线接线错误，每项扣 10 分。 （5）接线松动，每项扣 3 分。 （6）作业程序混乱，每次扣 5 分。 （7）故障判断方法不正确，每项扣 5 分。 （8）扩大故障范围或造成新故障，扣 15 分。				
3	作业质量	50	（1）未发现故障，每件扣 20 分。 （2）发现故障未处理，每件扣 10 分；处理不彻底，每件扣 5 分。 （3）故障编号：（在发现故障的编号上面打钩）　①　　②　　③				
4	安全及其他	10	（1）未按规定穿戴个人防护用品，扣 5 分；作业中破皮出血，扣 5 分。 （2）防护红旗未展开、中途脱落或作业完毕未撤除，每项扣 3 分。 （3）工具、仪表使用不当，每次扣 5 分；工具、材料遗留在现场，每件扣 1 分。				
5	总分	100					

否定项：若发生下列情况之一，则应及时终止实训，成绩记为零分。
（1）总作业时间超过 24 min。
（2）出现不安全因素，不能继续作业。
（3）未设置安全防护号志就开始工作。
（4）发现故障不足 2 件。

2. 教师评价建议

_____

_____

_____

_____

_____

车端连接装置分解与组装技能训练

【项目构架】

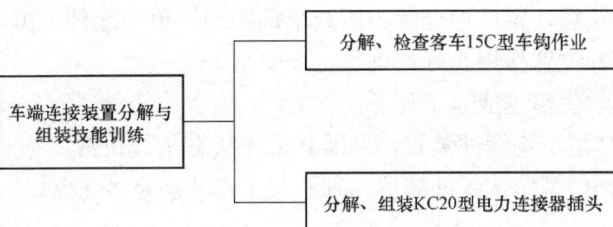

车端连接装置分解与组装技能训练
— 分解、检查客车15C型车钩作业
— 分解、组装KC20型电力连接器插头

【项目引导】

目的要求

1. 掌握客车车钩种类、构造、工作原理、运用限度。
2. 掌握车钩检查、限度测量、故障判断技能。
3. 掌握分解、检查、组装客车 15C 型车钩钩头的技能。

重点与难点

重点：

1. 车钩检查、限度测量、故障判断技能。
2. 分解、检查、组装客车 15C 型车钩钩头的技能。

难点：

1. 分解、检查、组装客车 15C 型车钩钩头的技能
2. 车钩检查、限度测量、故障判断技能。

【项目内容】

任务 5.1　分解、检查客车 15C 型车钩

【任务描述】

车钩的作用是实现机车和车辆或车辆和车辆之间的连挂，传递牵引力及冲击力，并使车辆之间保持一定的距离。车钩在运用过程中会出现故障。检修人员需依据作业指导书的规范标准，进行车钩缓冲装置检查作业。车钩在使用中经常出现的故障主要是车钩钩头各活动部件的磨耗以及钩舌裂纹等，定期地分解、检查车钩钩头，更换配件，可减少车钩故障发生，保证闭锁、开锁、全开位置作用良好，确保行车安全。

通过实训教学，学生需完成以下任务：

① 整体检查 15C 型车钩缓冲装置，判断其工作状态是否正常。

② 分部件检查 15C 型车钩缓冲装置，判断其工作状态是否正常。

③ 填写记录单。

在整个作业过程中，应遵循现场工作管理规范。

【学习目标】

知识目标	1. 掌握车钩故障的检查方法； 2. 能正确处理车钩故障； 3. 掌握运用客车车钩的技术要求及运用限度
能力目标	1. 培养学生的动手能力； 2. 培养学生正确的检查技能； 3. 培养学生理论与实践相结合的运用能力
素质目标	培养学生的安全意识及吃苦耐劳的素质

【导　　入】

客车车钩连接装置目前主要用 15C 型车钩，该车钩具有结构简单、使用方便的特点。

15C 型车钩主要由车钩钩体、钩舌、钩舌推铁、钩舌销、钩锁铁组成、下锁销转轴、下锁销连杆、下锁销等零部件组成。

15C 型车钩缓冲装置组装于车体牵引梁内，并由车钩托梁、尾销托梁、尾框托梁和安全托板托起。其中尾销托梁可防止钩尾销从钩尾框和车钩的尾销孔中脱出。15C 型车钩采用钥匙孔形车钩提杆座，设置车钩提杆拉簧，安装防跳插销。

【活　动】

活动 5.1.1　准备工作

1. 安全准备

穿戴好个人防护用品，准备好安全防护号志（脱轨器、防护红旗或红色信号灯）

2. 技术准备

要求学生掌握 15C 型车钩的结构、工作原理、运用规章、限度要求。

活动 5.1.2　分解、组装 15C 型车钩配件作业内容及技术要求

客车 15C 型车钩钩头配件分解、组装

分解、组装 15C 型车钩配件作业内容及技术要求如表 5–1 所示。

表 5–1　分解、组装 15C 型车钩配件作业内容及技术要求

序号	工步	作业内容与要求	图片
1	准备工作	（1）材料准备 钩锁铁、钩锁销、圆开口销。	
		（2）设备准备 装有 15C 型车钩钩头的车辆（25K 型）一辆。	
		（3）工具准备 防护红旗、手锤、检测样板、秒表、小撬棍。	

序号	工步	作业内容与要求	图片
2	安全准备	（1）穿戴好个人防护用品。 （2）检查工具、材料。 （3）确认脱轨器插设后，设置安全防护信号——插红旗。 **要求：**防护红旗要展开，工作中不能落地。	
3	拆车钩下锁销	拆车钩下锁销防跳装置及钩提杆防开装置。	
4	分解钩头	提起钩提杆，使车钩处于开锁位，依次分解钩舌销、钩舌、钩舌推铁、钩锁铁、下锁销、下锁销连杆。	
5	检查钩舌销	对钩舌销进行外观检查，应无裂损。	
6	检查钩舌	对钩舌进行外观检查，应无裂损；测量钩舌销与钩舌销孔间隙。 **要求：**钩舌销螺纹无损伤。	
7	检查钩舌推铁、钩锁铁、下锁销	对钩舌推铁、钩锁铁、下锁销外观进行检查，应无裂损。	
8	检查钩腔牵引台、冲击台	外观检查钩腔牵引台和冲击台，应无裂损，然后清扫、给油。 **要求：**牵引台和冲击台无裂损、磨耗不过限。	

续表

序号	工步	作业内容与要求	图片
9	检查钩头及配件	检查车钩防跳装置和钩提杆防开装置，应配件齐全、作用良好。	
10	组装车钩钩头	（1）均匀涂适量润滑油脂。 （2）依次组装钩锁铁、钩锁销、钩舌推铁、钩锁销杆、钩舌、钩舌销，拧紧钩舌销螺母，正确安装开口销。	
11	测量钩高、全开及闭锁位尺寸	测量钩高、全开及闭锁位尺寸，要求： ① 钩高：830～890 mm； ② 全开位尺寸：不小于 250 mm； ③ 闭锁位尺寸：不小于 135 mm。	
12	落成检查，试验车钩三态作用	进行落成检查，并试验车钩三态作用，要求： ① 钩提杆要入槽。 ② 三态作用良好。 ③ 下锁销及其连杆安装正确。	
13	完工整理	收拾工具，撤除安全防护号志。	
注意事项		（1）按规定设置和撤除安全防护号志。 （2）按规定穿戴个人防护用品。 （3）作业中按规章使用工具，不得损坏、摔掷工具和配件，作业完毕后，不能遗漏工具，配件（小三件、钩舌销或钩舌）不能脱落。 （4）注意人身安全，作业中不得碰破出血；不能因受伤而丧失工作能力。	

活动 5.1.3　思考练习

1. 15C 型车钩在运用中有哪些质量要求及运用限度要求？

2. 简述分解检查组装 15C 型车钩作业过程。

【考核评价】

1. 综合评价表（见表 5-2）

表 5-2　综合评价表

序号	考核项目	总分	评分标准	自评分	互评分	教师评分	综合评分
1	作业时间	10	标定时间 3 min，每超过 3 s 从总分扣 1 分，超时不足 3 s 按 3 s 计。				
2	作业过程	30	（1）作业过程混乱，扣 5 分。 （2）每少做一步，扣 3 分。 （3）作业中抛摔配件，扣 3 分。				
3	作业质量	50	（1）未检查配件，每件扣 5 分。 （2）未清扫、给油，各扣 5 分。 （3）漏测、漏试三态，漏试防跳，各扣 5 分。 （4）开口销角度不正确，扣 5 分。 （5）各配件反装，扣 10 分。 （6）漏装配件，每件扣 20 分。				
4	安全及其他	10	（1）未按规定穿戴个人防护用品，每件扣 5 分。 （2）作业结束后，工具、材料未收拾到位，每件扣 1 分。 （3）作业中破皮流血，扣 5 分。 （4）作业中抛掷工具，每次扣 2 分。 （5）防护红旗未展开、中途脱落或作业完毕未撤除，每项扣 5 分。				
5	合计	100					

否定项：若发生下列情况之一，则应及时终止实训，成绩记为零分。
（1）未设置安全防护号志就进行作业。
（2）总作业时间超过 4 min。
（3）出现不安全因素，不能继续作业。

2. 教师评价建议

任务 5.2　分解、组装 KC20 型电力连接器插头

【任务描述】

目前，空调客车上传输三相动力电源均使用 KC20 型电力连接器。该电力连接器的插头在运用过程中会出现故障。检修人员需依据作业指导书的规范标准，进行 KC20 型电力连接器插头的分解、组装作业。通过实训教学，学生需完成以下任务：

① 按技术作业过程分解、组装 KC20A（KC20D）型电力连接器插头。
② 正确使用万用表、兆欧表检测绝缘、相序。
③ 填写记录单。

在整个作业过程中，应遵循现场工作管理规范。

【学习目标】

知识目标	1. 掌握 KC20A（KC20D）型电力连接器插头分解、组装过程； 2. 能正确使用万用表、兆欧表
能力目标	1. 培养学生的动手能力； 2. 培养学生正确的检查技能； 3. 培养学生理论与实践相结合的运用能力
素质目标	培养学生的安全意识及吃苦耐劳的素质

【导　入】

KC20 型电力连接器由插头、插座和操作机构（防护盖、摇臂）组成，插头与插座相应地安装有 4 套自锁紧锥形接触对，每个插销都可自由浮动，每个插套都设置有一圆柱压缩弹簧，因此在插合时，能自动保证锥形接触对准确、稳定、牢靠地连接。其技术要求是：额定电压 500 V，额定电流 425 A。

由发电车发出的三相交流电经 KC20 型电力连接器输送到各车厢供各用电设备（包括空调控制柜、照明控制柜、客室电加热器、客车应急电源、电茶炉等）使用。运用实践证明，如果 KC20 型电力连接器安装质量差，在运用中通过的电流负荷过大，当电流超过额定电流值 425 A 时，轻则会导致电力连接器烧损，造成供电事故，重则会引起列车火灾。

【活　动】

活动 5.2.1　准备工作

1. 安全准备

按规定穿戴个人防护用品。

2. 工具材料准备（见表 5-3、表 5-4）

表 5-3　工具的准备

序号	名称	规格	数量	备注
1	万用表		1 块	任选 1 块
2	兆欧表	500 V 级/1 000 V 级	1 块	根据型号，选择一块
3	定扭矩电扳手		1 把	
4	压接工具		1 套	
5	螺丝刀	150 mm	2 把	平口、十字型各一把
6	护管切割器		1 把	
7	导线切割器		1 把	
8	活扳手		1 把	
9	电吹风		1 把	

表 5-4　材料的准备

序号	名称	规格	数量	备注
1	电力连接器插头	KC20A 型、KC20D 型	1 套	任选一种
2	模拟电力连接器插座	KC20A 型、KC20D 型	1 套	任选一种
3	螺母		适量	
4	弹簧垫圈		适量	
5	平垫圈		适量	
6	螺杆		适量	
7	波纹橡胶护套		适量	
8	喉箍		适量	
9	热缩套管		适量	
10	密封胶		适量	
11	线号笔		1 支	
12	橡胶套管	$\phi 60 \sim 70$ mm	适量	
13	连接导线		适量	
14	红油漆		适量	

3. 技术准备

要求学生掌握 KC20 型电力连接器插头的结构和技术要求。

活动 5.2.2   分解、组装 KC20 型电力连接器插头作业内容及技术要求

分解、组装 KC20 型电力连接器插头作业内容与技术要求如表 5–5 所示。

表 5–5   分解、组装 **KC20** 型电力连接器插头作业内容与技术要求

序号	工步	作业内容与要求	图示
1	准备工作	（1）按规定设置安全防护号志。 （2）确认 220 V/380 V 电源未接入。	
2	外观检查	检查电力连接器外观，包括护套、波形橡胶护套、喉箍等。	
3	分解、组装	（1）分解电力连接线（序）外壳、接线桩头。 （2）检查电力连接器（座）桩头、固定螺栓是否松动，胶木板、桩头是否有烧焦的痕迹、缺损、毛刺；测试各相线的绝缘，更换处理绝缘低的电力线、胶木板，烧损的桩头、胶木板；紧固固定螺栓等。 （3）更换破损的护套、波形管，以及锈蚀的喉箍等。	
4	测绝缘、相序	（1）安装、调整、紧固接线桩头，测量三相绝缘、相序等。 （2）装好密封垫，盖上护盖，紧固喉箍，测量绝缘、相序。	
5	完工整理	（1）将开关置规定位置。 （2）收拾工具，撤除安全防护号志，清理现场。	

活动 5.2.3　思考练习

1. KC20 型电力连接器由哪几部分组成？
2. 分解、组装 KC20 型电力连接器插头时，外观检查需要检查哪些部件？

【考核评价】

1. 综合评价表（见表 5-6）

表 5-6　综合评价表

序号	考核项目	总分	评分标准	自评分	互评分	教师评分	综合评分
1	时间	10	标定时间 30 min，每超时 30 s 从总分扣 1 分，不足 30 s 按 30 s 计。				
2	作业过程	30	（1）外观检查：波形套、喉箍、衬套、紧固件，漏检 1 件扣 1 分。 （2）分解：① 用定扭矩电扳手分别卸下 U、V、W、N 线的螺母、平垫、弹簧垫，漏一项扣 1 分。② 检查各线、接头，若有烧损则更换、压接，并内外部清洁，未按标准操作每项扣 5 分。 （3）卸下喉箍，未按标准更换，每项扣 1 分。 （4）检查各杆销，如有质量不符合要求则更换，未做每项扣 1 分。 （5）热缩套管不良及无标记，每处扣 1 分。 （6）按分解逆顺序进行组装，顺序错扣 10 分。 （7）损坏、丢失零配件，每项扣 2 分。 （8）万用表、兆欧表未校验，每项扣 2 分。 （9）未测绝缘、相序，每项扣 5 分。 （10）检测完毕后将开关置规定位置，未做扣 2 分。 （11）未做到工完、料尽、场地清，扣 2 分。 （12）作业程序混乱，扣 2 分。				
3	作业质量	50	（1）各端子是否使用定扭矩电扳手按规定扭矩旋紧，涂红油漆，未做每项扣 2 分。 （2）各螺栓每松动一处，扣 1 分。 （3）各零配件是否齐全，缺一件扣 2 分。				

序号	考核项目	总分	评分标准	自评分	互评分	教师评分	综合评分
4	安全及其他	10	（1）未按规定穿戴个人防护用品，扣5分。 （2）作业中破皮流血，扣5分。 （3）损坏、丢失工具、仪表，每项扣2分。 （4）工具使用不正确，每次扣2分。 （5）工具、材料遗留现场，每件扣1分。				
5	合计	100					

否定项：若发生下列情况之一，则应及时终止实训，成绩记为零分。

（1）绝缘不符合规定。

（2）相序错误。

（3）总作业时间超过36 min。

（4）出现不安全因素，不能继续作业。

2. 教师评价建议

项目 6

转向架检修及常见故障处理技能训练

【项目构架】

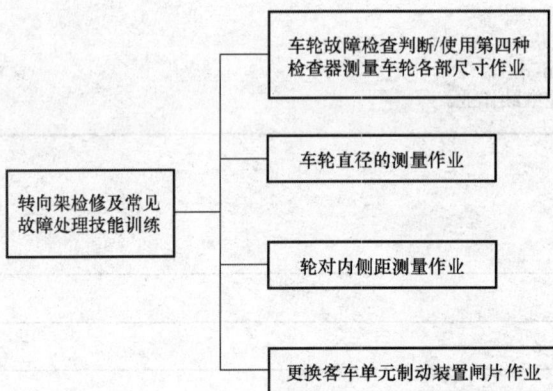

【项目引导】

目的要求

1. 掌握客车转向架的种类、构造、工作原理。
2. 掌握轮对的测量、检查作业技能。
3. 掌握车轮故障判断作业技能。
4. 掌握更换客车单元制动装置闸片技能。

重点与难点

重点：

1. 客车转向架的构造、工作原理。
2. 轮对的测量、检查、故障判断技能。
3. 更换客车单元制动装置闸片技能。

难点：

1. 轮对的测量、检查、故障判断技能。
2. 更换客车单元制动装置闸片操作技能。

【项目内容】

任务 6.1　车轮故障检查判断/使用第四种检查器测量车轮各部尺寸作业

【任务描述】

　　量具是铁路车辆检修及日常维修中常用的工具之一。列车检车员负责列车的日常维修工作，因此必须掌握有关量具的用途、测量方法及使用限度、标准。例如，在检车当中发现车轮踏面剥离或局部擦伤等故障，该故障是否影响行车安全？是否需要扣车修理？仅凭目测或估计是不规范、不准确也不科学的，唯一的判断标准就是用量具测量，根据测量结果决定是否需要扣车修理。检修人员需依据作业指导书的规范标准，进行车轮故障检查判断作业。通过实训教学，学生需完成以下任务：

　　① 正确使用第四种检查器。

　　② 正确判断车轮故障是否超限。

　　③ 填写记录单。

　　在整个作业过程中，应遵循现场工作管理规范。

【学习目标】

知识目标	1. 掌握第四种检查器的使用方法； 2. 掌握判断车轮故障是否超限的标准
能力目标	1. 培养学生的动手能力； 2. 培养学生正确的检查技能； 3. 培养学生理论与实践相结合的运用能力
素质目标	培养学生的安全意识及吃苦耐劳的素质

【导　入】

　　下面介绍车轮故障检查判断作业常用工具——第四种检查器。

1. 第四种检查器的结构组成

　　第四种检查器是车轮故障检测常用工具，其结构如图 6-1 所示。

　　第四种检查器的主尺为直角形，其垂直尺身（又称轮辋厚度测尺）正面刻有长度双刻度线，水平尺身的背面刻有车轮滚动圆中心定位刻线。踏面圆周磨耗测尺和轮缘厚度测尺通过踏面圆周磨耗测尺框和轮缘厚度测尺框组合在一起，从而形成整体的联动结构形式。

　　为保证第四检查器测量操作的稳定和数据准确、可靠，在轮辋厚度测尺的背面装有定位角铁。

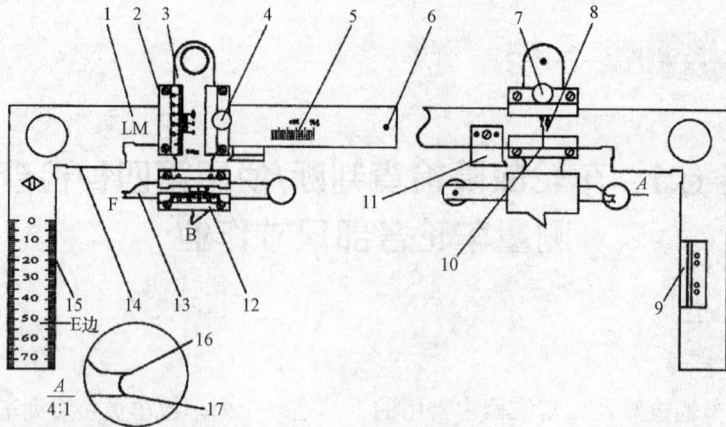

1—主尺；2—踏面圆周磨耗测尺框；3—踏面圆周磨耗测尺；4—尺框紧固螺钉；5—轮辋宽度测尺；6—止钉；7—踏面磨耗
尺紧固螺钉；8—滚动圆中心定位刻线；9—定位角铁；10—踏面磨耗测尺框；11—定位挡块；12—轮缘厚度测尺框；
13—轮缘厚度测尺；14—轮缘高度测量定位面；15—轮辋厚度测尺；16—垂直磨耗测头；17—轮辋厚度测头。

图 6-1　第四种检查器的结构

2. 第四种检查器的测量范围及使用方法

1）踏面圆周磨耗（深度）

向下推动踏面圆周磨耗测尺，使测尺触点 B 接触踏面，然后直接读出与测尺（上部）零刻线对应的尺框上的刻线尺寸，即为踏面圆周磨耗尺寸（如某次测量的读数为 5.7 mm）。

适用限度： 踏面圆周磨耗不大于 8 mm。

2）轮缘厚度

（1）向下推动踏面圆周磨耗测尺，使测尺触点 B 接触踏面，拧紧背部紧固螺钉。

（2）向左推动轮缘厚度测尺，使触点接触轮缘外侧，这时可读出轮缘厚度测尺框上与轮缘厚度测尺零刻线相对应的数字，即为轮缘厚度。

适用限度： D、E 型不小于 23 mm，其他型不小于 22 mm。

3）轮辋厚度

可从垂直尺身 E 边尺寸刻线与轮辋底部棱角相对应位置读出数字（如某次测量的读数为 42 mm），然后将该数值减去踏面圆周磨耗尺寸（前面测出踏面圆周磨耗尺寸为 5.7 mm），则轮辋厚度尺寸为36.3 mm（42 mm-5.7 mm）。

4）轮缘垂直磨耗（轮缘高度）

测轮缘垂直磨耗时，直接推动轮缘厚度测尺，看 F 点上边的触点是否接触轮缘外侧，若密切接触即为垂直磨耗过限。用 27 mm 加上踏面圆周磨耗尺寸，即为实际轮缘高度数值。

5）踏面擦伤或局部凹下深度

使测尺 B 点接触擦伤最深处，记下读数（a=5 mm）。固定测尺框螺钉，抬起测尺，再在同一圆周无擦伤部位测量，记下读数（b=2），则擦伤深度为 3 mm（a-b=5 mm-2 mm）。

适用限度： 擦伤深度不大于 1 mm，剥离深度无具体规定。

6）踏面剥离长度

直接用测尺外侧（0～75 mm）沿车轮圆周方向（不是剥离长度方向）测量踏面剥离区两边缘之间的长度，即为踏面剥离长度。

适用限度： 剥离长度一处不大于 30 mm，两处剥离外边缘相距小于 75 mm 时，每处长度不得超过 20 mm。连续剥离长度不得超过 350 mm。

7）轮辋宽度

① 将踏面圆周磨耗测尺框推至轮辋宽度测尺附近。

② 向下推动踏面圆周磨耗测尺，使其测头越过踏面。

③ 向左推动踏面圆周磨耗尺框，使其下部测头贴靠（或指向）车轮外侧面。

④ 读取踏面圆周磨耗测尺框左侧面对应轮辋宽度测尺的数值，即为轮辋宽度。如果踏面有辗宽，应减去踏面辗宽数值，即为轮辋实际宽度。

8）车轮外侧碾宽

① 将踏面圆周磨耗测尺框推至轮辋宽度测尺附近。

② 向下推动踏面圆周磨耗测尺，使其测头越过辗边。

③ 向左推动踏面圆周磨耗测尺框，使其下部测头贴靠车轮外侧辗边，观察辗边宽度是否超出轮缘测尺的卷边测量线，超出者即判定过限。

9）测量车钩闭锁位钩舌与钩腕内侧面距离

在车钩处于闭锁位时，用第四种检查器垂直尺身（适用于运用、轴检）水平插向钩舌与钩腕之间，上、中、下测三处，其中任何一处能插入者即为过限。

适用限度： 车钩闭锁位钩舌与钩腕内侧距离不大于 135 mm。

【活　动】

活动 6.1.1　准备工作

1. 安全准备

穿戴好个人防护用品，准备好安全防护号志（脱轨器、防护红旗或红色信号灯）。

2. 工具材料准备（见表 6–1）

表 6–1　工具材料的准备

序号	名称	规格	数量	备注
1	防护红旗		1 面	
2	第四种检查器		1 把	
3	秒表		3 只	
4	钢直尺		1 把	
5	粉笔		1 支	
6	记录笔		1 支	
7	记录单		适量	

3. 设备设施准备（见表 6–2）

表 6–2　设备设施的准备

序号	名称	规格	数量	备注
1	滚动轴承轮对		1 条	

4. 技术准备

① 能正确使用第四种检查器测量车轮各部尺寸。

② 能根据运用限度要求正确判断故障车辆是放行还是扣修。

③ 掌握第四检查器的使用方法。

④ 掌握运用客车轮对部分的运用限度。

⑤ 正确填写记录单（轮缘垂直磨耗和踏面碾宽不测量）。

活动 6.1.2　车轮故障检查判断作业内容及技术要求

客车车轮踏面故障检查判断

车轮故障检查判断作业内容及技术要求如表 6-3 所示。

表 6-3　车轮故障检查判断作业内容及技术要求

序号	工步	作业内容与要求	图示
1	作业准备	（1）开工前穿戴好个人防护用品，女士有长发者须盘在帽子内，禁止穿拖鞋、凉鞋、高跟鞋作业。 （2）准备轮对尺寸测量用的量具、工具。从工具柜取出第四种检查器、钢直尺、粉笔、白油漆等，放置到作业现场。检查量具应技术状态须良好，检定不过期，不符合要求时不得使用，须送计量室更换。	
2	设置安全防护信号	插设防护红旗。 **要求**：防护红旗要展开，工作中不能落地。	
3	测量踏面圆周磨耗	用第四种检查器测量车轮踏面圆周磨耗，用粉笔将测量值分别标注于对应轮辋内侧面上，数值保留一位小数。 **要求**：踏面圆周磨耗深度大于 3 mm 时，车轮须旋修。	
4	测量轮辋厚度	用第四种检查器测量车轮轮辋厚度，用粉笔将测量值分别标注于对应轮辋内侧面上，数值保留一位小数。有下列情况之一时，轮对须送车轮车间修理： （1）无辐板孔车轮轮辋厚度小于 26 mm 时； （2）有辐板孔车轮轮辋厚度小于 28 mm 时。	

续表

序号	工步	作业内容与要求	图示
5	测量轮缘厚度、垂直磨耗	用第四种检查器测量车轮轮缘厚度、垂直磨耗,用粉笔将测量值分别标注于对应轮辋内侧面上,数值保留一位小数。有下列情况之一时,车轮须旋修: ① 轮缘厚度大于 33 mm 时。 ② 轮缘垂直磨耗过限时。	
6	测量踏面擦伤或局部凹陷深度	用第四种检查器测量车轮踏面擦伤或局部凹陷深度,用粉笔将测量值标注于对应轮辋内侧面上,数值保留一位小数。 要求:踏面擦伤或局部凹陷深度大于 0.2 mm 时,车轮须旋修。	
7	测量踏面剥离	用第四种检查器测量车轮踏面剥离尺寸,用粉笔将测量值标注于对应轮辋内侧面上。 要求:轮对车轮踏面剥离长度一处大于 15 mm 或二处及以上且有任何一处大于 8 mm 时,车轮须旋修。	
8	测量轮辋外侧碾宽	用第四种检查器垂直尺身或钢直尺测量车轮轮辋外侧碾宽,用粉笔将测量值标注于对应轮辋外侧面上。 要求:轮辋外侧碾宽大于 5 mm 时,车轮须旋修。	
9	撤除安全防护信号	撤除防护红旗。	
10	完工整理	(1) 故障处理完毕后,将工具、材料、配件及时收回,放在定置存放处。 (2) 打扫作业场地,做到工完、料清、场地清洁。	

活动 6.1.3 思考练习

1. 说明第四种检查器的测量范围及使用方法。

2. 测量踏面剥离应注意哪些事项?

【考核评价】

1. 综合评价表（见表6-4）

表6-4　车轮故障检查判断处置作业综合评价表

序号	考核项目	总分	评分标准	自评分	互评分	教师评分	综合评分
1	作业时间	10	标定时间 15 min，每超过 15 s 从总分扣 1 分，不足 15 s 按 15 s 计。				
2	作业过程	30	（1）少口述一项，扣 2 分。 （2）每项报错限度，扣 3 分。 （3）少测量一项，扣 3 分。 （4）记录单未填写，扣 10 分。 （5）是否超过运用限度判断错误，扣 5 分。				
3	作业质量	50	（1）测量误差，每超过规定值±0.1 mm，扣 1 分。 （2）口述错误，每项扣 2 分。 （3）记录单填写错误，每项扣 2 分。				
4	安全及其他	10	（1）未按规定穿戴个人防护用品，每件扣 5 分。 （2）作业中破皮流血，扣 5 分。 （3）工具使用不正确，每次扣 2 分。 （4）防护红旗未展开、中途脱落或作业完毕未撤除，每项扣 5 分。 （5）工具、材料遗留现场，每件扣 1 分。				
5	合计	100					

否定项：若发生下列情况之一，则应及时终止实训，成绩记为零分。
（1）总作业时间超过 18 min。
（2）不会使用第四种检查器。
（3）尺寸误差大于 0.5 mm。
（4）出现不安全因素，不能继续作业。

2. 教师评价建议

_____

_____

_____

_____

_____

_____

_____

任务6.2　车轮直径测量作业

【任务描述】

轮对组装时需要对车轮直径进行测量。检修人员需依据作业指导书的规范标准，进行车轮直径的测量作业。通过实训教学，学生需完成以下任务：

（1）正确测量同一轮对两车轮的轮径。

（2）正确判断轮径差是否超限。

（3）填写记录单。

在整个作业过程中，应遵循现场工作管理规范。

【学习目标】

知识目标	1. 掌握测量车轮直径的方法； 2. 掌握客车车辆车轮直径的技术标准
能力目标	1. 培养学生的动手能力； 2. 培养学生正确的检查技能； 3. 培养学生理论与实践相结合的运用能力
素质目标	培养学生的安全意识和吃苦耐劳的素质

【导　入】

下面介绍测量车轮直径常用工具——仪表式车轮直径检查尺。

1. 仪表式车轮直径检查尺的结构

仪表式车轮直径检查尺可根据车轮的三个接触点间的距离显示出车轮的直径。它不仅用起来较为轻便，而且显示的数值较为精确，在车轮直径测量作业中使用较多。

仪表式车轮直径检查尺由测量块、构架、指示表、传动装置、测头、定位架组成，如图6-2所示。用于校对检查尺零位的校准器是一段圆弧，如图6-3所示。

2. 测量准备

① 在校准器上校对"零位"。

② 装上指示表，稍紧固。

③ 装上测头。

④ 将仪表式车轮直径检查尺放置于校准器上，通过上下移动指示表和旋转指示表盘，将指示表读数调整为标准圆直径，固紧指示表和指示表盘。

3. 测量轮径

测量时，两手握住仪表式车轮直径检查尺两端的构架部位，将其放置于被测车轮上，使定位架与车轮基准端面靠紧（因为有磁性，二者只要一接触就能保证密贴），两手轻轻下压，至两测量块均与车轮踏面接触，即可从指示表中读出直径值。

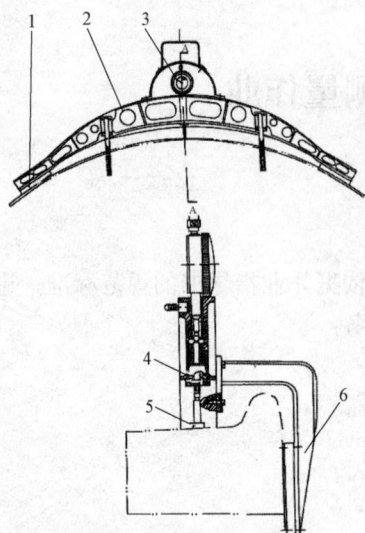

1—测量块；2—构架；3—指示表；
4—传动装置；5—测头；6—定位架。
图 6-2 仪表式车轮直径检查尺

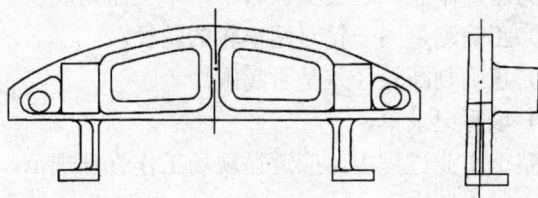

图 6-3 校准器

【活　动】

活动 6.2.1　准备工作

1. 安全准备

穿戴好个人防护用品，准备好安全防护号志（脱轨器、防护红旗或红色信号灯）。

2. 工具材料准备（见表 6-5）

表 6-5　工具材料的准备

序号	名称	规格	数量	备注
1	防护红旗		1 面	
2	车轮直径检查尺		1 把	
3	记录单		若干	
4	秒表		3 只	

3. 设备设施准备（见表 6-6）

表 6-6　设备设施的准备

序号	名称	规格	数量	备注
1	客车轮对		1 条	

4. 技术准备

要求学生掌握车轮直径检查尺的使用方法、客车车辆车轮直径的技术标准。轮径测量误差不得超过±0.5 mm。

活动 6.2.2　测量车轮直径作业内容及技术要求

车轮直径测量作业

测量车轮直径作业内容及技术要求如表 6−7 所示。

表 6−7　测量车轮直径作业内容及技术要求

序号	工步	作业内容与要求	图示
1	作业准备	（1）准备工具、材料、配件时，须检查确认其状态良好。 （2）检查车轮直径检查尺，须配件齐全，测量尺框灵活，刻度线清晰，定检标记（或鉴定合格证）不过期。	
2	设置安全防护信号	插设防护红旗，并确认安全。 **要求**：防护红旗要展开，工作中不能落地。	
3	在校对器上校对"零位"	（1）拧紧指示表测头和车轮直径检查尺测头，以免校对"零位"或做测量时测头松动而带来测量误差。 （2）在车轮直径检查尺上装上指示表。 （3）将车轮直径检查尺放置在校准器上，保证两测量块均与校准器弧面接触良好，定位架与校准器定位端面密贴，然后通过上下移动指示表，将指示表读数调整为校准器直径值。	
4	测量车轮外径	（1）测量时，两手握住车轮直径检查器两端的构架，将车轮直径检查尺放置在被测车轮上，使定位架与车轮内侧面靠紧（因为有磁性，只要一接触就能保证密贴） （2）两手轻压，使两测量块均与车轮踏面接触到位。 （3）机械指示表表盘有以下几种形式：短指针指示的是10 mm 以上的数，长指针指示的是 10 mm 以下的数，分度值为 0.1 mm，可估读到 0.01 mm。	
5	记录	将作业的车种车型车号、定检标记、测量数据、测量位数、测量内容等情况按要求记录在记录单上。 **要求**：填写须符合规定，字迹清晰。	

序号	工步	作业内容与要求	作业图示
6	质量检查和确认	值班老师现场组织指挥，负责指导及质量检查和确认。	
7	撤除安全防护信号	撤除防护红旗。	
8	清理现场场地	故障处理完毕后，将工具、材料、配件及时收回，放在定置存放处。	

活动 6.2.3　思考练习

1. 简述仪表式车轮直径检查尺的使用方法。
2. 测量车轮直径有哪些要求？

【考核评价】

1. 综合评价表（见表 6-8）

表 6-8　综合评价表

序号	考核项目	总分	评分标准	自评分	互评分	教师评分	综合评分
1	作业时间	10	标定时间 5 min，每超 5 s 扣 1 分，不足 5 s 按 5 s 计。				
2	作业过程	30	（1）作业顺序颠倒，每次扣 3 分。 （2）车轮直径检查尺未确认检验标记，扣 5 分。 （3）测量时，未进行移动找位，每次扣 3 分；螺钉未固定，扣 3 分。 （4）测量位置不正确，每次扣 3 分。 （5）车轮直径检查尺使用不规范，扣 5 分。				
3	作业质量	50	（1）测量误差每超 1 mm 扣 2 分。 （2）口述提问时，回答判断错误，扣 20 分。				

序号	考核项目	总分	评分标准	自评分	互评分	教师评分	综合评分
4	安全及其他	10	（1）未按规定穿戴个人防护用品，扣5分。 （2）作业中破皮流血，扣5分。 （3）车轮直径检查尺使用不正确，每次扣2分。 （4）防护红旗落地未重插，扣5分；未展开，扣2分。 （5）工具、材料遗留现场，每件扣1分。				
5	合计	100					

否定项：若发生下列情况之一，则应及时终止实训，成绩记为零分。

（1）未插设防护红旗就进入车底作业。

（2）车轮直径检查尺不会使用。

（3）出现不安全因素，不能继续作业。

（4）作业时间超过6 min。

2. 教师评价建议

任务 6.3 轮对内侧距测量作业

【任务描述】

轮对组装后需要测量轮对内侧距。检修人员需依据作业指导书的规范标准，进行轮对内侧距的测量作业。通过实训教学，学生需完成以下任务：

① 正确测量轮对内侧距。

② 正确判断轮对内侧距是否超限。

③ 填写记录单。

在整个作业过程中，应遵循现场工作管理规范。

【学习目标】

知识目标	1. 掌握测量轮对内侧距的方法； 2. 掌握客车轮对内侧距的运用限度标准
能力目标	1. 培养学生的动手能力； 2. 培养学生正确的检查技能； 3. 培养学生理论与实践相结合的运用能力
素质目标	培养学生的安全意识及吃苦耐劳的素质

【导　入】

1. 轮对内侧距检查尺结构

轮对内侧距检查尺的结构如图 6-4 所示。

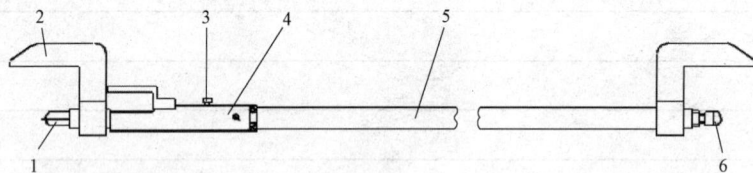

1—活动测杆；2—限位钩；3—紧固螺钉；4—示值标套；5—尺身；6—测头。

图 6-4　轮对内侧距检查尺（LLJ-NJ-A 型）的结构

2. 轮对内侧距检查尺使用方法

1）检测说明

① 将轮对内侧距检查尺两端定位面放置于两车轮轮缘顶点处，尺身平行于车轴中心线。

② 调整测头，使之与任一侧车轮内侧面靠紧。

③ 移动活动测杆，使其紧靠另一侧车轮的内侧面。

④ 再移动活动测杆找最小距离，读活动测杆上的刻线对准示值标套上刻线的数值，即为轮对内侧距。

2）检测要求

在车轮圆周任意三等分处，以轮辋内侧面距轮缘顶部 45 mm 处为测量点，分别测量两轮辋内侧面之间的距离（即轮对内侧距），最大内侧距与最小内侧距之差为轮对内侧距最大差。

【活　动】

活动 6.3.1　准备工作

1. 安全准备

穿戴好个人防护用品，准备好安全防护号志（脱轨器、防护红旗或红色信号灯）。

2. 工具材料准备（见表 6-9）

表 6-9　工具材料的准备

序号	名称	规格	数量	备注
1	防护红旗		1 面	
2	轮对内侧距检查尺		1 把	
3	记录单		若干	
4	秒表		3 只	

3. 设备设施的准备（见表 6-10）

表 6-10　设备设施的准备

序号	名称	规格	数量	备注
1	客车轮对		1 条	

4. 技术准备

要求学生掌握测量轮对内侧距的方法、客车轮对内侧距的运用限度标准。

活动 6.3.2　测量轮对内侧距的作业内容及技术要求

轮对内侧距测量作业

测量轮对内侧距的作业内容及技术要求如表 6-11 所示。

表 6-11　测量轮对内侧距的作业内容及技术要求

序号	工步	作业内容及技术要求	图示
1	作业准备	（1）准备工具、材料、配件时，须检查确认其状态良好。轮对内侧距检查尺应配件齐全、活动测杆灵活、刻度线清晰、尺身无弯曲变形、检定标记（或鉴定合格证）不过期。 （2）插设防护红旗，并确认安全。	

续表

序号	工步	作业内容及技术要求	图示
2	测量	（1）将轮对内侧距检查尺平放在轮缘顶点上并使之与车轴中心线平行。 （2）先使轮对内侧距检查尺固定的一侧靠紧轮缘内侧，推动活动测杆与另一轮缘内侧接触，拧紧螺母。	
3	读数	读取车轮轮缘内侧距离，车轮轮缘内侧距离应为（1 353±2）mm，并做好记录。 提示：示值标套刻线对正的刻度即为车轮轮缘内侧距离。	
4	三等分点测量	使用同样的操作方法再选择同一轮对其他两处进行测量，获得三处轮对内侧距数值。 注意：车轮三处须等分测量。	
5	计算差值	（1）计算三处轮对内侧距最大差值，应不大于 3 mm。 （2）依据测量结果对故障车辆进行相应处理。	
6	记录	将作业的车种车型车号、定检标记、测量数据、测量位数、测量内容等情况按要求记录在记录单上。填写须符合规定，字迹清晰。	
7	质量检查和确认	值班老师现场组织指挥，负责指导及质量检查和确认。	
8	清理现场场地	（1）故障处理完毕后，将工具、材料、配件及时收回，放在定置存放处。 （2）撤除防护红旗。	

活动 6.3.3 思考练习

1. 简述轮对内侧距检查尺的使用方法。

2. 轮对内侧距需要测量几次？各次测量的最大差值不能超过多少？

【考核评价】

1. 综合评价表（见表 6-12）

表 6-12 综合评价表

序号	考核项目	总分	评分标准	自评分	互评分	教师评分	综合评分
1	作业时间	10	标定时间 3 min，每超过 3 s 扣 1 分，不足 3 s 按 3 s 计。				

续表

序号	考核项目	总分	评分标准	自评分	互评分	教师评分	综合评分
2	作业过程	30	（1）轮对内侧距检查尺各部名称不知，扣 5 分。 （2）作业顺序颠倒，每次扣 3 分。 （3）轮对内侧距检查尺未确认检验标记，扣 5 分。 （4）测量时，未进行移动找位，每次扣 3 分。 （5）测量时轮对内侧距检查尺的尺身不平行车轴中心线，每次扣 3 分。 （6）轮对内侧距检查尺使用不规范，扣 5 分。 （7）工具未撤至钢轨外侧，每件扣 2 分。				
3	作业质量	50	（1）测量误差，每超 1 mm 扣 5 分。 （2）未测量三处，少一处扣 10 分。 （3）口述提问时，回答错误扣 20 分。				
4	安全及其他	10	（1）未按规定佩带工具及穿戴个人防护用品，每件扣 5 分。 （2）工具损坏，每件扣 4 分；工具未放回指定地点，每件扣 2 分。 （3）作业中碰伤出血，扣 5 分。				
5	合计	100					

否定项：若发生下列情况之一，则应及时终止实训，成绩记为零分。
（1）发生受伤事故，不能继续工作。
（2）作业时间超过 4 min。
（3）不会使用轮对内侧距检查尺。
（4）轮对内侧距是否符合运用限度标准判断错误。

2. 教师评价建议

任务 6.4 客车单元制动装置闸片更换作业

【任务描述】

客车车辆制动基础制动装置是盘形制动，其制动闸片一般都是合成闸片，要求合成闸片运用磨耗剩余厚度不得小于 5 mm，当其摩擦面距边缘的距离大于或等于 30 mm，或其裂纹长度大于 30 mm 时，须进行更换。检修人员需依据作业指导书的规范标准，进行更换客车单元制动装置闸片作业。通过实训教学，学生需完成以下任务：

① 掌握更换客车单元制动装置闸片的方法。

② 掌握客车单元制动装置闸片使用的技术标准。

③ 填写记录单。

在整个作业过程中，应遵循现场工作管理规范。

【学习目标】

知识目标	1. 掌握更换客车单元制动装置闸片的方法； 2. 掌握客车单元制动装置闸片使用的技术标准
能力目标	1. 培养学生的动手能力； 2. 培养学生正确的检查技能； 3. 培养学生理论与实践相结合的运用能力
素质目标	培养学生的安全意识及吃苦耐劳的素质

【导　入】

转向架基础制动装置

一位转向架一位车轴上分别装有一套带手制动的盘形单元和盘形制动单元，二位车轴上装有两套盘形制动单元。每个盘形制动单元由单元制动缸、制动杠杆、杠杆吊座、闸片托装置、闸片托吊和闸片等零部件组成，以三点悬挂在构架辅助横梁的制动吊座上。

闸片托吊通过圆销悬挂在盘形制动装置悬吊座上。制动闸片为进口 HVD–Ⅰ闸片。闸片可磨耗厚度为 30 mm。单元制动缸型号为 SP13。SP13 型制动缸为 8″膜板式双向间隙自动调整制动缸。为了满足低温环境的运营要求，对制动缸进行了低温试验，自 70 ℃至−40 ℃，各保温 5 min，并经多次高低温循环，恒温期间，制动缸内充入 600 kPa 压力空气，各项性能稳定。缓解状态下，制动闸片与制动盘间隙最大为（3.5±0.5）mm。为了适应手动调整闸片间隙的要求，制动缸端部设手动调整螺母，可顺时针或逆时针旋转调整螺母，使制动闸片与制动盘间隙增大或减小。更换闸片时，只需将闸片托下部的其中一个定位销拔出，然后将止挡旋出，闸片即可从闸片托中脱落，此时可更换新闸片。

【活　　动】

活动 6.4.1　准备工作

1. 安全准备
穿戴好个人防护用品，准备好安全防护号志（脱轨器、防护红旗或红色信号灯）。

2. 工具准备（见表 6–13）

表 6–13　工具的准备

序号	名称	规格	数量	备注
1	防护红旗		1 面	
2	手锤	0.5 kg	1 把	
3	活扳手	300 mm	1 把	
4	检点锤		1 把	
5	劈销器		1 副	

3. 设备设施准备（见表 6–14）

表 6–14　设备设施的准备

序号	名称	规格	数量	备注
1	客车		1 辆	
2	闸片		若干	
3	闸片托		若干	
4	闸片托吊		若干	
5	开口销		若干	

4. 技术准备
要求学生掌握更换客车单元制动装置闸片的方法、客车单元制动装置闸片使用的技术标准。测量尺寸误差不得超过 ±0.5 mm。

活动 6.4.2　更换客车单元制动装置闸片作业内容及技术要求

客车制动系统闸片更换

更换客车单元制动装置闸片作业内容及技术要求如表 6–15 所示。

表 6–15　更换客车单元制动装置闸片作业内容及技术要求

序号	工步	作业内容与要求	图示
1	准备工作	（1）设备准备： ① 带有盘形制动装置的转向架（闸片托吊座开口销须为扁开口销）。 ② 客车 6、7、10、11 位中任意一位，有地沟。	
1	准备工作	（2）工具准备： 手锤　　0.5 kg　　1 把 活扳手 300 mm　　1 把 检点锤　　1 把 防护红旗　　1 面 劈销器　　1 副	
		（3）材料准备： 闸片、闸片托、闸片托吊、闸片吊销、开口销若干。	
2	设置安全防护信号	插设防护红旗。 **要求：防护红旗要展开，工作中不能落地。**	
3	关门排风	关闭截断塞门，排除工作风缸余风，排除副风缸余风。	
4	调整闸片间隙	调整闸片间隙，使得闸片与制动盘的间隙增大至可拆卸闸片。	

序号	工步	作业内容与要求	图示
5	拆卸、分解闸片	（1）拆卸闸片止挡开销及垫。 （2）拆卸闸片托吊中孔开销及垫。 （3）拆卸闸片托穿销开销及垫。 （4）分解闸片托中孔圆销，调整闸片间隙。 （5）分解闸片托穿销，卸下闸片托并使之落地。 **要求：**闸片托装置各部件分解后，摆放整齐，擦拭干净。	
6	组装、检查新闸片	**1．组装新闸片** （1）组装新闸片及吊中孔圆销。 （2）安装闸片托穿销开销及垫。 （3）安装闸片托吊中孔开销及垫。 （4）安装闸片止挡开销及垫。 **2．闸片托检查要求** （1）闸片托杠杆、连杆无裂纹，闸片磨耗不超限。 （2）圆销、横穿螺栓磨耗不超限。 （3）螺纹状态良好。	
7	调整闸片间隙	调整闸片间隙，使左右间隙之和为 3～5 mm。 闸片托安装要求如下： ① 衬套不得松动、裂损，磨耗不超限。 ② 闸片厚度符合要求。 ③ 各零部件组装正确。 ④ 圆销、开口销安装方向正确，组装后圆销间隙不超限、横动量符合要求。 ⑤ 各开口销须更换新品，组装后开口角度正确，当旋转状态有阻碍时，应卷起。 ⑥ 各磨耗部位应加注适量油脂。	

续表

序号	工步	作业内容与要求	图示
8	停止排风、开通截断塞门	停止排风、开通截断塞门。 **注意**：截断塞门要慢慢地开启。	
9	清理场地，撤除安全防护信号	（1）将工具、材料、配件及时收回，放在定置存放处。 （2）撤除防护红旗。	
注意事项		（1）按规定穿戴个人防护用品。 （2）正确使用工具，工具、设备及零件无损坏、丢失。 （3）闸片、闸片托安装时分清楚安装位置，不得错装。 （4）作业完毕后，工具应放置规定位置。 （5）不得发生任何不安全事件。	

活动 6.4.3 思考练习

1. 简述更换客车单元制动装置闸片的作业过程。
2. 简述组装新闸片时对闸片托的检查要求。

【考核评价】

1. 综合评价表（见表 6-16）

表 6-16 综合评价表

序号	考核项目	总分	评分标准	自评分	互评分	教师评分	综合评价
1	作业时间	10	标定时间 5 min，每超过 5 s 扣 1 分，不足 5 s 不扣分。				
2	作业过程	30	（1）未关门，少排一个风缸风，本项失格。 （2）忘记开门，少关一个风缸塞门，本项失格。 （3）工具或材料未按原位摆放，每件扣 1 分。				

续表

序号	考核项目	总分	评分标准	自评分	互评分	教师评分	综合评分
3	作业质量	50	（1）闸片未落地，扣 5 分。 （2）未检查闸片，扣 2 分。 （3）未成对更换闸片，扣 10 分。 （4）塞门开关不到位，扣 10 分。 （5）开口销角度不够，每个扣 2 分。				
4	安全及其他	10	（1）未插设防护红旗，扣 10 分；未撤除防护红旗，扣 5 分。 （2）未按规定穿戴个人防护用品，扣 4 分。 （3）违章使用工具，每次扣 1 分；作业完毕遗漏工具，每件扣 2 分。 （4）作业中碰破出血，扣 5 分；作业过程中受伤不能工作，本项失格。 （5）磕碰工具一次扣 2 分。				
5	合计	100					

否定项：若发生下列情况之一，则应及时终止实训，成绩记为零分。
（1）未设置防护红旗就进行作业。
（2）作业时间超过 7 min。
（3）发生工伤，不能继续工作。
（4）不会更换客车单元制动装置闸片。

2. 教师评价建议

项目 7

客车单车检查综合技能训练

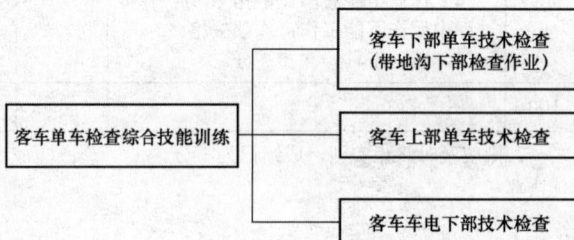

客车单车检查综合技能训练 —— 客车下部单车技术检查（带地沟下部检查作业）／客车上部单车技术检查／客车车电下部技术检查

【项目引导】

🔥 目的要求

1. 掌握客车车辆运用检查范围和出库质量标准、运用各种限度。
2. 掌握客车下部、上部单车检查方法、技能。
3. 掌握客车车电下部技术检查方法、技能。

🔥 重点与难点

重点：

1. 掌握客车车辆运用检查范围和出库质量标准。
2. 掌握客车车辆运用各种限度。
3. 掌握客车单车检查方法、技能。

难点：

1. 客车车辆运用检查范围和出库质量标准。
2. 客车下部单车技术检查作业方法、技能。
3. 客车车电下部技术检查作业方法、技能。

【项目内容】

任务 7.1　客车下部单车技术检查
（带地沟下部检查作业）

【任务描述】

　　当运用客车入库检修时，依据客车运用检修规程，检修人员需按作业指导书的规范要求，进行客车下部单车技术检查（带地沟下部检查作业），使之达到出库质量标准。通过实训教学，学生需完成对客车下部单车技术检查（带地沟下部检查作业），判断其技术状态是否正常，并填写记录单。在整个作业过程中，应遵循现场工作管理规范。

【学习目标】

知识目标	1. 掌握 25 型空调客车下部的结构和作用； 2. 熟悉 25 型空调客车下部出库质量标准
能力目标	1. 掌握客车下部单车检查（带地沟下部检查作业）的步骤、方法； 2. 能对客车下部按正确的步骤、方法进行单车检查
素质目标	1. 规范作业标准，强化安全意识； 2. 让学生养成诚实、守信、吃苦耐劳的品德，具有强烈的责任意识； 3. 培养学生创新意识和科学态度

【导　　入】

1. 25 型空调客车下部的结构与作用

① 车钩缓冲装置的结构与作用。

② 制动装置的结构与作用。

③ 主型转向架的种类、结构及作用。

④ 车体结构。

2. 运用客车下部出库质量标准

1）轮对

① 轮轴各部不得有裂纹，轮毂无松动现象，各部尺寸符合规定限度。

② 制动盘盘毂、盘座、半盘连接部无裂纹，散热筋（片）无贯穿裂纹，制动盘摩擦面无明显偏磨，制动盘磨耗及摩擦面热裂纹不超限，制动盘、螺栓、销套无松动，螺栓开口销无折损、丢失。

2）转向架

① 构架、摇枕、弹簧托梁及各安装座（含车体上与转向架配件相连的安装座）无裂纹、变形，摇枕吊及吊轴、横向控制杆、抗侧滚扭杆、牵引拉杆（横向拉杆）、牵引销、上下心

盘、轴箱导柱、定位转臂及夹紧箍、各安全吊无裂纹，摇枕弹簧及轴箱弹簧无裂损。

② 导柱弹性定位套无脱落、窜出；轴箱定位节点、牵引拉杆橡胶节点、横向挡等橡胶件无破损和脱胶；橡胶堆定位器不开胶、无裂纹，缺口方向符合规定；抗侧滚扭杆关节轴承及橡胶保护套无脱出、裂损。

③ 摇枕挡、旁承、横向挡间隙不超限；转向架各部安装螺栓无松动，防松铁丝捆绑良好；心盘垫板无破损、窜出，摇枕挡磨耗板无脱落。

④ 空气弹簧高度测量块无缺失，橡胶囊与金属板的粘接面无脱离，橡胶囊及橡胶堆表面裂纹不超限，胶囊帘线不外露。

⑤ 高度调整阀及调整杆安装牢固，无裂损、变形，调整杆护套完好；差压阀安装牢固、无裂损；防过充安全钢丝绳、圆销、开口销无折损；AM96 型转向架空气弹簧排风装置排风良好，钢索、操纵杠杆、弹簧、开口销等无折损。

⑥ 各油压减振器配件安装牢固、无缺失，无漏油、折损。

3）基础制动装置

① 盘形制动单元的杠杆和悬吊装置无裂纹，各杠杆转动灵活；各圆销、开口销无丢失、折损或磨耗到限，各圆销与套的配合间隙不过限，销套不窜出。闸片厚度不超限，缓解时闸片离开制动盘或闸片无压力。

② 踏面制动（含踏面清扫器）、制动梁及吊、闸瓦托吊、各拉杆及杠杆无裂纹；杆件与托不抗劲，各托架安装牢固、无裂纹；缓解簧安装牢固、无裂损；闸瓦及托磨耗不过限；各圆销、开口销无丢失、折损，各圆销与套配合间隙不过限，销套无窜出、裂损；闸瓦托防翻装置、闸瓦托吊销防脱挡齐全、良好。

③ 制动缸活塞行程符合规定，自动间隙调整器、ST1-600 型闸调器作用良好，缓解时闸瓦不紧靠车轮，闸瓦不偏磨；各垂下品距轨面距离符合规定。

④ 手制动机作用良好，链条处于松弛状态；各磨耗部（含转向架、钩缓等各部）磨耗板齐全，润滑良好。

4）空气制动装置及总风装置

① 列车制动机试验符合规定。制动、缓解作用良好，制动管系泄漏不超限，单元制动缸、制动缓解显示器及防滑排风阀无漏泄；总风管系贯通良好，漏泄不超限。

② 管系各管卡无松动、丢失；各阀、塞门、风缸配件无缺失、安装牢固、位置正确、作用良好；软管无鼓泡，安装无松动，连接状态良好，防尘堵悬挂牢固、防尘堵链垂下后不超过垂下品距轨面限度规定；折角塞门手把开口销无折损、丢失；制动缓解指示器清洁，显示正确，无裂损；风表不过期；紧急制动阀铅封齐全。

③ 单元制动缸及座无裂损，定位销轴定位良好，防尘套无破损，金属软管无松动、抗磨、破损。

④ 集成电空制动机箱、气路控制箱箱体及安装座无破损、松动，箱门关闭良好。

⑤ 客车列尾例行检查试验良好，主机安装牢固，管路无漏泄，胶管无龟裂、老化，专用DC 48 V 电源插座无松动、破损，工作正常。

5）车钩缓冲装置

①15 号车钩缓冲装置的车钩、钩尾框、托板、摆块及吊、冲击座、从板及座无裂纹，缓冲器无裂损；托板螺栓、钩尾销横穿螺栓无松动，防松铁线安装良好；钩舌销无折断，螺母

安装良好，开口销无折损；缓冲器无上翘，钩提杆落槽，不冲击下锁销连杆；下锁销及钩提杆按规定捆绑；车列首尾车钩三态作用良好，车钩高度符合规定；相连车钩钩差不过限。

② 密接式车钩缓冲装置安装座、缓冲器壳体、钩体无裂纹和永久变形；各部螺栓无松动、丢失；两车钩连接间隙及缓冲器的内半筒相对外壳后端面的伸出量不超限；解钩手柄定位良好、无变形。

6）车体及车顶设备

① 车辆定检不过期；车端登车扶梯及防攀盒安装牢固，盒门锁闭良好；车体倾斜不超限；车底架各梁无裂纹，墙、顶板无破损。

② 风挡弹簧、阻尼装置安装牢固、无折损；折棚式风挡拉杆组成松紧适度、连接牢固，篷布无裂损，车内折棚挂绳（簧）齐全，渡板无翘起；铁风挡折棚无弯曲、裂损和开焊；橡胶风挡胶囊裂损不超过 100 mm。

③ 脚蹬安装牢固，无腐蚀破损；手把杆无破损、丢失、松动；各裙板锁闭紧固。

④ 车底架各悬吊装置（含电器设备箱体悬吊）配件齐全、安装牢固、无裂纹，防松螺母无松动；车下各箱体（含电器设备箱体）外观无破损，箱门锁闭良好；油箱、水箱、污物箱无漏泄。

⑤ 各注水管、排水管及导管、排便桶安装牢固，无缺失；排水管朝向正确，避开轴箱、台车、轮对及基础制动装置；各类排水管、制动管、缓解阀拉杆等部件与车体间孔路封堵可靠，防寒材不外露。

⑥ 车顶不漏雨；车顶设备安装牢固，车顶天线、车顶活盖、通风器、废排风帽、消音器帽等无缺失，固定螺栓无脱落、松动现象。

3. 下部检查作业的分工及线路

带地沟检查分为地面作业和地沟作业。检测时，先外侧检查一周，再实施地沟内侧（两侧）检查。

1）作业分工

① 车端以车钩缓冲装置摆块内侧为界，摆块内侧面以外为地面作业检查范围，摆块内侧面以内为地沟作业检查范围。

② 转向架部分以轮对的轮缘顶点为界，外侧为地面作业范围，内侧为地沟作业范围。

③ 车底架部分以侧梁、缓冲梁外边缘为界，以外为地面作业范围，以内为地沟作业范围。

④ 地面作业者在有钩提杆一侧负责检查车钩的三态作用及钩头、钩舌、钩舌销。

2）作业线路

（1）外侧检查。

按规定插设安全防护号志—一位端二位侧客车端部—二位车底架端部—一位车钩进行三态试验检查—二位车门扶手脚踏架部—一位转向架二位侧外部—二位侧车体部分（部分空气制动机装置）—二位转向架四位侧—二位端四位侧客车端部（车体、车钩头部分等配件）—二位车钩进行三态试验检查—一位侧地面检查（同二位侧，含手制动机检查）。

（2）地沟检查。

一位端一位侧地沟（端梁下部钩缓装置等配件）—一位转向架内部—一位侧车下—二位转向架内部—二位端一位侧地沟（端梁下部的制动管路、钩缓装置等配件）—二位侧地沟检查（同一位侧）—撤除安全防护号志。

【活 动】

活动 7.1.1　准备工作

1. 安全准备

① 安全防护信号使用方法。

② 地沟检查作业相关安全事项。

2. 工具准备（见表 7-1）

表 7-1　工具的准备

序号	名称	规格	数量	备注
1	防护红旗		1 面	
2	一字、十字螺丝刀	150 mm	各 1 把	
3	钢丝钳	200 mm	1 把	
4	活扳手	250 mm	1 把	
5	检车灯		1 只	
6	检车锤		1 把	

3. 技术准备

① 按作业指导书标准化程序进行作业。

② 各部符合客车运用检修规程限度要求及出库质量标准。

③ 发现故障须报出故障名称、配件名称、配件位置、检修限度等。

活动 7.1.2　客车下部单车技术检查（带地沟下部检查作业）程序与要求

客车单车技术检查

客车下部单车技术检查（带地沟下部检查作业）程序与要求如表 7-2 所示。

表 7-2　客车下部单车技术检查（带地沟下部检查作业）程序与要求

序号	工步	作业内容与要求	图示
1	设置安全防护信号	防护红旗要展开，工作中不能落地。	

续表

序号	工步	作业内容与要求	图示
2	风挡	（1）风挡安装牢固，座无裂损。 （2）密接折棚（橡胶风挡）无破损。 （3）调整杆拉簧、调整螺套安装良好，调整螺套锁母无松动，上下安装座安装牢固。阻尼装置螺栓无松动，配件齐全，作用良好。 （4）框架无变形，密封胶条无破损。	
3	定检标记	定检标记清晰，不过期。	
4	车体倾斜	车体不得超过 50 mm。	
5	色票插	色票插不得松动、破损、丢失。	
6	钩提杆	（1）钩提杆不弯曲，不冲击下锁销连杆；钩提杆吊环及吊环座良好，下锁销连杆及吊环圆销、垫圈、开口销齐全、良好，开口销角度为 60°～70°。 （2）钩提杆座螺栓无松动，钩提杆与座间隙不大于 3 mm。 （3）三态作用开锁、闭锁、全开位作用良好。 （4）钩舌与钩腕的内侧距离，闭锁位不大于 135 mm，全开位不大于 250 mm。 （5）钩锁铁防跳装置间隙不大于 15 mm。确认落锁状态，下锁销及下连杆杆未反装。 （6）测钩高，应为 860～890 mm。 （7）互钩差不得超过 75 mm。 （8）车钩各部无裂纹，钩舌圆销无折断，螺母及开口销齐全、良好。 （9）钩舌圆销与耳孔或钩舌销孔的间隙不得超过 7 mm。	

序号	工步	作业内容与要求	图示
7	冲击座及摆块吊	（1）冲击座、摆块吊、摆块及磨耗板无变形、裂损，磨耗板无丢失。 （2）摆块不脱出。	
8	折角塞门制动软管及总风软管	（1）制动折角塞门、总风折角塞门不漏风、无松动，手把及销、安全防关开口销齐全、良好，安装角度符合规定。 （2）制动软管、总风软管无裂损、鼓泡。 （3）标记清晰，不过期。 （4）连接器无裂纹，胶圈良好。 （5）各防尘堵及链配件齐全，安装、作用良好。	
9	活动乘降梯、塞拉门进风管及塞门、车底板、排水导管、注水口及注水管	（1）配件齐全、牢固，无破损、弯曲。 （2）复位良好。 （3）塞拉门安装良好，不漏风。 （4）车底板无腐蚀、孔洞。 （5）侧梁无裂纹。 （6）排水导管及安装座无裂损、松动，管箍齐全。 （7）注水管安装角度正确、无松动，U形卡齐全、无松动，防护罩无裂损。	    

续表

序号	工步	作业内容与要求	图示
10	轮对	（1）检查轮外侧三分之一部分，各部应无裂纹，运用限度符合规定。 （2）轮缘外侧不得有缺损，轮缘厚度不小于 26 mm。 （3）轮缘垂直磨耗高度不大于 15 mm。 （4）踏面局部凹入及擦伤深度： 　　本属不大于 0.5 mm； 　　外属不大于 1 mm； 　　运行途中不大于 1.5 mm。 （5）踏面圆周磨耗不大于 7 mm。 （6）轮辋厚度不小于 25 mm。 （7）踏面剥离长度： 　　一处不大于 30 mm； 　　二处每处不大于 20 mm。 （8）踏面缺损： 　　相对车轮轮缘外侧至缺损部之距离不小于 1 505 mm。 　　缺损长度不大于 150 mm。 （9）轮缘内侧缺损： 　　长度不大于 30 mm； 　　宽不大于 10 mm。 （10）车轮直径之差： 　　同一转向架不大于 10 mm。 　　同一车辆不大于 40 mm。	
11	油压减振器及轮对提吊	（1）油压减振器配件齐全，安装牢固，螺栓无松动。 （2）油压减振器不漏油。 （3）轮对提吊间隙不小于 30 mm。 （4）承载座螺栓无松动，防松铁片作用良好。	
12	轴箱弹簧、轴箱	（1）轴箱弹簧无折断、裂纹，弹簧座及垫良好。 （2）轴箱体及轴箱盖无裂纹，后壁无甩油，前盖螺栓无松动。	
13	定位转臂、侧架	（1）定位转臂、侧架无裂纹。弹性定位套组成各部齐全，防松螺丝良好。 （2）夹紧板无移位，橡胶节点橡胶无裂损。 （3）转臂座无裂纹，夹紧箍螺栓紧固，各部螺栓无松动。 （4）侧架无裂纹。	

序号	工步	作业内容与要求	图示
14	轮对	检查右侧三分之一，技术要求与标准同第 10 步。	
15	高度调整阀及空气弹簧供风管	（1）防护板安装良好。 （2）高度调整阀不漏风，作用良好；调节杆无弯曲、变形，包扎良好，锁紧锁母紧固。 （3）高度符合规定。 （4）高度调整阀、空气弹簧连接管路无漏风。	
16	防过充装置	防过充装置配件齐全，作用良好。	
17	空气弹簧	（1）橡胶堆无老化，龟裂深度不超过 1 mm。 （2）橡胶堆与金属板的粘接面无脱离、疲劳，外伤产生的裂纹深度不得超过 1 mm，长度不得超过 30 mm。 （3）胶囊无老化、裂纹，充气状态高度符合：$(320+t)\pm 3$ mm。其中，t 为调整垫厚度。	
18	附加空气室	附加空气室良好，不漏风。	
19	抗蛇行减振器安装座、抗蛇行减振器螺母	抗蛇行减振器安装座无裂纹，不漏油，不反装，配件齐全；螺母无松动。	

续表

序号	工步	作业内容与要求	图示
20	侧架、定位转臂	（1）定位转臂、侧架无裂纹。弹性定位套组成各部齐全，防松螺丝良好。 （2）夹紧板无移位，橡胶节点橡胶无裂损。 （3）转臂座无裂纹，夹紧箍螺栓紧固，各部螺栓无松动。 （4）侧架无裂纹。	
21	内侧轮对	检查三分之一，技术要求及标准同第 10 步。	
22	内侧轴箱、轴箱弹簧	（1）轴箱弹簧无折断、裂纹，弹簧座及垫良好。 （2）轴箱体及轴箱盖无裂纹，后壁无甩油，前盖螺栓无松动。	
23	油压减振器及轮对提吊	（1）油压减振器配件齐全，安装牢固，螺栓无松动。 （2）油压减振器不漏油。 （3）轮对提吊间隙不小于 30 mm。 （4）承载座螺栓无松动，防松铁片作用良好。	
24	内侧轮对	检查内侧三分之一，技术要求及标准同第 10 步。	
25	车体侧墙板、油漆、车体裙板、制动（缓解）指示器	（1）侧墙板无腐蚀、变形，墙板油漆无鼓泡、脱落。 （2）车体裙板外侧面无变形、损坏；安装无松动，标记清晰正确。	

序号	工步	作业内容与要求	图示
25	车体侧墙板、油漆、车体裙板、制动（缓解）指示器	（3）制动（缓解）指示器配件齐全，作用良好，安装牢固。 （4）管系无漏风，显示清晰。	
26	二位转向架	同第 10～24 步（二位转向架地面作业）。	
27	排水、排便筒、活动乘降梯	（1）排水、排便筒的安装方位，应使排水不冲向转向架及轴箱。	
		（2）活动乘降梯配件齐全、牢固，无破损、弯曲，复位良好。	
28	风挡	（1）风挡安装牢固，座无裂损。 （2）密接折棚（橡胶风挡）无破损。 （3）调整杆拉簧、调整螺套安装良好，调整螺套、锁母无松动，上下安装座安装牢固。阻尼装置螺栓无松动，配件齐全，作用良好。 （4）框架无变形，密封胶条无破损。	

续表

序号	工步	作业内容与要求	图示
29	脚蹬及攀登拉手	安装良好、无变形。	
30	标记	标记清晰。	
31	手制动机	手制动机齿轮盒、主轴、制动链良好。	
32	防尘堵及链	制动管、总风管堵及链配件齐全，安装良好。	
33	冲击座及摆块吊	（1）冲击座、摆块吊、摆块及磨耗板无变形、裂损，磨耗板无丢失。 （2）摆块不脱出。	 

序号	工步	作业内容与要求	图示
34	钩身及缓冲装置	（1）钩身托板无变形，磨耗板良好，螺栓无松动。 （2）钩尾扁销良好（不能代用），螺栓紧固，止铁、防松铁丝良好且起作用。 （3）钩尾框托板、钩尾框（特别是弯角处）无裂损，螺栓紧固。 （4）钩身磨耗不超过 6 mm。 （5）从板及座无裂纹，从板座铆钉不松动，缓冲器良好。	 
35	牵引梁	牵引梁及盖板无裂纹，盖板不开焊。	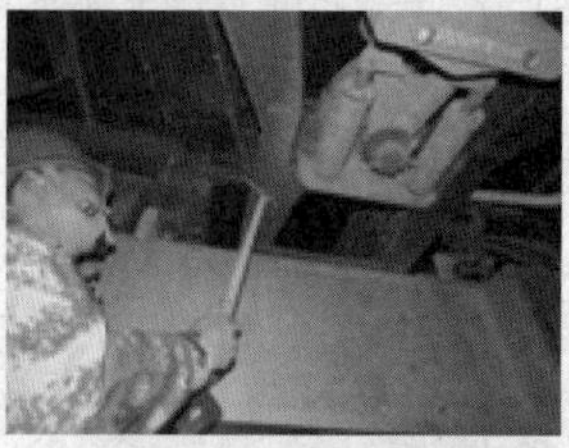 
36	手制动机	拉杆、托架、滑轮、链、拉链座、圆销开口销配件齐全，安装良好，无裂损。	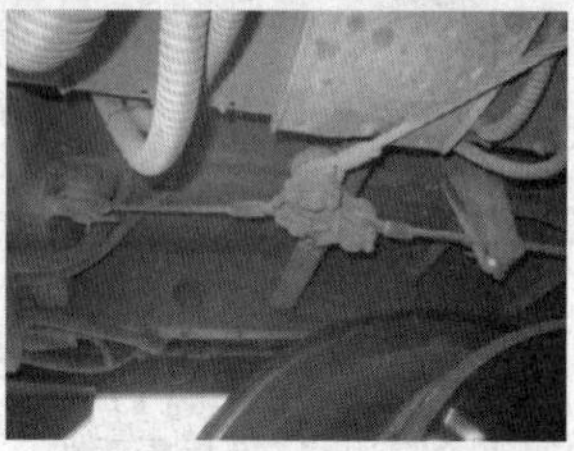 

序号	工步	作业内容与要求	图示
37	制动管、总风管、风表支管	管系（在二位侧）不漏风。	
38	车轮内侧	（1）轮缘内侧、轮辋、轮辐、轮座无裂纹，轮缘内侧缺损长度不大于 30 mm， 宽不大于 10 mm，凹痕深度不大于 1 mm。 （2）轮毂无移动，轴身无裂纹。 （3）轴身打痕、碰伤及弹痕深度不超过 2 mm。	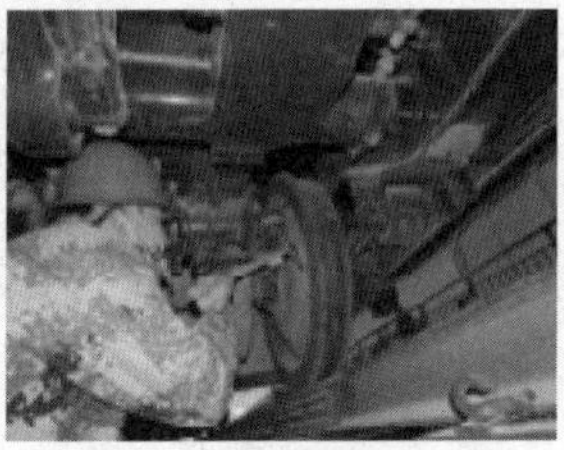
39	制动盘	（1）制动盘与盘毂连接螺栓紧固，螺栓、开口销无折损、无丢失。 （2）制动盘整体厚度不小于 96 mm。 （3）两半盘连接部位和盘毂无裂纹、无松动；制动盘不允许有从内径到外径的通长裂纹，热裂纹数量不限，热裂纹距内边缘和外边缘≥10 mm 时，热裂纹长度小于 95 mm；热裂纹距内边缘和外边缘＜10 mm 时，热裂纹长度小于 65 mm。 （4）制动盘摩擦面单侧磨耗不大于 7 mm。	  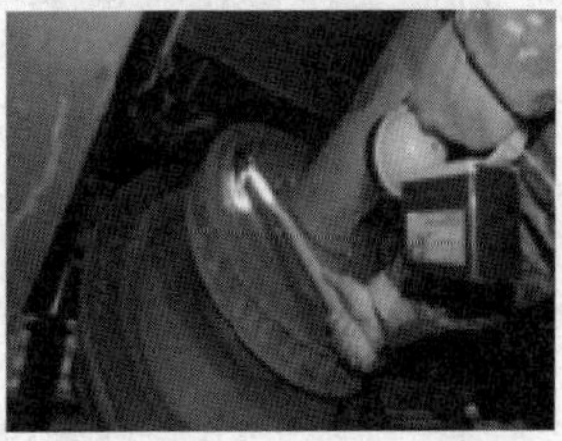

序号	工步	作业内容与要求	图示
40	制动夹钳装置	（1）钳式制动缸杆、吊座、闸片托吊、闸片托及闸片各部配件齐全，作用良好。 （2）各部圆销开口销、垫圈无折断、无丢失。 （3）制动夹钳装置各圆销磨耗不大于 2 mm。 （4）制动夹钳装置各衬套磨耗不大于 1.3 mm。 （5）制动夹钳装置各圆销与衬套配合间隙不大于 3 mm。 （6）闸片厚度不小于 5 mm。 （7）闸片与制动盘两侧间隙之和符合 3～5 mm。	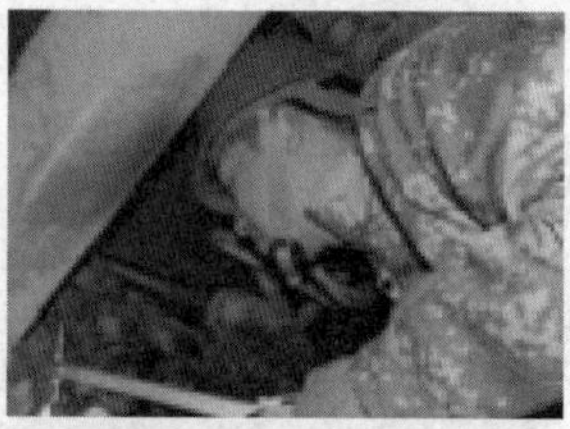  
41	单元制动缸及连接管	（1）单元制动缸吊座无裂纹，缸体良好，无裂损，不漏风，螺栓紧固，定位销不丢失。 （2）连接软管、制动缸密封胶套无破损，不漏风，位置正确、无抗磨。 （3）活塞行程符合 6～8 mm。	  

序号	工步	作业内容与要求	图示
42	手制动机	拉杆、滑轮及复原弹簧安装良好。	
43	转向架横梁	（1）转向架横梁无裂纹。 （2）附加气室丝堵不漏风。	 
44	空气弹簧胶囊内侧	（1）空气弹簧管路不漏风，截断塞门位置正确、不漏风。 （2）空气弹簧胶囊内侧无裂损、不漏风，底座橡胶堆无老化、无裂纹。	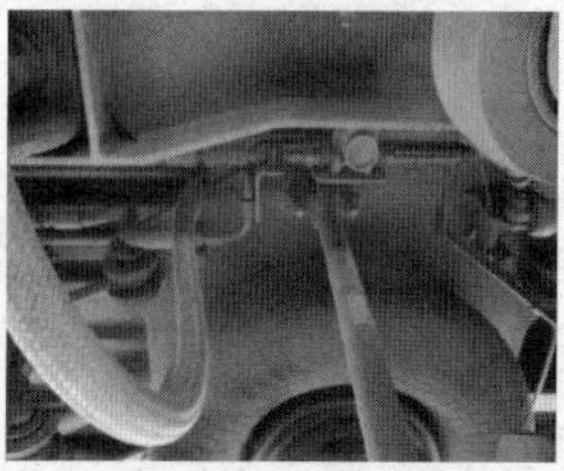
45	抗侧滚扭杆	（1）抗侧滚扭杆、扭臂无弯曲、无变形，连接部各圆销、开口销无折损、无丢失。 （2）扭臂座无开焊，扭臂上下关节无脱落，扭杆座无裂纹，紧固螺栓无松动、丢失。 （3）扭杆安全吊、扭臂防脱装置无变形，紧固螺栓无松动、无丢失。	
46	牵引拉杆、牵引拉杆座、压板、防松铁丝、螺栓	（1）牵引拉杆、牵引拉杆座无裂纹，连接良好；压板、螺栓无松动；防松铁丝良好。横向止挡与纵向梁间隙为（40±3）mm。 （2）橡胶垫无裂纹、破损和脱胶现象。	

序号	工步	作业内容与要求	图示
47	横向缓冲挡及螺栓	横向缓冲挡无损坏、丢失，间隙符合规定，螺栓不松动。	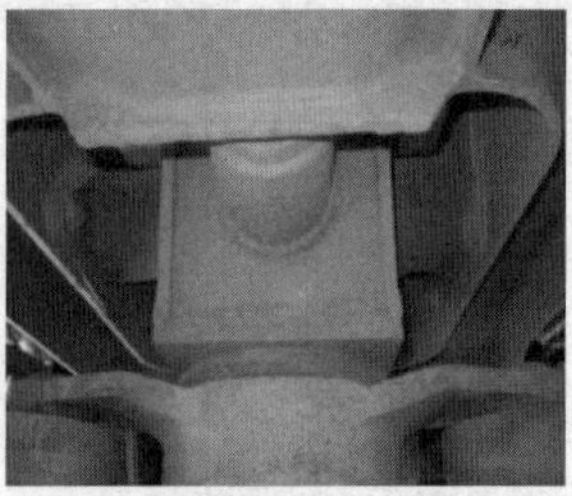
48	横向油压减振器	横向油压减振器不漏油，作用良好，固定座不开焊，固定螺栓无松动、无丢失。	 
49	差压阀	差压阀安装牢固，无漏泄，连接管路无漏风（在二、三位侧）。	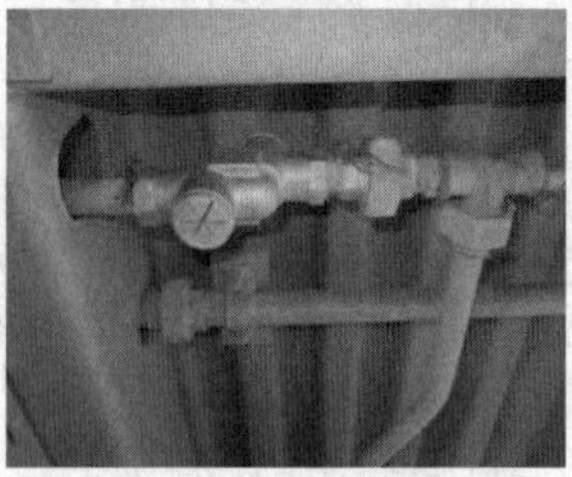
50	转向架内侧	同外侧，检查顺序相反。	

续表

序号	工步	作业内容与要求	图示
51	检查各主管、支管、管卡、缓解阀	（1）主管、支管及管卡安装牢固、无漏风。 （2）制动缓解显示器、缓解阀安装牢固，配件齐全，作用良好，显示正确、清晰。	
52	缓解风缸、防护罩、吊带安装螺栓、缸体、显示器、安装座、塞门及卡、裙板、车底板及梁、各悬吊件	（1）车体裙板无变形、损坏，安装无松动，折页、锁、连杆机构、支承架等连接部件无裂纹，各部作用良好。 （2）各部标记清晰、准确，并按规定位置涂打。 （3）底板及梁无变形，腐蚀不到限，悬吊无异常垂下。	
53	支管及塞门、生活风缸、工作风缸、总风缸吊带、安装螺栓、缸体	（1）各支管、塞门、风缸配件齐全，无缺损，安装牢固，无裂纹，无漏泄，作用良好。 （2）各风缸标记清晰、准确。	
54	二位转向架	技术要求及标准与第 38～50 步（地沟作业检查转向架内部）相同。	
55	制动管、总风管、风表支管	技术要求及标准同第 37 步。	
56	牵引梁	技术要求及标准同第 35 步。	
57	钩身及缓冲装置	技术要求及标准同第 34 步。	

序号	工步	作业内容与要求	图示
58	冲击座及摆块吊	技术要求及标准同第33步。	
59	收工整理	收拾工具，撤除防护红旗。	

活动 7.1.3　思考练习

1. 简述客车下部单车技术检查（带地沟下部检查作业）步骤。
2. 简述客车下部单车技术检查（带地沟下部检查作业）质量标准。

【考核评价】

1. 综合评价表（见表 7-3）

表 7-3　综合评价表

序号	考核项目	总分	评分标准	自评分	互评分	教师评分	综合评分
1	作业时间	10	标定时间 15 min，每超过 15 s，从总分扣 1 分，不足 15 s 按 15 s 计。				
2	作业过程	30	（1）未检查车钩三态作用，每态扣 2 分；试三态方法不正确，每态扣 2 分；钩提杆不入槽扣 2 分。 （2）作业过程未到位扣 2 分，作业过程混乱扣 5 分； （3）按作业过程检查，简化或重复作业过程，每次扣 2 分。 （4）越位、回头发现故障不算（以移步为准）。 （5）故障名称报错，此故障不算被发现。 （6）故障位数报错，每次扣 2 分。 （7）每漏检一个故障，扣 3 分。				
3	作业质量	50	（1）该敲的每漏敲一处扣 1 分。 （2）不该敲的每敲一次扣 1 分。 （3）每少发现一个故障扣 5 分 （4）车体倾斜、定检标记、辅修标记、侧承间隙、制动标记未报扣 2 分。				

续表

序号	考核项目	总分	评分标准	自评分	互评分	教师评分	综合评分
4	安全及其他	10	（1）未按规定穿戴个人防护用品，每件扣 5 分。 （2）作业中破皮流血，扣 5 分。 （3）防护红旗未展开、中途脱落或作业完毕未撤除，每项扣 5 分。 （4）工具、材料遗留现场，每件扣 1 分。				
5	合计	100					

否定项：若发生下列情况之一，则应及时终止实训，成绩记为零分。

（1）总作业时间超过 20 min。

（2）未插设防护红旗就进行作业。

（3）发现故障少于 6 件。

（4）发生不安全因素，不能继续作业。

2. 教师评价建议

_____

_____

_____

_____

_____

_____

_____

_____

_____

_____

_____

_____

_____

_____

_____

_____

_____

_____

任务 7.2 客车上部单车技术检查

【任务描述】

当运用客车入库检修时，依据客车运用检修规程，检修人员需按作业指导书的规范要求，进行客车上部单车技术检查作业，使之达到出库质量标准。通过实训教学，学生需完成对客车上部单车技术检查，判断其技术状态是否正常，并填写记录单。在整个作业过程中，应遵循现场工作管理规范。

【学习目标】

知识目标	1. 掌握 25 型空调客车上部主要设备的结构组成； 2. 熟悉 25 型空调客车车内设备出库质量标准
能力目标	1. 掌握 25 型空调客车上部单车检查的步骤、质量标准； 2. 能对 25 型空调客车上部进行单车技术检查
素质目标	1. 规范作业标准，强化安全意识； 2. 让学生养成诚实、守信、吃苦耐劳的品德，具有强烈的责任意识； 3. 培养学生创新意识和科学态度

【导　入】

1. 25 型空调客车上部主要设备的结构组成

① 通过台设备：侧门、端门、风挡、翻板等。

② 客室设备（硬座）：座席、茶桌、门窗、地板、墙板、顶板、行李架等。

③ 乘务室、配电室及走廊设备等。

④ 厕所、洗面间设备。

⑤ 给水装置、采暖装置、集便装置。

⑥ 消防设备及其他装置等。

2. 运用客车车内设备出库质量标准

① 按规定配备灭火器、消防锤；灭火器检修不过期，压力符合规定，铅封完好。墙板、地板、顶板完整、无孔洞。通过台、厕所、洗面间、小走廊地板及墙板各压条齐全、间隙孔洞封堵良好。

② 各折页门、拉门、翻板及簧、锁、门止及碰头配件齐全，作用良好。塞拉门作用良好，各锁开关正常。翻转脚蹬安装牢固，作用正常。自动内端门手动、电动控制位转换功能良好，作用灵活，防挤压功能良好。

③ 活动车窗配件齐全，升降、锁闭作用良好；门窗玻璃安装牢固、无破损；外嵌拉铆结构车窗窗框无破损、松动。

④ 座席、卧铺及吊带、扶手、扶梯、茶桌、行李架、衣帽钩安装良好、无松动。座席及卧铺面布无破损。车内身高标志牌、座号牌、铺号牌、残疾人专用座席标牌齐全、清晰，位置符合规定。车内地板及地板布无影响行走的塌陷、鼓泡现象。

⑤ 给水管系及阀不漏水、不堵塞，作用良好。洗面盆、洗手盆、便器安装牢固、裂损不影响使用。水位表（液位仪）显示准确，检修不过期。

⑥ 采暖装置配件齐全，作用良好。温度表、水位表指示准确；管系各阀、塞门、接箍、弯头无漏水、冻结。燃煤温水锅炉、茶炉及餐车炉灶作用良好，烟筒及防火隔热装置完整。

⑦ 集便装置作用良好，便器冲水均匀、无外喷。

3. 客车上部检查作业的线路

客车上部检查作业的线路为：通过台—车内一侧—另一通过台—车内另一侧—开始端，如图 7-1 所示。

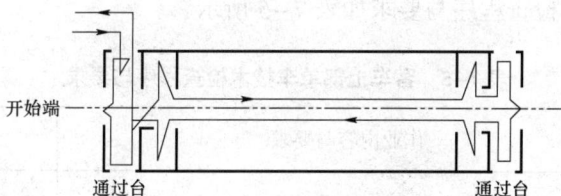

图 7-1 客车上部检查作业线路

【活 动】

活动 7.2.1 准备工作

1. 安全准备

① 工具和安全防护号志齐全，作用良好；个人防护用品穿戴整齐。

② 确认作业设备状态良好。

③ 按规定设置安全防护号志。

2. 工具准备（见表 7-4）

表 7-4 工具的准备

序号	名称	规格	数量	备注
1	防护红旗		1 面	
2	一字、十字螺丝刀	150 mm	各 1 把	
3	钢丝钳	200 mm	1 把	
4	活扳手	250 mm	1 把	
5	检车灯		1 只	
6	检车锤		1 把	

3. 技术准备

① 按标准化作业程序进行作业。

② 各部符合客车运用检修规程限度要求及出库质量标准。

③ 发现故障须报出故障名称、配件名称、配件位置、检修限度等。

④ 作业时间 60 min（如不包括车电及空调装置，时间减半）。

活动 7.2.2　客车上部单车技术检查程序与要求

客车上部单车技术检查

客车上部单车技术检查程序与要求如表 7-5 所示。

表 7-5　客车上部单车技术检查程序与要求

序号	工步	作业内容与要求	图示
1	准备工作	（1）设置安全防护号志，要求防护红旗要展开，中途不得落地。 （2）上车作业。	
2	侧门	（1）侧门无变形、腐蚀，门胶碰安装牢固、无丢失。 （2）门玻璃无破损，门胶条无破损、脱落。 （3）侧门锁作用良好，门折页无松动、裂损，门把手及锁口安装良好、无松动，门止器齐全、作用良好。 （4）手动侧拉门配件齐全，作用良好。门操作防护罩安装良好。拉门显示灯齐全，作用良好。门锁二级锁到位。	

序号	工步	作业内容与要求	图示
3	翻板	（1）翻板升降灵活，翻板锁作用良好，翻板止卡作用良好。 （2）翻板支撑杆作用良好、无开焊。 （3）翻板压铁无丢失。	  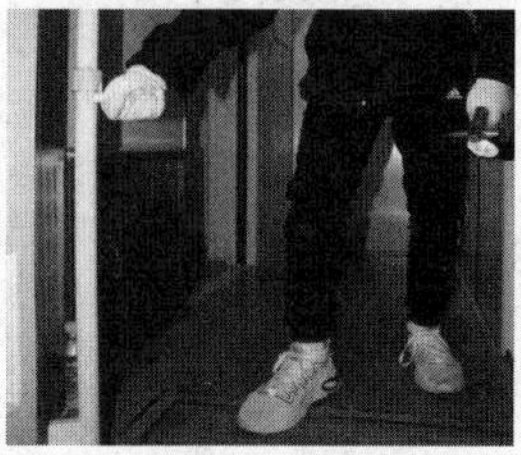
4	通过台	（1）手制动机作用良好，手把卡簧无折损，标示清晰。 （2）通过台地板无塌陷，地板布无破损，吸烟处烟盒齐全。 （3）车顶检查盖配件齐全，锁闭良好，各部压条无缺损。 （4）身高标尺齐全。	
5	端门	（1）端门锁齐全，作用良好；玻璃无破损，门胶条无破损、脱落，门把手及锁口安装良好、无松动；门止器齐全，作用良好。 （2）端门滑道安装牢固、无松动，拉门作用良好；门锁无松动，作用良好；拉门上滑轮无脱出，拉门胶条无缺损。 （3）端门油漆无脱落、碰撞痕迹。	

序号	工步	作业内容与要求	图示
6	二位侧门	（1）侧门无变形、腐蚀，门胶碰安装牢固、无丢失。 （2）门玻璃无破损，门胶条无破损、脱落。 （3）侧门锁作用良好，门把手安装良好、无松动。 （4）手动侧拉门配件齐全，作用良好；门操作防护罩安装良好；拉门显示灯齐全，作用良好；各锁、滑道定期给油，门锁二级锁到位。	
7	翻板	同第3步。	
8	内端门	（1）内端门锁齐全，作用良好；玻璃无破损；门胶条无破损、脱落；门把手及锁口安装良好、无松动；门止器齐全，作用良好。 （2）内端门滑道安装牢固、无松动，拉门作用良好；门锁无松动，作用良好，拉门上滑轮无脱出，拉门胶条无缺损。 （3）内端门油漆无脱落、碰撞痕迹。	
9	地板	地板无塌陷，地板布无破损，压条无丢失。	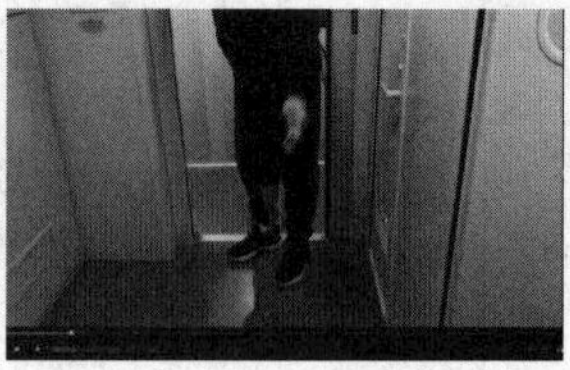
10	厕所	（1）厕所门及锁作用良好，有无人表示锁安装正确、无松动，门折页无松脱。	

序号	工步	作业内容与要求	图示
10	厕所	（2）便器无破损；止阀、水阀、冲便阀无漏水，作用良好；管卡齐全、无松动，水表良好、无过期。 （3）卫生纸架、卫生球盒、标牌齐全，镜子、扶手、垃圾桶齐全良好。 （4）各检修门关闭良好。	  
11	回风口	回风口良好。	
12	乘务室	（1）乘务室门玻璃无破损，门锁及锁口作用良好，门把手、折页安装牢固、无松脱，门胶碰安装牢固、无丢失。 （2）乘务室内小桌、抽屉、座席、备品框、备品橱、衣帽勾齐全，窗玻璃无破损，窗锁作用良好，窗胶条无缺损、脱落，消防安全锤座、标牌齐全。	   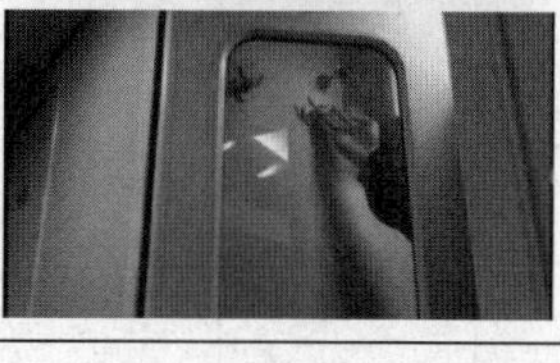

续表

序号	工步	作业内容与要求	图示
13	消防设备	（1）灭火器配件齐全，作用良好，按规定数量、位置安装，定检不过期。 （2）紧急断电按钮安装良好，铅封完整，标牌齐全、无丢失。	 
14	客室	检查客室三人侧至二位端： （1）车厢内顺牌卡无丢失、折损。 （2）书报框、宣传框齐全、无丢失。 （3）墙板无破损，压条齐全。 （4）毛巾杆、窗帘杆、窗帘挂钩、衣帽钩齐全，安装牢固。 （5）车窗升降良好；窗锁齐全，作用良好；胶条齐全、无破损。 （6）行李架配件齐全，安装牢固。 （7）客室顶板无破损，压条齐全，油漆无脱落。 （8）座席、靠背、漆布无破损。 （9）座席号齐全、准确。 （10）茶座安装牢固，压边齐全，螺栓紧固。 （11）消防安全锤座、标牌齐全、无丢失。	    

续表

序号	工步	作业内容与要求	图示
15	洗脸间	（1）洗脸盆、水阀、排水导管齐全，作用良好；各检查盖及门齐全，作用良好。 （2）衣帽钩、标牌、照面镜、梳妆台齐全，无破损、丢失。	 
16	二位内端门	同第 8 步	
17	三位侧门	同第 6 步。	
18	翻板	同第 3 步。	
19	二位端门	同第 5 步。	
20	四位侧门	同第 2 步。	
21	翻板	同第 3 步。	
22	二位通过台	（1）通过台地板无塌陷，地板布无破损，吸烟处烟盒齐全。 （2）车顶检查盖配件齐全，锁闭良好，各部压条无缺损。 （3）身高标尺齐全。	 

序号	工步	作业内容与要求	图示
23	地板	同第 9 步。	
24	二位端厕所	同第 10 步。	
25	消防设备	灭火器配件齐全，作用良好，按规定数量、位置安装，定检不过期，铅封完整，标牌齐全、无丢失。	
26	垃圾箱	垃圾箱及盖齐全、良好。	
27	客室二人侧	同第 14 步。	  

序号	工步	作业内容与要求	图示
28	电茶炉	（1）各指示灯罩齐全、良好。 （2）水嘴作用良好，不漏水。 （3）算子齐全，水漏畅通。	 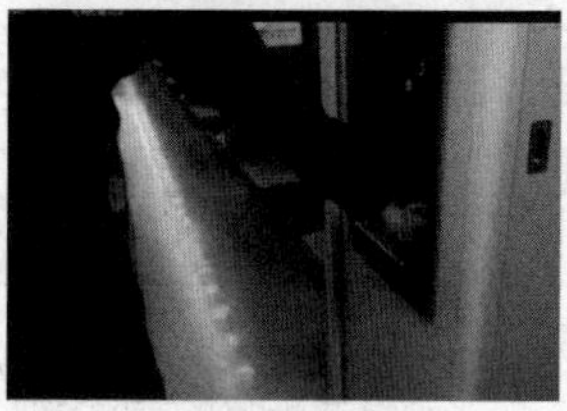
29	配电柜	配电柜各门关闭良好。	
30	紧急制动阀	（1）紧急制动阀、风表及管系、活节无漏泄，管卡齐全、无松动，紧急制动阀铅封完整，风表定检不过期。 （2）作业完毕下车。	 

序号	工步	作业内容与要求	图示
31	收工整理	收拾工具，撤除防护红旗。	

活动 7.2.3　思考练习

1. 简述 25 型空调客车上部单车技术检查步骤。
2. 简述 25 型空调客车上部单车检查的质量标准。

【考核评价】

1. 综合评价表（见表 7-6）

表 7-6　综合评价表

序号	考核项目	总分	评分标准	自评分	互评分	教师评分	综合评分
1	作业时间	10	标定时间 60 min，每超时 60 s，从总分扣 1 分，不足 60 s 按 60 s 计。				
2	作业过程	30	（1）检查车内所有设备，漏检一处扣 2 分。 （2）供风、供电后检查电源柜、空调控制柜（综合控制柜）各部配件工作状态，漏检一处扣 2 分。 （3）对照明控制柜、温水箱、电开水炉、烟火报警主机等设备做外观检查，漏检一处扣 2 分。 （4）根据外温做空调工况检查，漏检一处扣 2 分。 （5）对电子防滑器做静态试验，对电动内端门、集便器试验，对电控气动塞拉门做 5 km/h 信号功能模拟试验，漏检一处扣 2 分。 （6）未切断全车电源空开就开始测量绝缘，扣 5 分。 （7）未测量绝缘就开始供电，扣 10 分。 （8）未切断全部电源就撤除防护信号扣 5 分。 （9）检查完毕未按规定撤除单车、外接电源至指定位置，扣 2 分。 （10）作业过程凌乱，扣 5 分。				

续表

序号	考核项目	总分	评分标准	自评分	互评分	教师评分	综合评分
3	作业质量	50	（1）故障漏检一处扣 5 分，回头作业发现故障不算。 （2）测量绝缘判断不准确，扣 2 分。 （3）防滑器静态试验后判断不准确，扣 2 分。 （4）电动内端门、塞拉门试验后判断不准确，扣 2 分。 （5）集便器试验后判断不准确，扣 2 分。 （6）故障编号：（在发现故障的编号上面打钩） ① ② ③ ④ ⑤ ⑥ ⑦ ⑧ ⑨ ⑩				
4	安全及其他	10	（1）未按规定要求穿戴个人防护用品，扣 5 分。 （2）发生破皮出血或有不安全因素，每处扣 5 分。 （3）工具、仪表使用不当，每次扣 2 分。 （4）损坏、丢失工具、仪表，每项扣 2 分。 （5）防护红旗未展开、中途脱落或作业完毕未撤除，扣 5 分。				
5	合计	100					

否定项：若发生下列情况之一，则应及时终止实训，成绩记为零分。
（1）总作业时间超过 70 min。
（2）未插防护红旗就进行作业。
（3）发现故障少于 6 件。
（4）发生不安全因素，不能继续作业。

2. 教师评价建议

任务 7.3　客车车电下部技术检查

当运用客车入库检修时，依据客车运用检修规程，检修人员需按作业指导书的规范要求，进行客车车电下部单车技术检查作业，使之达到出库质量标准。通过实训教学，学生需完成对客车车电下部单车技术检查，判断其技术状态是否正常，并填写记录单。在整个作业过程中，应遵循现场工作管理规范。

【学习目标】

知识目标	1. 掌握 25 型空调客车车电下部电气装置的结构组成； 2. 掌握 25 型空调客车车电下部电气装置出库质量标准
能力目标	1. 掌握 25 型空调客车车电下部技术检查步骤和方法； 2. 能对 25 型空调客车车电下部按正确的步骤和方法进行技术检查
素质目标	1. 规范作业标准，强化安全意识； 2. 使学生养成诚实、守信、吃苦耐劳的品德，具有强烈的责任意识； 3. 培养学生创新意识和科学态度

【导　　入】

1. 25 型空调客车下部电气装置

1）转向架上各电气装置的结构组成及作用

转向架电气装置有：电控防滑系统的 1、3、5、7 轴位上的速度传感器、每个轴位上的轴温传感器、接地集流装置、轴箱与构架短接线，以及转向架与车体短接线等。

2）车端电气连接装置的结构组成及作用

车端电气连接装置有：电力连接器（8 个）、集控连接器（4 个）、电控制动连接器（4 个）、通信连接器（4 个）、尾灯连接器（2 个）。

各类连接器插座设在车厢两端，中间由相应的电缆相连，从而构成整个列车的供电、集控、通信、制动网络。

3）车底架电气装置的结构及布置

车底架电气装置主要有：设在车底左右两侧贯穿全列车的走线钢槽、四角的四个电力线分线箱、密封进线系统、逆变器、充电机、蓄电池箱、蓄电池充电器箱、电控防滑系统的排风阀（每轴 1 个）、电控制动控制箱和电伴热等。

两路主干线，由 1 位端 2 位侧引上车。

2. 运用客车车下电气装置出库质量标准

① 测试列车干线绝缘，应符合规定；车端电气连接器各插头、插座无变形、破损，标记清晰、正确；连接线护套无损伤，密封垫无破损；各连接器连接牢固；首尾安装尾部标志灯的车辆 DC 48 V 侧灯插座导通良好。

② 各分线盒、配线槽、配线管安装牢固；各传感器（包括制动供风系统压力传感器、

车体及转向架加速度传感器、防滑器速度传感器、轴温传感器、蓄电池温度检测传感器）、排风阀安装牢固，配线无破损，各引线套管连接良好、无抗磨；轴端接地装置、车体接地线安装牢固，螺栓无松动、丢失。

③ 蓄电池无松动、漏液，电解液面符合规定；接续线牢固、无硫化，导电良好；电解液比重及电压符合规定；熔断器容量符合规定；定检标记清晰；排水、排气通畅；单块电池电压符合规定，DC 110 V 蓄电池组放电电压不低于 92 V。

3. 客车车电下部技术检查的线路步骤

客车车电下部技术检查的线路步骤为：一位侧 1 位端——一位侧——2 位端——二位侧——二位侧 1 位端，如图 7-2 所示。

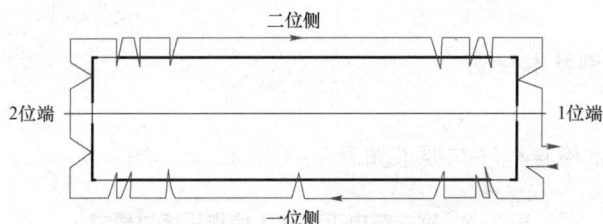

图 7-2 车电下部技术检查线路

【活 动】

活动 7.3.1 准备工作

1. 安全准备

① 安全防护信号使用方法。

② 严格执行外接动力电源插、撤方法。

③ 带电作业时，应严格遵守电工安全操作规程。

2. 工具材料准备（见表 7-7）

表 7-7 工具材料的准备

序号	名称	规格	数量	备注
1	检查工具		1 套	检车员常用
2	手电筒		1 支	
3	试灯	48 V/8 W	1 只	串二极管
4	检点锤		1 把	
5	电笔		1 只	
6	万用表		1 块	
7	兆欧表	500 V 级/100 V 级	1 块	任选一块
8	钥匙		2 把	轴报仪、电源柜各一把
9	防护红旗		1 面	

另外，根据现场需要，还需要准备假设故障所用的故障配件或损品配件，如有故障的轴箱温度传感器、漏电短路导线，以及其他破损、有裂纹的电气配件等。

3. 技术准备

① 按标准化作业程序进行作业。

② 各部符合客车运用检修规程的限度要求及出库质量标准。

③ 发现故障须报出故障名称、配件名称、配件位置、检修限度等。

活动 7.3.2 客车车电下部技术检查程序与要求

客车车电下部技术检查

客车车电下部技术检查程序与要求如表 7-8 所示。

表 7-8 客车车电下部技术检查程序与要求

序号	工步	作业内容与要求	图示
1	设置安全防护信号	防护红旗要展开，中途不得落地。	
2	上车断电	"电源转换"开关（SA1）处于"断开"位置，Q1、Q2主空气开关处于"断开"位置。	
3	绝缘检测	（1）测量Ⅰ路主干线绝缘。 （2）测量Ⅱ路主干线绝缘。 （3）线与线、线与地绝缘应符合标准要求。	

序号	工步	作业内容与要求	图示
4	一位连接器、空调排水管检查	检查要求如下： ① 车端电气连接器各插座无变形、破损，标记清晰、正确。 ② 配件齐全，安装紧固，作用良好。 ③ 端子无烧损、无杂物。 ④ 连接线护套无损伤，密封垫无破损。 ⑤ 各连接器连接牢固。 ⑥ 空调排水管良好。 ⑦ 首尾安装尾部标志灯的车辆 DC 48 V 侧灯插座导通良好。	  
5	分线盒检查（不开盖）	检查要求如下： ① 各分线盒、配线槽、配线管安装牢固。 ② 螺栓无松动、丢失。	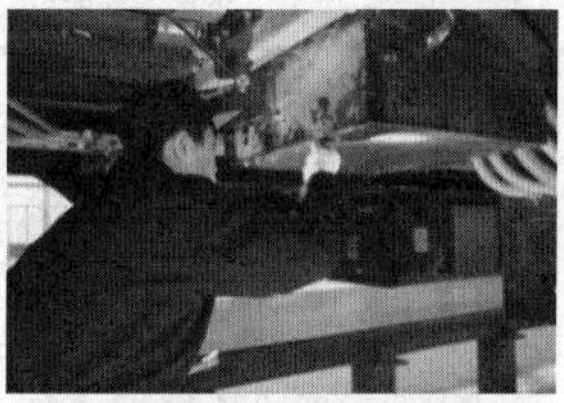
6	一位轴温报警器线盒及探头检查	检查要求如下： ① 轴温传感器安装牢固，配线无破损，卡子紧固。 ② 各引线套管连接良好、无抗磨。	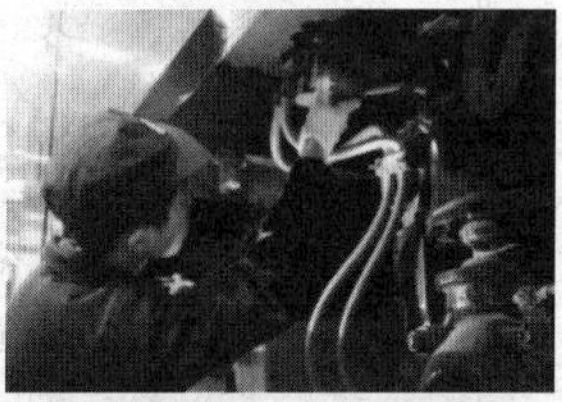 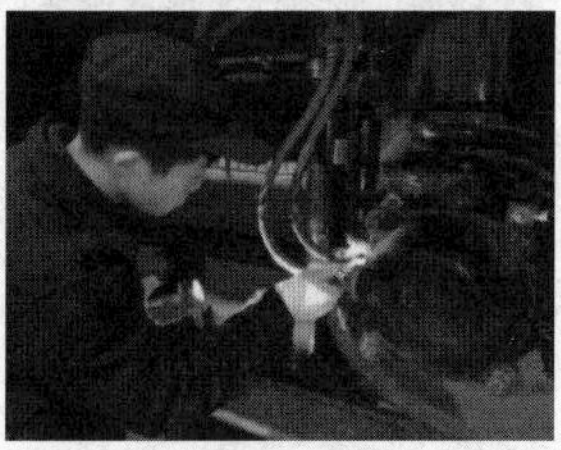

序号	工步	作业内容与要求	图示
7	三位轴温报警器线盒及探头检查	同第6步 另外要求：轴端接地装置安装牢固，螺栓无松动、丢失。	
8	接地线检查	检查要求如下： 车体接地线安装牢固，螺栓无松动、丢失。	
9	防滑排风阀检查	检查要求如下： ① 防滑排风阀安装牢固，配线无破损。 ② 各引线套管连接良好、无抗磨。 ③ 螺栓无松动、丢失。	
10	蓄电池及箱检查	（1）蓄电池箱、吊架安装牢固、无破损，各引线套管连接良好，顶丝紧固。 （2）蓄电池无松动、漏液，电解液面符合规定；接续线牢固、无硫化，导电良好；电解液比重及电压符合规定；熔断器容量符合规定；定检标记清晰；排水、排气通畅；单块电池电压符合规定，DC 110 V 蓄电池组放电电压不低于 92 V。 （3）蓄电池温度检测传感器安装牢固，配线无破损，各引线套管连接良好。	  

续表

序号	工步	作业内容与要求	图示
11	防滑排风阀检查	同第 9 步。	
12	五位轴温报警器线盒及探头检查	同第 6 步。 另外，要求轴端接地装置安装牢固，螺栓无松动、丢失。	
13	七位轴温报警器线盒及探头检查	同第 6 步。	
14	导筒电伴热检查	**要求**：导筒电伴热安装牢固，配线无破损，各引线套管连接良好、无抗磨。	
15	分线盒检查（不开盖）	同第 5 步。	
16	三位连接器检查	检查要求如下： ① 车端电气连接器插座无变形、破损，标记清晰、正确。 ② 配件齐全，安装紧固，作用良好。 ③ 端子无烧损、无杂物。 ④ 连接线护套无损伤，密封垫无破损。 ⑤ 各连接器连接牢固。	
17	四位连接器检查	同第 4 步。	
18	分线盒检查（不开盖）	同第 5 步。	
19	导筒电伴热检查	同第 15 步。	
20	八位轴温报警器线盒及探头检查	检查要求如下： ① 轴温传感器（防滑器速度传感器）安装牢固，配线无破损，卡子紧固。 ② 各引线套管连接良好、无抗磨。	

序号	工步	作业内容与要求	图示
21	六位轴温报警器线盒及探头检查	同第 20 步。	
22	蓄电池及箱检查	同第 10 步。	
23	接地线检查	同第 8 步。	
24	四位轴温报警器线盒及探头检查	同第 20 步。	
25	二位轴温报警器线盒及探头检查	同第 20 步。	
26	分线盒检查（不开盖）	同第 5 步。	
27	二位连接器检查	同第 16 步。	
28	完工整理	收拾工具，撤除防护红旗。	

活动 7.3.3　思考练习

1. 简述 25 型空调客车车电下部技术检查作业顺序。
2. 简述 25 型空调客车车电下部检查的质量标准。

【考核评价】

1. 综合评价表（见表 7–9）

表 7–9　综合评价表

序号	考核项目	总分	评分标准	自评分	互评分	教师评分	综合评分
1	作业时间	10	标定时间 15 min，每超过 15 s，从总分中扣 1 分，不足 15 s 按 15 s 计。				

序号	考核项目	总分	评分标准	自评分	互评分	教师评分	综合评分
2	作业过程	30	（1）作业过程混乱，扣 5 分。 （2）简化作业或重复作业，每次扣 2 分。 （3）主干线未做绝缘或相序检查，每项扣 3 分。 （4）轴报装置温度传感器未检查，扣 3 分。 （5）应急电源装置蓄电池未检查，扣 3 分。 （6）电子防滑装置车下部件未检查，扣 3 分。 （7）车端连接器、配线管等未检查，扣 3 分。				
3	作业质量	50	（1）相关联的故障报出 1 个规定名称即算出现故障。 （2）故障名称报错不算出现故障。 （3）故障位数报错，每次扣 3 分。 （4）未发现故障，每件扣 7 分。 （5）故障编号：（在发现故障的编号上面打钩） ① ② ③ ④ ⑤ ⑥ ⑦ ⑧ ⑨ ⑩				
4	安全及其他	10	（1）未按规定穿戴个人防护用品扣 5 分；操作中破皮出血扣 5 分。 （2）防护红旗未展开、中途脱落或作业完毕未撤除，每项扣 3 分。 （3）工具仪表使用不当，每次扣 5 分；工具材料遗留在现场，每件扣 1 分。				
5	合计	100					

否定项：若发生下列情况之一，则应及时终止实训，成绩记为零分。
（1）总作业时间超过 18 min。
（2）发生不安全因素，不能继续作业。
（3）未设置安全防护信号就开始作业。
（4）发现故障少于 6 件。

2. 教师评价建议

_____

_____

_____

_____

_____

_____

_____

_____

_____